"十四五"职业教育国家规划教材

融媒体版

依据《幼儿园教师专业标准（试行）》《中小学和幼儿园教师资格考试标准（试行）》编写

# 学前教育基础知识

（第3版）

主　编／赵小华

XUEQIAN JIAOYU JICHU ZHISHI

北京师范大学出版集团
BEIJING NORMAL UNIVERSITY PUBLISHING GROUP
北京师范大学出版社

**图书在版编目(CIP)数据**

学前教育基础知识 / 赵小华主编. —3 版. —北京：北京师范大学出版社，2023.1(2025.1 重印)

ISBN 978-7-303-28669-0

Ⅰ. ①学… Ⅱ. ①赵… Ⅲ. ①学前教育—职业教育—教材 Ⅳ. ①G61

中国版本图书馆 CIP 数据核字(2023)第 022130 号

**图书意见反馈** gaozhifk@bnupg.com 010-58805079
营销中心电话 010-58802181 58805532
编辑部电话 010-58808898

出版发行：北京师范大学出版社 www.bnupg.com
北京市西城区新街口外大街 12-3 号
邮政编码：100088
印　　刷：河北品睿印刷有限公司
经　　销：全国新华书店
开　　本：787 mm×1092 mm 1/16
印　　张：17.75
字　　数：295 千字
版　　次：2023 年 1 月第 3 版
印　　次：2025 年 1 月第 9 次印刷
定　　价：42.00 元

策划编辑：罗佩珍　　责任编辑：孟　浩
美术编辑：焦　丽　　装帧设计：焦　丽
责任校对：陈　荟　　责任印制：赵　龙

# 编委会

## 编委会

主　编　[illegible]

副主编　[illegible]

编写人员　[illegible]

# 前　言

学前教育是终身学习的开端，是国民教育体系的重要组成部分，是重要的社会公益事业。党中央、国务院高度重视学前教育事业。习近平总书记在党的十九大报告中强调要“办好学前教育”，把实现“幼有所育”作为“七有”民生问题之首，并做出重要批示要求加强学前教育系统谋划。党的二十大报告再次强调要“深入贯彻以人民为中心的发展思想”，在“幼有所育”等上持续用力，要“坚持教育优先发展”“办好人民满意的教育”“加快建设高质量教育体系，发展素质教育”。教育大计，教师为本。优秀的幼儿园教育师资，是实现“幼有所育”的重要保障。随着学前教育课程改革的不断深入，“走进儿童的内心世界、建立儿童视角、促进儿童的深度学习与长效发展”等教育理念在幼儿园正得到真正的落实和普及，“理解儿童”作为幼儿教师的核心专业素养也被广泛认同。优质课程的研发与实施需要更加专业的幼儿教育师资队伍。基于以上原因，面向职业院校学前教育等专业的教材《学前教育基础知识》需要与时俱进，进行全面完善和改版，以利于学生更好地适应课程改革的需要，全面提升业务能力和职业素质，达到幼儿园教师资格考试的要求，成长为一名合格、胜任的幼儿教师。

本教材坚持依据国家政策文件精神、学科发展、实践创新以及院校使用反馈及时修订，立足于职业院校幼儿教育师资培养的实际需要，注重知识传授与价值引领相结合。具体而言，本教材注重体现如下特点。

**1. 立德树人，突出师德规范、反思性精神的培养**

党的二十大报告明确提出“落实立德树人根本任务，培养德智体美劳全面发展的社会主义建设者和接班人”。《新时代幼儿园教师职业行为十项准则》提出：幼儿教师应坚定政治方向，自觉爱国守法，传播优秀文化，潜心培幼育人，加强安排防范，关心爱护幼儿，遵循幼教规律……这就要求广大幼儿园教育师资培养培训机构坚持德技并修、育训结合，把德育融入课堂教学、技能培养、实习实训等环节。本教材在内容选择上强调师德规范与教育情怀培养。例如，第一章"学前教育基础概况"学习目标设定中提出"了解学前教育的意义，增进对本学科的了解和认同"；专设第四章"幼儿与教师"，对现代儿童观、幼儿教师的角色定位及职业素养等进行了探讨，增强学生对幼儿教师职业的认同感；本教材以二维码形式呈现的视频，既有幼儿园活动的真实场景，也有幼儿教师教育教学实录，能带给学生直观的感受和体验，引发学生对一线实践的思考。

**2. 创新体例，增强教材的可读性、指导性**

在体例上，每章除了呈现系统的理论知识以外，还设计了"学习目标""学习导图""案例导入""活动设计案例""教育故事""想一想""知识拓展""教师资格考试"等板块，从多角度、多方面呈现学习内容，方便学生灵活掌握与运用。"学习目标"和"学习导图"提供了系统的知识框架和要点，便于学生形成系统学习的思维和习惯；"案例导入"一般选取幼儿园教育场景中发生的小故事，以冲突、问题引发学生思考，唤起学生对学习新内容的兴趣。"活动设计案例""教育故事""想一想"等强调所学理论知识与实践的结合，强调学生独立思考问题能力、延伸阅读能力的培养。"教师资格考试"将所学与教师资格证考试相结合，帮助学生提前备考。

**3. 简明专业，聚焦学前教育基础知识主线设计框架**

"学前教育基础知识"系学前教育专业的基础课程。本教材基于学生的特点，以学生需要掌握的核心知识为主线，阐述了学前教育的基础概念、基本原理，学前教育的基本要素及其相互关系，影响学前教育的发展因素，如何有效利用外部因素促进学前教育质量的提升，幼儿园教育活动与幼儿发展的关系等；对中外学前教育课程改革的历程及其发展现状、幼儿园园本课程建设等做了简要介绍，对我国学前教育的政策法规文件做了重点摘录和解读。本教材在理论阐述之外，提供了大量学前教育教学案例、教育故事等，强调学前教育理论与实践的结合，对学生系统掌握学前教育的基础知识，树立正确的儿童观、教育观、发展观起到了引领作用。

**4. 问题导向，理论与实践有机结合、相辅相成**

教师职业是一个实践性较强的职业。学生不仅要熟知教育教学理论，而且要善于思考和运用，具有较强的解决问题能力。本教材在每一章中均以案例或教学故事导入主题，以问题引领学生进行理论层面的学习和思考，深入浅出进行阐述，使学生容易理解并吸收。每一章最后都进行了归纳和小结，并以“思考题”的方式帮助学生对每一章的内容进行梳理和回忆，以“建议活动”的方式引导学生进一步加强对本章所学知识的运用，以“拓展阅读”的方式引导学生对每一类专业知识进行扩展和延伸。

**5. 资源丰富，全面助力教师的教和学生的学**

本教材在修订时注重结合教材内容配备丰富资源，配合纸质教材增加了相关教育教学视频、拓展阅读文本等，扫描二维码即可浏览；设计了教学大纲、教学设计方案、教学课件等，以帮助教师深入理解本教材的宗旨、教学目标及教学思路，合理把握教学的重难点及教学进度；为每章设计了 2 套测试题、为整套教材设计了 6 套综合测试题，力图以丰富的试题资源帮助学生深入理解各章节的学习内容，也可以辅助教师检测学生的学习效果。

本教材由赵小华（沈阳市艺术幼儿师范学校教师兼沈阳市艺术幼儿师范学校幼儿园①园长）任主编，由胡显伟（沈阳市艺术幼儿师范学校校长）、张艺（沈阳市铁西区凌空幼儿园园长）、袁斌（沈阳市铁西区中法城中心幼儿园园长）、王桂珍（沈阳市和平区教育研究中心学前教育与国际交流部部长）任副主编。编写团队包括职业院校学前教育专业的资深授课教师、教研人员和一线幼儿园园长、教学园长。他们有着深厚的学前教育理论基础和丰富的教学实践经验，熟悉幼儿园工作流程，在幼儿园课程改革中主持了多项实验课题，并将实验课题的研究成果推广到课程实践中，取得了很好的效果。本教材采纳的案例和图片均来自各地示范幼儿园，很多一线教师提供了大量精彩的活动案例和配套的教育活动、游戏活动的视频。

---

① 该园原名沈阳市艺术幼儿师范学校铁西幼儿园，简称沈艺幼师铁西幼儿园。

本教材共分十章，其中第一章由赵小华、胡显伟撰写；第二章、第四章、第五章由赵小华撰写；第三章、第十章由袁斌撰写；第七章、第九章由张艺撰写；第六章、第八章由王桂珍、胡显伟撰写。胡彩博、张建华、荣平、杨柳、丛林等人参与了案例的整理、校稿及题库的编辑整理等工作。全书及辅助材料由赵小华统稿并做最后审稿，副主编参与了校对。感谢东北师范大学、天津师范大学、沈阳师范大学、沈阳市教育研究院、沈阳市和平区教育研究中心、沈阳市铁西区教育研究中心、沈阳市艺术幼儿师范学校幼儿园、沈阳市铁西区凌空幼儿园、沈阳市朝阳一幼儿园、东方剑桥幼儿园、沈阳市铁西区中法城中心幼儿园、辽宁省军区幼儿园等单位对本教材的支持与参与！感谢东北师范大学盖笑松教授、沈阳师范大学但菲教授、福建师范大学丁海东教授、中国学前教育研究会副理事长罗英智研究员对本教材的审阅！感谢辽宁省及沈阳市学前教育部门的领导对本教材的大力支持！

由于时间紧张，编写水平有限，本教材在编写过程中会有一些不足，敬请读者批评指正！

# 目　录

# 第一章
# 学前教育基础概况

## 学习目标

1. 掌握学前教育的基本概念：教育、学前教育、幼儿教育、幼儿园教育。

2. 了解国内学前教育的发展历程，熟悉陶行知、陈鹤琴、张雪门几位近代教育家的教育主张及他们对我国学前教育的贡献。

3. 了解国外学前教育的发展历程，熟悉夸美纽斯、卢梭、福禄培尔、杜威、蒙台梭利几位教育家的教育思想及他们对学前教育的贡献。

4. 了解学前教育的意义，增进对本学科的理解和认同。

## 学习导图

- 学前教育基础概况
  - 学前教育的内涵
  - 学前教育的意义
  - 我国学前教育的产生及发展历程
  - 国外学前教育的产生及发展历程

## 案例导入

东东 5 岁了，非常喜欢提问。比如，为什么我们要住高楼？为什么我们要上幼儿园？为什么每个人都有爸爸妈妈？有时候妈妈都没办法回答他的问题。在幼儿园，他也会问很多问题。比如，人是由什么变成的？猿猴又是由什么变成的？教师实在答不上来，就不理他。东东感到很困惑。久而久之，得不到教师的回应，东东变得很少提问了。

思考：面对东东这样的孩子，我们应该如何教育和引导？孩子的好奇心应该如何得到保护？

学前教育是人生教育的起始阶段，对人一生的发展有着至关重要的影响。《幼儿园教育指导纲要（试行）》（简称《纲要》）明确指出："幼儿园教育是基础教育的重要组成部分，是我国学校教育和终身教育的奠基阶段。"这里的"幼儿园教育"主要是指学前教育。那么，什么是学前教育？学前教育的重要性体现在哪里？我国学前教育的现状如何？国外学前教育的现状如何？本章将做具体阐述。

# 第一节　学前教育的内涵

学前教育是教育过程的最初阶段，也是人接受教育的第一个阶段。为了更好地理解学前教育的内涵，我们需要对如下几个概念做详细解读。

## 一、教　育

教育有广义和狭义之分。广义的教育是指凡是能增进人们的知识和技能，影响人们思想观念的活动。它包括家庭教育、社会教育和学校教育（或教育机构的教育）。狭义的教育专指学校教育（或教育机构的教育），是教育者根据一定的社会要求，有目的、有计划、有组织地通过学校教育的工作，对受教育者的身心施加影响，促使他们朝着期望方向发展的活动。与家庭教育和社会教育相比，学校教育不仅有专门机构和专业人员，而且有很强的目的性、计划性、组织性和系统性。

**想一想**

学校教育与家庭教育、社会教育相比，有哪些特点和优势？

教育是一种有目的地培养人的活动。这是教育的本质属性，是由国家的政治经济制度决定的。

**教师资格考试**

**考点分析**

教育的本质是什么，是由什么决定的？

**考题模拟**

教育是一种有(　　　)地(　　　　)的活动，这是教育的(　　　)属性，是由国家的(　　　　　)决定的。

答案：目的　培养人　本质　政治经济制度

## 二、学前教育

人的一生按年龄可划分为若干阶段，如婴儿期、幼儿期、儿童期、少年期、青年期、成年期及老年期等。不同年龄段的人会呈现出不同的年龄特征及发展需要，因此，教育也必须有阶段性地进行。其中，0～6 岁属于学前教育阶段。6 岁以后进入小学教育、中学教育、大学教育等教育阶段。

学前教育从年龄段的角度可以划分为婴儿期教育（幼儿前期教育）和幼儿期教育。从教育的空间和场所的角度看，学前教育可以分为学前教育机构的教育（早教机构和幼儿园的教育）、学前家庭教育、学前社会教育等。

**想一想**

目前有些幼儿园或亲子教育机构都在接收 3 岁前的幼儿，你认为 3 岁前的幼儿入托应该注意什么问题？

## 三、幼儿教育

幼儿教育有广义和狭义之分。从广义上讲，凡是有目的、有意识的，能够促进幼儿身体、认知、情感等各方面积极发展的活动，都是幼儿教育。比如，幼儿园教育以及幼儿在家里接受父母的指导或在父母的带领下参加的社会活动等，都可以称为幼儿教育。广义的幼儿教育包括幼儿园教育、幼儿家庭教育和幼儿社会教育。狭义的幼儿教育专指幼儿园教育和其他专门开设的幼儿教育机构的教育。幼儿园教育在中国属于学校教育系统。和学校教育一样，幼儿园教育也具有家庭教育和社会教育所没有的优点，如计划性、系统性等。幼儿园教育是由幼儿园承担的，由专职幼儿教育工作者根据社会的要求，对 3～6 岁在园幼儿实施的有目的、有计划、有组织的，以促进其身心全面发展的社会活动。

**想一想**

"幼儿园应该对幼儿阶段的教育负全责"，你认为这个观点正确吗？为什么？

幼儿教育，前面与 0～3 岁的婴儿教育相衔接，是婴儿教育的延续；后面与小学教育相衔接，为幼儿入小学和终身教育打基础。

## 第二节　学前教育的意义

马卡连柯说过，教育的主要基础是在 5 岁前奠定的；你们对 5 岁前儿童所做的一切，就是整个教育过程的百分之九十；而以后是继续教育人、造就人的过程。由此看出，学前教育对人一生的发展起着重要的奠基作用，它是基础教育的基础，显得尤为重要。

**知识拓展**

1939 年，马卡连柯创作了《父母必读》一书。他认为，所有儿童都应该负担劳动任务，并把劳动当作发展心智和道德的基本手段。

### 一、学前教育对幼儿发展的价值

#### (一)促进幼儿的生长发育，提高幼儿的身体素质

幼儿正处于长身体的阶段，相对来说比较弱小，还不能完全保护自己。这就需要成人为幼儿创造一个安全、健康的成长环境，根据幼儿生长发育的需要制订一套切实可行的健康成长计划，包括健康食谱的制定与实施、良好的饮食习惯的培养、身体锻炼的技能和技巧的传授、合理的运动负荷的保障。因此，学前教育要做到：科学组织幼儿户外体育锻炼，培养幼儿良好的生活习惯和生活自理能力，增强幼儿对疾病的抵抗能力和对环

境的适应能力，帮助幼儿安全、健康、愉快地成长。

**(二)开发幼儿的大脑潜力，促进幼儿的智力发展**

幼儿正处于大脑开发，特别是智力发展的关键期。学前期是人一生认知能力发展的奠基时期。研究表明，婴幼儿具有巨大的学习潜力，拥有很强的模仿力、想象力和创造力。学前期还是个体心理多方面发展的关键期。[①] 在关键期内，个体对某些知识经验的学习或行为的形成比较敏感。而如果错过了这个关键期，再弥补就很困难了。比如，2～3 岁是幼儿口语发展的最佳期；4～6 岁是幼儿图像知觉和形状知觉发展的最佳期；5～5.5 岁是幼儿数概念发展的最佳期；5～6 岁是幼儿掌握词汇能力发展最快的时期。同时，学前期还是人的好奇心、求知欲、想象力、创造力等重要的非智力品质形成的关键期。在儿童发展的关键期，只有成人提供了良好的教育影响和适宜的教育环境，提供了丰富的感性经验并给予了积极的引导、帮助和教育，才能使儿童的认知得到真正的发展。可见，科学合理的学前教育能够开发幼儿的大脑潜力，促进幼儿的智力发展。

**(三)发展幼儿的个性，促进幼儿人格的健康发展**

幼儿社会性、人格的发展需要成人提供良好、适宜的教育环境。高质量的学前教育对于幼儿社会性、人格的发展具有积极的促进作用。学前期适宜的社会性教育能够有力地促进幼儿社会交往能力、爱心、责任感、自控力、自信心和合作精神等方面的发展。接受适宜的社会性教育的幼儿，以上各方面的发展水平都要显著高于没有接受过这一教育的幼儿。而不良的学前教育容易使幼儿形成消极的社会性及人格品质，如孤僻、冷淡、退缩、依赖、攻击性行为等。实践证明，学前期是幼儿形成各种行为、习惯和性格的重要时期，该时期幼儿受到的环境和教育影响是其行为、性格形成的基础。

**(四)激发幼儿感受美、表现美、创造美的情趣，丰富幼儿的审美经验，提升幼儿自由表达和创造的能力**

幼儿有爱美的天性，他们喜欢用形象、声音、色彩和身体动作等来表达自己对外界美好事物的理解。比如，他们用和谐的节奏表达自己的快乐情绪，用美丽的色彩表达自己美好的祝愿。他们喜欢用听故事、做手工、唱歌、跳舞的方式来表达对美好事物的理解，并在原有作品的基础上进行

---

① 庞丽娟、胡娟、洪秀敏：《论学前教育的价值》，载《学前教育研究》，2003(1)。

改编和创造。学前教育正是根据幼儿的这一特点，为幼儿提供可以操作的材料和作品，有计划地引导幼儿学会发现美和表现美，并在理解的基础上进行艺术创造，进而培养幼儿健全的人格。

## 二、学前教育对教育事业、家庭和社会的价值

### (一)学前教育对教育事业的价值

学前教育作为我国学校教育的第一阶段，不仅帮助幼儿做好上小学的准备，而且使他们顺利地适应小学的学习和生活，同时也为他们一生的发展做好铺垫。

**1. 帮助幼儿做好学习适应方面的准备**

帮助幼儿做好学习适应方面的准备，包括培养幼儿小学学习所需要的良好的学习习惯、观察能力、对言语指示的理解能力以及读、写、算所需要的基本技能，如正确的坐姿、握笔姿势等。

**2. 帮助幼儿做好社会适应方面的准备**

帮助幼儿做好社会适应方面的准备，包括培养幼儿的任务意识与完成任务的能力、规则意识与遵守规则的能力、独立意识与独立完成任务的能力以及主动性、人际交往能力等。

**3. 帮助幼儿做好身体素质方面的准备**

帮助幼儿做好身体素质方面的准备，包括走、跑、跳、钻、爬、平衡、球类活动及其他体育器械活动技能的掌握等。幼儿园应通过设置幼儿户外体育锻炼系列课程，保证幼儿户外体育运动的时间，为幼儿进入小学打下健康的身体基础。

**4. 帮助幼儿养成良好的生活习惯和做事习惯**

帮助幼儿养成良好的生活习惯和做事习惯，包括培养幼儿独立做事的能力、参加各种活动的秩序感、对人和对事的责任感及自我服务的意识和能力等，为他们进入小学独立面对新的课程和新的任务做准备。

上述种种准备能够使幼儿进入小学后在身体、情感、社会性适应和学习适应等方面都有良好的发展，从而顺利地实现由学前阶段向小学阶段的过渡，也为幼儿的终身发展做好铺垫。由此可见，学前教育对基础教育乃至教育事业的整体发展具有重大影响。

想一想

当前有些家长认为，学前阶段重要的任务是为幼儿进入小学打好基础，因此幼儿要在学前阶段多学点文化知识，如计算、英语、字词等。你认为这种观点对吗?为什么?

知识拓展

2019年全国学前教育宣传月活动的主题为“科学做好入学准备”，界定如下。

1. 养成孩子的好习惯和学习品质。
2. 关注孩子的情感和社会适应。
3. 营造良好的家庭氛围。
4. 表达和理解同样重要。
5. 思维比计算更重要。

### (二)学前教育对家庭和社会的价值

事实证明，儿童的健康成长和顺利发展已成为家庭生活和谐幸福的一个标志。家庭是社会最基本的单位，每个儿童都连接着一个或几个家庭，因此学前教育牵动着全社会。当前我国幼儿的入园率正在快速提升，学前教育机构承担着为家长参加工作和学习提供便利的任务。在家长普遍重视孩子发展和早期教育的当今时代，学前教育的质量成了家长关注的核心，直接关系着家长能否放心工作和学习。因此，学前教育的质量直接影响着家庭生活、国民经济发展和社会秩序的稳定。

综上所述，学前教育不仅对儿童个体的发展有着重要的价值，而且对社会发展和家庭的稳定、和谐起着至关重要的作用。

知识拓展

幼儿期是智力发展的关键期。美国心理学家布卢姆曾经追踪观察上千名幼儿直到成年。他在研究的基础上提出了“智力发展假说”：一个人如果在17岁时达到的智力发展水平为100%的话，那么其5岁之前可以达到50%。

## 第三节　我国学前教育的产生及发展历程

在我国古代，“小学”以前的教育是在家庭中进行的。具有公共教育性质的、有组织的学前教育是在近代产生的。

## 一、我国学前教育的产生

我国近代学前教育是在复杂的历史和社会背景下产生的。1840 年鸦片战争之后，我国的国门被列强打开。西方的教育思想在我国近代产生了广泛的影响，在华传教士积极倡导幼儿教育，得到了以梁启超、康有为、曹广权等爱国人士为代表的进步人士的响应。1904 年，清政府颁布“癸卯学制”，成立蒙养院。这标志着学前教育第一次被正式纳入国家学制。癸卯学制是我国第一个在全国颁布的学制，它第一次以国家学制的方式，将学前教育机构的名称确定下来。需要指出的是，癸卯学制不重视女子教育，不准设立女子学堂；蒙养院学制及保育教育条例均照抄日本 1900 年颁布的《幼稚园保育设备规程》。由此可见，我国刚刚诞生的学前教育带有浓重的半殖民地半封建的色彩。

**知识拓展**

1903 年，张之洞在湖北武昌创办了我国历史上第一所公立性质的幼稚园，取名“湖北幼稚园”。

**教师资格考试**

**考题模拟**

1.(　　)学制是我国第一个在全国颁布的涉及学前教育的学制，标志着我国学前教育第一次被正式纳入(　　)学制。

2. 癸卯学制不重视(　　)教育，不准设立(　　)学堂。

3. 癸卯学制是我国第一个在全国颁布的学制，它明确规定了男女平等接受教育的原则，允许设立女子学堂，使男女平等接受教育。(　　)

答案：1. 癸卯　国家　2. 女子　女子　3. ×　癸卯学制不重视女子教育，不准设立女子学堂。

## 二、我国近代以来学前教育的发展历程及相关理论

### (一)我国近代以来学前教育的发展历程

自鸦片战争之后，我国受到了列强的侵略，又经历了军阀混战、抗日战争、国共内战等。直到中国共产党领导下的新中国成立，中华民族才真正站起来。我国的学前教育也大致经历了如下几个发展阶段。

**1. 民国时期的学前教育**

在新文化运动中，以蔡元培为代表的进步人士批判了旧的封建文化教育，传播了西方资产阶级教育思想，也为我国学前教育提供了新的借鉴，使我国学前教育从日本式转向欧美式。20 世纪 20 年代初颁布的新学制，稳定了学前教育在学制中的地位，但事业发展缓慢又极不平衡。一些具有爱国思想和民主思想的教育家，不仅批判封建的儿童观、反对学前教育领域中的奴化思想和贵族化风气，而且首创为农民、工人、平民服务的幼稚园，自办幼稚师范学校，开展实验研究，探索中国化的学前教育道路，还促进政府颁布了幼稚园的课程标准和设置办法。

**2. 老解放区的学前教育**

中国共产党历来关怀儿童，重视保育事业，抚育革命后代，从建党初期到解放战争的各个时期，都针对学前教育工作制定了方针、政策。中国共产党在农村建立革命根据地后，创建了托儿所，颁布了托幼条例，并采取措施发展了一批日托农村托儿所；建立了保育领导机构和各种类型的托幼组织，培训了一支新型的保教人员队伍，总结了可贵的经验。老解放区的学前教育为新中国成立后的社会主义学前教育事业奠定了良好基础。

**3. 新中国成立后的学前教育**

新中国成立后，学前教育经历了全面的社会主义改造。1951 年 10 月，《政务院关于改革学制的决定》颁布，规定实施幼儿教育的组织为“幼儿园”，确立了幼儿园教育制度。幼儿教育成为社会主义教育事业的重要组成部分。我国幼儿教育机构的名称由最初清政府定名的“蒙养院”，到民国时期更名为“蒙养园”，再到北洋政府时期更名为“幼稚园”，最后到 1951 年正式更名为“幼儿园”。

**4. 改革开放以来的学前教育**

改革开放以来，我国学前教育发生了翻天覆地的变化。无论是办园数量还是幼儿入托率，均有大幅度提升。教育质量和政府监管方面也出现了质的飞跃。国家先后出台了《幼儿园工作规程》《纲要》等一系列学前教育法规、文件，引领和规范着学前教育的科学化发展。从素质教育概念的提出到《3—6 岁儿童学习与发展指南》(简称《指南》)的出台，标志着我国学前教育事业正在向更高水平发展。同时，《国家中长期教育改革和发展规划纲要（2010—2020年）》（简称《教育规划纲要》）《幼儿园教师专业标准（试行）》《中共中央 国务院关于学前教育深化改革规范发展的若干意见》等政策文件的出台，也表明国家对学前教育事业有了新的定位和要求。

### （二）我国近代以来学前教育的相关理论

鸦片战争之后，我国掀起的新文化运动对教育产生了深刻的影响，得到了许多进步人士的支持，对旧的儿童观和旧的教育观进行了猛烈的抨击，由此涌现出了一批受实用主义学说影响的学前教育代表，如陶行知、陈鹤琴、张雪门等学前教育专家。他们的教育理论和教育模式对我国后来乃至当今的学前教育都有着深远的影响。

#### 1. 陶行知的生活教育理论

陶行知（1891—1946）是我国伟大的人民教育家。他早年留学美国，回国后历任南京高等师范学校教授、教务主任等。五四运动后，他从事平民教育运动，创办师范学校。1932年起，他先后创办了山海工学团、晨更工学团、劳动幼儿团等，首创“小先生制”，开展“即知即传”的普及教育运动。1939年，他在古圣寺为儿童创办育才学校，培养有特殊才能的儿童。

陶行知以“捧着一颗心来，不带半根草去”的赤子之心，与劳苦大众休戚与共，与共产党人亲密无间，为人民教育事业、为我国的民族解放和民主斗争事业鞠躬尽瘁、奋斗终生，做出了不可磨灭的贡献，堪称我国近代教育史上的“一代巨人”。

陶行知提出了生活教育理论，即以生活为中心的教育。他的生活教育理论包括如下三个基本观点。

（1）生活即教育

“生活即教育”是陶行知生活教育理论的核心。陶行知认为，真正的生活教育是“以生活为中心的教育”。教育与生活是同一过程，教育含于生活之中，教育必须和生活结合才能发生作用。陶行知所说的“生活”是整个自然界和人类社会生活的总体，是人类一切实践活动的总称。“生活即教育”不是说生活等同于教育，而是说教育离不开生活，生活离不开教育。

（2）社会即学校

陶行知主张学校教育的范围不应只在书本中，还应扩大到大自然、大社会和群众生活中，向大自然、大社会学习，使学校教育和改造自然、改造社会紧密相连，形成真正的教育。要让社会的每个角落、每个地方、每个生活单位都担负起学校的职能，把整个社会作为一个大学校。同时，学校必须突破围墙之限，要与整个社会联系起来，实行开放式办学，这样才能充分发挥教育的作用。这种主张强调把学校放到社会大环境中去办，使学校和社会息息相关；学校不再是生活的附庸，而是成为社会生活的必需。

(3)教学做合一

陶行知提出的“教学做合一”是非常具有针对性的。他曾对当时我国教师的教学方法做过调查研究，认为教育界存在“以教师为中心，以教为中心”的现象。陶行知反对以“教”为中心，主张“教学做合一”，以做为中心。这就从教学方法上改变了教、学、做分离的状态，改善了书本知识与生活实践脱节、理论与实际分离的弊端，是教学法上的一大改革。

**知识拓展**

陶行知批判和反对束缚儿童的封建礼教，提出对儿童应实施六大解放：解放儿童的头脑，让他们去想、去思考；解放儿童的双手，让他们去做、去干；解放儿童的眼睛，让他们去观察、去看事实；解放儿童的嘴巴，使他们有足够的言论自由；解放儿童的空间，让儿童从鸟笼似的学校里走出来；解放儿童的时间，使儿童做支配时间的主人。这“六大解放”的实质就是要解放“儿童的创造力”。

**教师资格考试**

**真题再现**

陶行知的生活教育理念注重“教学做”合一，强调(　　)。(2021 年上半年《保教知识与能力》真题)

A. 做是中心　　B. 学是中心　　C. 教与学是中心　　D. 教是中心

答案：A

**2. 陈鹤琴的活教育理论**

陈鹤琴(1892—1982)是我国儿童教育家、儿童心理学家。他是我国现代儿童心理学和幼儿教育学研究的开创者。他曾留学美国 5 年，五四运动期间回国后，于 1923 年创办南京鼓楼幼稚园，自任园长，开辟了中国化、科学化的幼稚园实验基地，开始试验中国化、科学化的幼稚教育。1925 年，他根据教学、研究、观察、实验中所积累的材料，写成《儿童心理研究》。此后，他先后发起成立了幼稚教育研究会、中华儿童教育社，创办了《幼稚教育》杂志。

“活教育”思想是陈鹤琴先生于 1940 年在江西省立实验幼稚师范学校提出，经过 7 年的教学实践建立的一个教育理论体系。陈鹤琴认为，要了解儿童心理，认识儿童，才能谈到教育儿童，这是“活的教育”，而不是“死的教育”。书本主义的教育就是“死的教育”。我们要“活的教育”，教材是活的，方法是活的，课本也是活的。我们一起为儿童谋福利，尽量利用儿童的手、脑、口、耳、眼睛，打破“只用耳朵听，用眼睛看，而不用口说话，用脑子想事”的教育。

“活教育”思想倡导以爱、以德来感化儿童；认为一切设施、一切活动都要以儿童为中心；强调做中学，做中教，做中求进步；主张儿童自定法则来管理自己；强调教育的目的是培养做人的态度，养成优良的习惯，发现内在的兴趣，获得求知的方法，训练人生的基本技能。

**知识拓展**

1. 陈鹤琴提出的“五指活动”包括健康活动、社会活动、科学活动、艺术活动、语文活动。

2. 陈鹤琴认为，“活教育”的目的就是“做人，做中国人，做现代中国人”。

**教师资格考试**

**真题再现**

“做人，做中国人，做现代中国人”这一教育目的的提出者是(　　)。(2021 年下半年《保教知识与能力》真题)

A. 张雪门　　B. 陶行知　　C. 陈鹤琴　　D. 张宗麟

答案：C

### 3. 张雪门的行为课程论

张雪门(1891—1973)是我国现代幼儿教育专家。他把自己满腔的热情全都献给了幼儿教育事业，毕生致力于这一领域的理论研究和实践工作，在幼儿教师教育、幼稚园课程建设等方面形成了自己独到的见解和理论体系。他的行为课程作为一个时代典型的课程模式具有重要的历史价值和现实意义。

张雪门的学前教育课程思想集中体现在他的行为课程理论与思想方面。行为课程的基本特征在于“生活就是教育”。所以，行为课程首先注意的是实际行为，在生活中能够让幼儿实际做的事情都应该让幼儿去做。张雪门强调幼儿在亲身的行动和活动中获得直接经验，这样的经验对幼儿的发展才更有价值。张雪门认为，课程是经过选择的有价值的经验，是幼儿直接的、实际的行为和活动。他的行为课程论对当今学前教育课程改革有着重要的影响。

**想一想**

张雪门的行为课程论对当今学前教育课程改革有什么样的影响?

# 第四节　国外学前教育的产生及发展历程

国外学前教育的理论与实践对我国学前教育的发展有着深刻的影响，因此我们有必要了解国外学前教育的产生及发展历程。

## 一、国外学前教育的产生

具有公共教育性质的学前教育是机器大工业时代的产物。由于工业革命最早产生于西方，这种具有公共教育性质的学前教育也因此最早诞生在西方。

1816 年，英国空想社会主义者欧文在苏格兰的纽兰纳克创办了第一所幼儿学校，目的是谋求儿童，特别是社会下层出身的儿童的生存、健康和幸福。这是欧洲最早的幼儿教育机构。

1837 年，德国幼儿教育家福禄培尔在德国的勃兰根堡开办了一所幼儿教育机构，后来命名为“儿童花园”(kindergarten)，专收 3～7 岁的儿童。从此，“kindergarten”便成为标识“幼儿园”的专用词汇而传遍全球。

幼儿教育机构的产生标志着幼儿教育不再仅仅存在于家庭之内，还可以存在于家庭之外。它意味着社会组织化的学前教育产生了。

## 二、国外学前教育的相关理论

从对儿童早期教育价值的发现到学前教育机构的创办，学前教育不断得到发展，并被社会认同。其中有重要影响的相关理论如下。

**(一)夸美纽斯的学前教育思想**

夸美纽斯(1592—1670)是捷克教育家。他相信教育可以使种族得到更新。因此，儿童不论贫富贵贱、不论男女都应受到教育。教育必须从幼年开始并顺应自然规律。在他提出的学制中，母育学校成为学前教育机构，实施6岁之前的教育。他在自己的著作《母育学校》中提出了自己的学前教育思想。他认为，学前教育应当在家庭中进行，家庭就是母育学校，母亲是母育学校最好的教师。这一阶段的儿童所接受的应当是简易的实物课程学习。

夸美纽斯提出的丰富的儿童教育思想，其中许多仍具有现代意义。他是第一个提出班级授课制的人。后来的福禄培尔、卢梭和裴斯泰洛齐等人提出的关于学前教育的观点，都可以在夸美纽斯的著作中找到初步的论述。可以看出，夸美纽斯的理论对后世的教育观念是很有影响力的。不过，他主张的母育学校仅仅停留在家庭教育上，并没有提出公共的、社会化的学前教育。

**知识拓展**

夸美纽斯被称为“教育史上的哥白尼”和“现代教育之父”。

**教师资格考试**

**考点分析**

夸美纽斯的代表作是什么？他提出的学前教育观点及其影响和局限性是什么？

**考题模拟**

1. 在夸美纽斯提出的学制中，(　　　)成为学前教育机构。他认为，学前教育应当在(　　　)中进行，母亲是(　　　)学校最好的教师。

2. 夸美纽斯的教育观点对后世的学前教育是很有影响的。但是，他主张的母育学校仅仅停留在(　　　)教育上，并没有提出公共的、社会化的学前教育。

答案：1. 母育学校　家庭　母育　　2. 家庭

**(二)卢梭的学前教育思想**

卢梭(1712—1778)是法国启蒙思想家、教育家。卢梭的教育思想主要集中体现在他的教育著作《爱弥儿》中。卢梭对儿童教育的一个贡献是“儿童的发现”。他认为，儿童有自己独特的生活；儿童期有独特的发展规律，具有独立存在的价值，而并非单纯地为成年生活做准备。卢梭的另一个贡献是，强调教育应顺其自然，反对揠苗助长。他认为，教育的首要目的就是保护儿童善良的本性，教育要与儿童天性的自然发展相一致。他自称这种教育为“否定教育”。否定教育论并非不要教育，而是提倡尊重儿童的天性，顺应儿童发展需要的教育。否定教育论对后世学前教育学基本观念的建构具有十分重要的意义。杜威对卢梭的教育理论推崇备至。

**想一想**

卢梭的教育观点对我国学前教育有哪些重要的影响？

**教师资格考试**

**考题模拟**

卢梭教育理论体系中一个核心的思想是(　　)。

A. 把儿童当作儿童来看待，把儿童看作教育中的一个积极因素

B. 提出了“社会本位论”的儿童观

C. 提出了“白板说”

D. 为儿童拟订了百科全书式的启蒙教育大纲

答案：A

### (三)福禄培尔的学前教育思想

福禄培尔(1782—1852)是德国幼儿教育家、幼儿园的创始人。他曾研究过夸美纽斯的《母育学校》，认识到当时许多家庭的母亲没有充足的时间教育子女，并且没有受过专门的训练，不可能做好教育工作。于是，1837年，他在德国的勃兰根堡建立了一所教育机构，专收3～7岁的儿童，并确定了游戏和作业的内容与方法。

福禄培尔认为，幼儿园的任务是发展儿童的体格，锻炼儿童的外部感觉器官，使儿童认识人与自然，并在游戏和活动中为升入小学做准备。他认为，游戏是儿童认识世界的工具，是快乐生活的源泉；游戏过程中最能表现和发展儿童的积极性和创造性。他的主要著作是《人的教育》。

福禄培尔对学前教育的贡献是具有开创性的。他是教育史上第一个建立了较为完备的学前教育理论体系的人。他明确提出了幼儿园的任务，建立了游戏的理论体系，制作了一系列的玩具(福禄培尔制作的玩具在当时被称为“恩物”)，提出了一套作业体系和教育方法，并且积极宣传幼儿教育思想，培养了很多幼儿教师。他认为教育方法有三种：第一种是让儿童

在自由、自主的环境中发展；第二种是让儿童在游戏中发展；第三种是充分利用恩物，让儿童在操作恩物中发展。

**(四)杜威的学前教育思想**

杜威(1859—1952)是美国教育家，是20世纪影响较大的教育家。他主张“儿童中心论”，即主张以儿童的需要为中心，要把教育的重心从学科知识的传授转移到儿童需要的满足上。但是杜威并不一味地鼓吹儿童中心论，他也关注到了社会的现实需要。

杜威认为，教育即生长，教育即生活，教育即经验的改造。他认为，教育应当以儿童的本能、能力为起点，应当让儿童充分地表现自己的生命力；儿童的本能和能力的生长是通过其经验的不断改组、改造实现的；儿童本能的生长、发展及经验的改造过程表现为社会性的活动，也就是生活。因此，“教育即生长”“教育即生活”“教育即经验的改造”三者是相互联系、密不可分的。在此基础上，杜威建立了“以问题为中心”的课程体系，其中心观点就是“做中学”。

**温馨提示**

杜威的“做中学”思想对我国当今的学前教育课程改革有很大的影响。

**教师资格考试**

**真题再现**

对杜威“教育即生长”的正确理解是(　　)。(2020年上半年《保育知识与能力》真题)

A. 教育以儿童的本能和能力为依据

B. 儿童的生长以教育目标为依据

C. 教育以促进教师的专业成长为基础

D. 教育应促进儿童的身体发育

答案：A

**(五)蒙台梭利的学前教育思想**

蒙台梭利(1870—1952)是意大利幼儿教育家，也是意大利第一位女医学博士。蒙台梭利早年受过良好的家教，1896年从医学院毕业后，留校任精神病临床助理医师，并专门研究儿童的疾病。在那里，不论身心有残缺的儿童，还是患有精神病的儿童，都集中住在一间屋子里。管理他们的妇女的态度也很糟糕。室内既没有玩具或教具，也没有一样能拿一拿、动一动的东西，更没有任何可以供儿童活动的空间。出于同情，她考察、研究了这些儿童，开始意识到他们身心的缺陷不仅是医学上的问题，而且是教育上的问题。她说："教育训练比医疗更能起作用。"从此，她立志成为一位教育家。

作为一位医学博士，在多年的智障儿童教育过程中，她一边研读前辈的著作，一边在实践中探索，终于发现了新的教育原理，并摸索出了一套行之有效的儿童教育方法。智障儿童教育的成功带给她新的启示：既然智障儿童通过教育能够达到正常水平，那么普通儿童通过训练和教育不是可以达到更高水平吗？20 世纪初，她在罗马建立了第一所"儿童之家"，把自己摸索出的智障儿童教育方法运用到普通儿童的教育当中，成效十分显著。随后，蒙氏教育法遍及欧洲大陆并走向全世界。

蒙台梭利对儿童有深刻的认识，她认为儿童先天具有"吸收性心智"，即儿童有一种自动成长的冲动；成人应充分尊重儿童成长的本能需要，充分发挥儿童活动的自由和学习的主动性，为儿童提供有准备的环境，以顺应和推动儿童内在的发展。她还认为，儿童具有成长的"敏感期"。成人要抓住儿童成长的各方面的敏感期，适时推动儿童的发展，因为"敏感期"错过后再想补救是很困难的事情。

上述几位教育家不仅对西方学前教育做出了巨大贡献，而且对我国的学前教育理论的发展与实践探索也产生了影响。

* * * * * * * *

## 本章小结

教育是一种有目的地培养人的活动，包括家庭教育、社会教育和学校教育。学前教育是教育过程的最初阶段，也是人生接受教育的第一个阶段，主要指 0～6 岁这个阶段的教育。幼儿教育是指有目的、有意识的能够促进幼儿身体成长和认知、情感、性格等各方面积极发展的活动。

学前教育不仅对人一生的发展具有重要的价值，而且对家庭和社会同样具有非常重要的价值。

我国的学前教育是在复杂的历史和社会背景下产生的，在产生之初具有浓重的半殖民地半封建的色彩。近代涌现出了陶行知、陈鹤琴、张雪门等教育专家，他们对我国的学前教育具有重要的影响和推动作用。

国外的学前教育理论与实践对我国学前教育的发展有着重要的影响。其中夸美纽斯、卢梭、福禄培尔、杜威和蒙台梭利的教育思想与教育模式不仅对西方学前教育做出了巨大贡献，而且对我国学前教育理论的发展与实践探索也产生了影响。

## 关键术语

教育　学前教育　幼儿教育　学前教育的发展历程　学前教育的相关理论

## 思考题

1. 教育的本质是什么？是由什么决定的？
2. 教育、学前教育、幼儿教育和幼儿园教育的联系与区别是什么？
3. 学前教育对人的发展有哪些重要价值？
4. 学前教育对家庭和社会的发展有哪些重要价值？
5. 联系实际谈谈你对杜威关于教育本质的观点的理解。
6. 联系实际谈谈你对卢梭的“否定教育论”的理解。
7. 联系幼儿园课程改革的现状谈谈你对蒙氏教育法的理解。

## 建议活动

在学习本章的基础上，以小组为单位讨论我国学前教育的优势与存在的不足，从而进一步明确我国学前教育的整体现状。

## 拓展阅读

1. 崔爱林、赵红芳：《学前教育学》，北京，北京师范大学出版社，2018。该书在借鉴和总结国外已有研究的基础上，注重理论联系实际，对学前教育相关理论及专业问题进行了系统阐述，适合学生阅读和理解。

2. 陈帼眉、姜勇：《幼儿教育心理学》，北京，北京师范大学出版社，2007。该书从理论与实践相结合的角度，深入剖析了幼儿教育心理学的相关问题，对各部分内容进行了详细阐述，案例生动，语言简练，是一本适合在校学生阅读的好书。

3. 傅建明：《学前教育学》，北京，中央广播电视大学出版社，2007。该书在借鉴和总结国外已有研究的基础上，注重理论联系实际，对学前教育进行了系统阐述，适合学生阅读和理解，对学生理解本章内容非常有借鉴意义。

4. 刘晓东、卢乐珍等：《学前教育学》，南京，江苏教育出版社，2009。该书从理论与实践相结合的角度，对学前教育学的各部分内容进行了详细阐述，案例生动，语言简练，是一本适合在校学生阅读的好书。

# 第二章 学前教育的目标、任务和原则

## 学习目标

1. 了解学前教育目标制定的依据。
2. 把握我国学前教育目标的层次结构。
3. 了解制定幼儿园教育目标时应注意的问题。
4. 掌握幼儿园教育目标的拟定要求。
5. 掌握我国学前教育的任务。
6. 把握我国学前教育的一般原则和特殊原则。

## 学习导图

- 学前教育的目标、任务和原则
  - 学前教育的目标
  - 学前教育的任务
  - 学前教育的原则

案例导入

在以"认识兔子"为内容的教学活动中，两位教师各自制定了活动的具体目标。第一位教师制定的目标为：①增加幼儿对兔子的认识；②培养幼儿对兔子的感情。第二位教师制定的目标为：①能描述出兔子的外形特征，说出兔子喜欢吃的食物；②能做到每天轮流喂兔子。

思考：你认为哪一位教师的目标制定得比较合理？为什么？

# 第一节　学前教育的目标

前面已经提到，学前教育包括婴儿期教育和幼儿期教育。但在我国，学前教育主要集中在幼儿园，即以3～6岁幼儿为主的教育，也有部分幼儿园接收1.5～3岁的婴幼儿，也有针对1岁以下婴儿的亲子教育等。因此，本章所述学前教育的目标、任务和原则主要指的是幼儿园教育的目标、任务和原则。

教育目标有多种不同的含义，但是人们普遍认同的解释为：教育目标是指各级各类学校、各专业的具体培养要求。学前教育的目标就是托幼机构依据幼儿自身的特点、年龄特征而制定的具体培养要求。由于托幼机构保教并重，因此其目标涉及幼儿保育和教育两方面。

## 一、学前教育目标制定的依据

### (一)教育目的

学前教育的目标同其他各级各类教育的目标一样，在制定时必须以国家的教育目的为依据，体现出国家教育目的的基本精神。我国的教育目的基本可以概括为：培养德、智、体、美、劳全面发展的社会主义建设者和接班人。我国学前教育的总目标可以概括为：促进儿童身心全面和谐发展，为儿童一生的发展打好基础。由此看来，这一目标正是我国教育目的的基本精神的体现。

### (二)幼儿园教育的性质、任务和特点

《纲要》对幼儿园教育的性质做了如下定位："幼儿园教育是基础教育的重要组成部分，是我国学校教育和终身教育的奠基阶段。"同时《纲要》指出幼儿园教育的根本任务是"为幼儿一生的发展打好基础"。

幼儿园教育不同于小学教育，它有着自身的特点，即它通过创设健康、丰富的生活和活动环境来帮助幼儿学习。幼儿在环境中通过与材料的互动、同伴间的交流获得生活经验，进而得到提升和发展。他们不像小学生那样通过课堂教学获得学科知识经验。幼儿园制定教育目标时必须以其自身的性质、任务和特点为依据，才能保证教育目标得到有效落实。

**(三)儿童身心发展的规律和特点**

教育是培养人的活动，教育目标既要符合社会的要求，又要考虑个体身心发展的规律和特点。儿童的发展是有一定的年龄特征和规律的，是一个按照一定顺序不断发展的过程。比如，对于图形的认识目标，我们就一定要根据儿童的思维发展水平来确定：小班儿童基本认识圆形、三角形和正方形这三种图形，并且对这三种图形的认识都是与日常熟悉的事物联系起来的；中班儿童在认识这三种基本图形的基础上，进行扩展并尝试认识所有的平面图形；大班儿童有了抽象思维的萌芽，逐步对立体图形有了感知并能观察立体图形的特征。这说明儿童的思维发展水平是有年龄限制的，是受其身心发展的规律和特点制约的。皮亚杰的儿童思维“三段论”揭示的也正是这个规律。

## 二、我国学前教育目标的层次结构

一般来说，学前教育目标可划分为宏观目标、中观目标和微观目标三个层面。从宏观到微观，从整体目标到具体目标，层层分解，最后具体落实到每个教育活动方案中。

**(一)宏观目标**

宏观目标指我国学前教育的总目标，也可以称为我国幼儿教育的目的。2016 年 3 月修订颁布的《幼儿园工作规程》有明确的规定：“实施德、智、体、美等方面全面发展的教育，促进幼儿身心和谐发展。”

**(二)中观目标**

中观目标是对宏观目标的分解，可按照时间因素和教育领域的因素交叉相融进行界定，包括如下四方面。

①各领域幼儿发展总目标。

②各领域年龄段发展目标。

③各领域学期发展目标。

④各领域月发展目标。

其中，各领域幼儿发展总目标在《纲要》中有明确的界定；年龄段发展目标在《指南》中有清晰的说明；学期发展目标和月发展目标是根据总目标和年龄段发展目标在教材里分解得到的，并由幼儿园进行微调，下发到各班级，作为制订周活动计划和确定一日活动及具体教育活动方案的参考。

下面依次列举五大领域幼儿发展总目标、年龄段发展目标、学期发展目标、月发展目标的撰写案例，见表 2-1、表 2-2、表 2-3 和表 2-4。

**表 2-1 《纲要》对五大领域教育目标的阐述**

| 领域 | 目标表述 |
|---|---|
| 健康 | ①身体健康，在集体生活中情绪安定、愉快。<br>②生活、卫生习惯良好，有基本的生活自理能力。<br>③知道必要的安全保健常识，学习保护自己。<br>④喜欢参加体育活动，动作协调、灵活。 |
| 语言 | ①乐意与人交谈，讲话礼貌。<br>②注意倾听对方讲话，能理解日常用语。<br>③能清楚地说出自己想说的事。<br>④喜欢听故事、看图书。<br>⑤能听懂和会说普通话。 |
| 社会 | ①能主动地参与各项活动，有自信心。<br>②乐意与人交往，学习互助、合作和分享，有同情心。<br>③理解并遵守日常生活中基本的社会行为规则。<br>④能努力做好力所能及的事，不怕困难，有初步的责任感。<br>⑤爱父母长辈、老师和同伴，爱集体、爱家乡、爱祖国。 |
| 科学 | ①对周围的事物、现象感兴趣，有好奇心和求知欲。<br>②能运用各种感官，动手动脑，探究问题。<br>③能用适当的方式表达、交流探索的过程和结果。<br>④能从生活和游戏中感受事物的数量关系并体验到数学的重要和有趣。<br>⑤爱护动植物，关心周围环境，亲近大自然，珍惜自然资源，有初步的环保意识。 |
| 艺术 | ①能初步感受并喜爱环境、生活和艺术中的美。<br>②喜欢参加艺术活动，并能大胆地表现自己的情感和体验。<br>③能用自己喜欢的方式进行艺术表现活动。 |

**表 2-2 《指南》对各年龄段健康领域中身体状况目标的阐述**

| 3～4 岁 | 4～5 岁 | 5～6 岁 |
| --- | --- | --- |
| 1. 身高和体重适宜。<br>参考标准：<br>男孩：<br>身高：94.9～111.7 厘米<br>体重：12.7～21.2 公斤<br>女孩：<br>身高：94.1～111.3 厘米<br>体重：12.3～21.5 公斤<br>2. 在提醒下能自然坐直、站直。 | 1. 身高和体重适宜。<br>参考标准：<br>男孩：<br>身高：100.7～119.2 厘米<br>体重：14.1～24.2 公斤<br>女孩：<br>身高：99.9～118.9 厘米<br>体重：13.7～24.9 公斤<br>2. 在提醒下能保持正确的站、坐和行走姿势。 | 1. 身高和体重适宜。<br>参考标准：<br>男孩：<br>身高：106.1～125.8 厘米<br>体重：15.9～27.1 公斤<br>女孩：<br>身高：104.9～125.4 厘米<br>体重：15.3～27.8 公斤<br>2. 经常保持正确的站、坐和行走姿势。 |

**表 2-3 某幼儿园中班下学期社会领域目标**

| 领域 | 学期目标 | 相应的活动内容 |
| --- | --- | --- |
| 社会领域 | ①知道自己是独一无二的，没有人和自己完全一样，喜欢自己的长相。<br>②知道人有喜、怒、哀、乐等情绪，会用语言表达自己的爱好、需要以及情感。<br>③乐意在吃饭、睡觉、早操、学习等方面表现自己，愿意做自己会做的事。<br>④学习用正确的方法(语言提示、商量等)表达自己的需要与想法。<br>⑤能安静地倾听别人的发言、交谈，不随意插嘴。<br>⑥知道不把集体的或他人的东西带回家占为己有。<br>⑦感知与了解自己的生活和他人劳动的关系，感激劳动者，尊重和爱戴他们。<br>⑧认识并喜欢家乡著名的风景名胜和环境，了解中国著名的风景名胜，感受其中的爱。<br>⑨认识并尊敬国旗，喜欢参加幼儿园的升旗活动。 | ①我的家、创作我的家、我家的地图、欢迎你们来我家、散散步。<br>②交通信号、纸的观察小书。<br>③好好爱护纸，为什么纸要回收。<br>④参观菜市场，蔬菜的哪些部分可以吃。<br>⑤蔬菜的家、彩虹面团、滑溜溜的豆腐、蔬菜美食嘉年华。 |

(沈阳市艺术幼儿师范学校幼儿园　赵丹)

**表 2-4 某幼儿园小班 9 月活动计划**

| 项目 | | 内容 |
|---|---|---|
| 主题墙 | | ①布置“高高兴兴上幼儿园”图片展：幼儿来园的真实照片及幼儿在幼儿园生活的照片。<br>②布置“快乐大家庭”墙面：张贴每个幼儿的家庭合影，营造家庭的温暖氛围，安抚入园幼儿的焦虑情绪。 |
| 活动区 | | ①娃娃家：提供玩“娃娃家”所需的物品，特别是床单、窗帘选用的布料图案应该柔和、温馨，让幼儿感到家的温暖。<br>②语言区：投放色彩鲜艳的有关小动物和卡通人物的图书、画册等，引导幼儿进行看图书活动。<br>③设置玩具角：允许幼儿带一件自己最喜欢的玩具来园，引导幼儿在玩具角里和好朋友一起玩玩具。 |
| 常规培养 | | ①来园常规：高高兴兴来幼儿园，向教师问好，和家长说“再见”；愿意接受晨检。<br>②盥洗常规：饭前、便后或手脏后洗手；学会正确如厕(男孩站着小便，女孩坐着或蹲着小便)；播放音乐或听琴声，男、女孩分开或分组进行。 |
| 集体教育活动 | 第一周 | ①社会：看看我的幼儿园<br>②科学：玩具真好玩<br>③健康：滑滑梯<br>④语言：幼儿园像我家<br>⑤音乐：老师爱我 我爱她 |
| | 第二周 | ①社会：幼儿园真好<br>②美术：蛋炒饭<br>③音乐：朋友碰一碰<br>④语言：老师像妈妈<br>⑤健康：请你像我这样做 |
| | 第三周 | ①音乐：捉小鱼<br>②语言：礼貌歌<br>③美术：爱洗澡的小熊<br>④社会：玩具放回家<br>⑤科学：神秘的口袋 |
| | 第四周 | ①健康：小孩儿小孩儿真爱玩儿<br>②社会：我的小伙伴<br>③音乐：咕噜咕噜的大皮球<br>④数学：找找圆形<br>⑤语言：好朋友 |

（沈阳市朝阳一幼儿园　刘莉莉）

## (三)微观目标

微观目标是中观目标的具体化，指比较具体的目标，包括各年龄段的周活动计划、每日活动计划、每个具体的活动方案等。幼儿园通过制定微观目标，使大目标得到层层分解并落实；通过每周、每日的具体活动来实现幼儿的小步发展，累积到一定程度，使幼儿获得质的飞跃和提升；随着幼儿年龄的增长，逐步实现学前教育的总目标。表 2-5 为某幼儿园小班 7 月第一周活动计划。表 2-6 为某幼儿园大班一日活动计划。

**表 2-5　某幼儿园小班 7 月第一周活动计划**

<table>
<tr><td colspan="2">本周目标</td><td colspan="5">①能手口一致地点数，并按照数量的要求正确操作。<br>②能辨认上、下等方位，喜欢重新安排物体的空间方位。</td></tr>
<tr><td colspan="2">工作重点</td><td colspan="2">指导幼儿辨认上、下方位</td><td>环境创设</td><td colspan="2">区域的填充</td></tr>
<tr><td colspan="2">家长工作</td><td colspan="2">请家长配合升班工作</td><td>生活指导</td><td colspan="2">指导幼儿正确的洗手方法</td></tr>
<tr><td colspan="2">内容</td><td>周一</td><td>周二</td><td>周三</td><td>周四</td><td>周五</td></tr>
<tr><td rowspan="5">上午</td><td>晨间锻炼</td><td>早操</td><td>早操</td><td>早操</td><td>早操</td><td>早操</td></tr>
<tr><td rowspan="2">区角活动</td><td>开放的区角</td><td colspan="4">语言区、娃娃家、生活服务区、美工区</td></tr>
<tr><td>重点观察</td><td colspan="4">娃娃家、生活服务区</td></tr>
<tr><td>教育（游戏）活动</td><td>活动一<br>音乐活动：<br>办家家<br>活动二<br>区域活动</td><td>活动一<br>科学活动：<br>按物涂卡片<br>活动二<br>区域活动</td><td>活动一<br>美术活动：<br>我来做蛋糕<br>活动二<br>区域活动</td><td>活动一<br>手指谣：<br>茶壶茶碗<br>活动二<br>区域活动</td><td>活动一<br>数学活动：<br>帮小熊维尼收拾房间<br>活动二<br>区域活动</td></tr>
<tr><td>户外体育活动</td><td>投口袋</td><td>红灯停、绿灯行</td><td>木头人</td><td>拍球</td><td>丢手绢</td></tr>
<tr><td rowspan="2">下午</td><td>游戏活动</td><td>颜色宝宝对对碰</td><td>小动物找食</td><td>全靠两只耳朵</td><td>我们一起唱</td><td>小兔采蘑菇</td></tr>
<tr><td>重点指导</td><td>分辨红绿灯的颜色</td><td>根据指令做相应的动作</td><td>游戏玩法</td><td>游戏的乐趣</td><td>游戏中的坚持性</td></tr>
</table>

（沈阳市诺贝尔幼儿园　聂森）

**表 2-6　某幼儿园大班一日活动计划**

| 时间 | 活动环节 | 活动内容及指导要点 |
| --- | --- | --- |
| 上午 | 来园接待 | ①热情接待幼儿及家长，观察幼儿的入园情绪和精神状态。<br>②提供玩具和图书，供幼儿自选进行活动。<br>③引导幼儿照顾自然角，更换天气栏、新闻播报栏等。 |

续表

| 时间 | 活动环节 | 活动内容及指导要点 |
|---|---|---|
| 上午 | 区角自选活动 | 开放区域：娃娃家、医院、超市、理发店、点心店、建构区、语言区、表演区、益智区等。<br>观察和指导要点：<br>①是否有较强的角色意识，是否有相应的角色语言和行为。<br>②是否愿意共同整理材料，物归原处。 |
| | 生活活动 | ①观察幼儿洗手的情况，并随机指导。<br>②观察幼儿吃点心的情况，指导个别幼儿，并做好记录。<br>③观察幼儿能否在吃完点心后擦嘴，并放好毛巾。 |
| | 体育锻炼 | 活动：小勇士<br>活动目标：<br>①在不同的障碍中练习钻、爬、攀登等动作。<br>②体验与同伴一起运动的快乐。<br>观察与指导要点：<br>①观察幼儿在不同的场景中是如何钻、爬的，活动量如何，提醒幼儿注意休息、喝水和擦汗。<br>②引导幼儿选择人数少的路线活动，减少等待的时间。 |
| | 集体教育活动 | 活动一：为妈妈做蛋糕(故事)<br>活动目标：<br>①能用语言描述对故事大意的理解。<br>②体验宝宝爱妈妈的情感。<br>活动准备：课件、头饰、蛋糕。<br>活动过程：<br>①引导幼儿互相观看合照，引起幼儿阅读故事的兴趣。<br>②听故事：了解小老鼠是如何为妈妈做蛋糕的。<br>③模仿“为妈妈做蛋糕”的故事情节：进一步体验爱妈妈的情感。<br>活动二：数学专项室活动<br>①观察幼儿是否按照自己的意愿选择活动材料进行操作。<br>②引导个别幼儿活动后将活动材料整理好送回家。 |
| 下午 | 游戏活动 | 音乐活动：猫和老鼠 |
| | 户外体育活动 | 活动：攀爬墙<br>指导要点：<br>①合理满足幼儿的运动量。<br>②提醒幼儿注意安全。 |
| | 离园活动 | ①整理幼儿的仪容仪表。<br>②指导幼儿进行安静的区域活动。<br>③与个别家长交流幼儿的在园情况。 |

（沈阳市艺术幼儿师范学校幼儿园　张建华）

## 三、制定幼儿园教育目标时应注意的问题

### (一)要明确教育目标的层级关系

幼儿园教育目标的层级关系表现为从宏观到微观，从笼统到具体，即幼儿园教育总目标—年龄段教育目标—学期教育目标—月教育目标—周教育目标——日生活目标—具体的教育活动目标。上一个目标均为下一个目标制定的依据和参考，下一个目标均为上一个目标的分解和细化。

### (二)要充分考虑教育目标制定的依据和影响因素

制定某一层次的教育目标时，要依据上位目标，并充分结合幼儿身心发展的特点和教育内容的性质，从而完成目标的层层细化。例如，在大班培养幼儿的生活自理能力，必须首先了解幼儿通过中班的学习，已经会做哪些事情，还需要进一步学会什么。也就是说，要寻找到幼儿在这一方面的“最近发展区”。

### (三)要明确教育目标的构成要素

不论哪个层面的目标都包括三个要素，即认知目标、情感目标和能力(技能)目标。在具体的目标层面，这三个方面也会有所侧重。例如，对于小班科学教育活动“看看周围有什么”，其目标如下。

①学会用眼睛观察事物的颜色、形状、大小等特征，发展感知能力。

②知道眼睛的用处是可以看东西，懂得爱护自己的眼睛。

③喜欢关注周围事物。

此目标包括认知目标、情感目标和技能目标，比较具体、全面，适合小班幼儿的接受水平。

**教师资格考试**

**真题再现**

《幼儿园教育指导纲要(试行)》中的教育目标较多使用“体验”“感受”“喜欢”“乐意”等词汇，这表明幼儿园教育强调(　　)。(2015 年下半年《保教知识与能力》真题)

A. 知识取向　B. 情感态度取向　C. 能力取向　D. 技能取向

答案：B　本题旨在考查《幼儿园教育指导纲要(试行)》中的基本观点。教育目标较多使用“体验”“感受”“喜欢”“乐意”等词汇，突出了情感、兴趣、态度、个性等方面的价值取向，着眼于培养终身学习的基础和动力。这表明幼儿园教育强调情感态度取向。

## 第二节 学前教育的任务

教育任务是指各级各类学校、各专业应完成的工作和应担负的责任。学前教育主要集中在幼儿园阶段，为此本节论述的学前教育的任务即幼儿园阶段教育的任务。我国学前教育的任务如下。

### 一、按照保育与教育相结合的原则，对幼儿实施德、智、体、美、劳诸方面全面发展的教育，促进其身心和谐发展

**(一)提供高质量的学前教育，是每所幼儿园必须要完成的任务**

首先，高质量的学前教育要求教育者为每个适龄儿童创设适宜其发展的健康环境，实施有效的学前教育课程。其次，高质量的学前教育要求教育者坚持保教结合的原则。6 岁前的儿童在生活上是不能独立的，需要成人给予一定的照顾，并在他们的生活过程中逐步培养其自理能力、独立做事的能力，使其在生活和学习中不断进步，早日做到自理和独立。因此，保教结合是一个很重要的原则。

**(二)促进每个幼儿全面和谐发展，是学前教育首要的任务**

儿童在人格上是独立的、完整的，儿童是整体向前发展的。为此，对儿童实施德、智、体、美、劳全面发展的教育，是毫无疑问的。任何提早突出儿童“特长”的发展、特色教育都是违背《幼儿园工作规程》和《纲要》的要求的。目前幼儿园的课程安排是全面的，是综合了儿童的五大领域发展需求而设置的，体现了其健康、社会、科学、语言、艺术各方面的发展目标。

### 二、为家长安心工作和学习提供便利条件，从而解除家长的后顾之忧

幼儿园不仅是一个教育机构，而且是一个社会福利机构，承担着为家长提供工作、学习等便利条件的任务，为家长安心参加工作及社会活动解除后顾之忧。

为了能够更好地让家长将孩子交给幼儿园，放心孩子接受学前教育，幼儿园需要不断提升办园理念，在环境、课程及师资的提供上做好准备，

提供高质量的学前教育，以免除家长的后顾之忧，从而为孩子将来升入小学乃至一生的发展打好基础。

### 三、提升家长的育儿理念，帮助家长正确地进行家庭教育

目前我国幼儿家长因为教育水平、自身成长环境的不同等多种因素，使幼儿所受的家庭教育影响也不尽相同。不同的家庭教育塑造出不同水平和特质的幼儿，这就是家庭教育对幼儿的影响。为减少不良的家庭教育对幼儿的负面影响，幼儿教育机构尤其是幼儿园应该担负起指导家长科学育儿、提升家长的教育理念等任务，从而使学前教育达到事半功倍的效果，更好地促进幼儿全方位、富有个性地发展。

## 第三节　学前教育的原则

学前教育的原则是幼儿教育工作者在向幼儿进行教育时必须遵循的基本要求。这些要求是根据幼儿园的教育目标、任务和幼儿身心发展的特点，并在长期总结幼儿教育实践经验的基础上提出的。

学前教育的原则包括学前教育的一般原则和学前教育的特殊原则两部分。

### 一、学前教育的一般原则

#### (一)尊重儿童的人格尊严和保障儿童的合法权利的原则

《纲要》总则的第五条明确提出："幼儿园教育应尊重幼儿的人格和权利，尊重幼儿身心发展的规律和学习特点，以游戏为基本活动，保教并重，关注个别差异，促进每个幼儿富有个性的发展。"这里提到了"尊重幼儿的人格和权利。"可见，国家对保护幼儿的人格和权利是非常关注和重视的。

**1. 尊重儿童的人格尊严**

所谓人格是指人能作为权利、义务主体的资格。儿童在人格上是独立的，他们和成人一样需要被尊重，需要被平等对待。日本作家池田大作说过："尊重孩子的人格，孩子便学会尊重他人。"尊重孩子，同时也是尊重自己。因为只有尊重别人的人，才能获得别人对自己的尊重。苏联教育家

马卡连柯非常尊重学生的人格。在他看来，尊重人、信任人是教育人的前提。由此看来，在相互尊重中，教育的效果才会明显。

总之，尊重儿童的人格尊严，是每个教育工作者(包括父母)的责任。

**2. 保障儿童的合法权利**

儿童是不同于成人的正在发展中的社会成员，他们享有不同于成人的许多特殊权利。1989 年，联合国大会颁布的《儿童权利公约》明确规定，儿童生下来就是一个权利的主体，他们拥有生存权、发展权、参与权、受教育权、受保护权等。这反映了人们对儿童在社会中的地位和权利的认可与尊重。当然，儿童毕竟是弱小的、稚嫩的个体，儿童的这些权利必须通过成人的教育和保护方可得到落实。也就是说，儿童有受成人保护的权利，成人不可以通过恐吓、威胁、体罚和变相体罚等行为剥夺儿童的任何权利。比如，有些教师会对一些淘气的、不听话的儿童施加恐吓：如果再不听话，就把你送到别的班级；如果表现不好，晚上就不让妈妈接你回家；等等。这些威胁、恐吓儿童的语言实际上就是对儿童受保护权的一种剥夺。因此，我们要坚持正面教育，严禁体罚和变相体罚儿童。

**教师资格考试**

**真题再现**

每次在与幼儿交流的过程中，吴老师都会全神贯注地看着幼儿。有时候她会点头、微笑、询问和勉励。这反映了吴老师与幼儿相处时所遵循的原则是(　　)。(2021 年下半年《保教知识与能力》真题)

A. 个体性原则　　B. 适时性原则　　C. 公平原则　　D. 尊重原则

答案：D

### (二)促进儿童全面发展的原则

儿童的全面发展是针对片面发展而言的，儿童的全面发展有两方面的含义：一是所有儿童都获得在原有基础上的发展；二是针对每个儿童的发展来说，全面发展是指儿童个体在身心各方面都获得均衡发展，即在健康、社会、语言、科学、艺术各领域都获得均衡发展，而不能偏废其中的任何一个方面。在理解这一原则时，我们必须明确以下三方面。

**1. 儿童的发展应是身心全面的发展**

学前教育一定要五育并举、五大领域课程并重，切不可偏重知识的传授和智力的培养，而忽视其他方面的发展。比如，提前让儿童进入小学化的学习模式、片面强调外语及读写技能的提高、提早发展儿童的特长等，以牺牲儿童其他方面的发展为代价，过度和过早地进行智力的开发而造成揠苗助长的做法都是不可取的。

**2. 儿童的发展应是身心协调的发展**

身心协调是指要保证儿童身心各方面的均衡发展，儿童身心两方面和身心内部各方面之间都要相互协调和相互影响。只有身心得到和谐发展，儿童的整体素质才能得到提高。

**3. 儿童的发展应是有个性的发展**

学前教育除了让每个儿童达到基本标准的发展水平之外，还应因材施教，让每个儿童按自身的特点和可能性去实现与众不同的发展，使其成为具有独特个性的人。个性发展不是片面发展，而是合格加特长的发展。在全面发展的基础上培养出的特长，是个体在全面发展过程中呈现出的特殊性。为此，每个儿童都应获得同等的教育机会和条件，得到最佳发展。

**(三)重视个别差异、促进每个儿童富有个性地发展的原则**

在教育过程中，教育者在关注全体儿童的同时，还应该重视儿童的个别差异，因材施教，有针对性地采取最有效、最合理的方式促进每个儿童的发展。在教育实践中，我们需要明确以下几点。

**1. 儿童之间存在个别差异**

因为儿童的遗传基因不同、成长环境不同、所受的家庭教育不同，所以儿童在发展上会呈现出不同的特点和优势：有的儿童动作发展较早，有的儿童语言发展较好，有的儿童社会交往比较成熟，等等。可见，儿童之间的差异是正常存在的，每个儿童都会呈现出明显的个性特点。

**2. 促进每个儿童富有个性地发展符合多元智能理论的理念**

按照加德纳的多元智能理论，在发展儿童多方面智能的同时，要鼓励和培养儿童智能的优势领域，接纳和利用儿童智能各方面发展的特殊组合和所在民族与家庭背景给儿童留下的烙印。每个儿童的智力都有其独特的一面，我们无法完全测查出来。

**3. 全面教育与个性教育是和谐统一的关系**

全面教育与个性教育也可以称为面向全体与因材施教，两者是不矛盾的，是可以同时进行的。

全面教育或者面向全体是指教育要面向每个儿童，促进每个儿童的全面和谐发展，注重基础性和启蒙性。个性教育或者因材施教是指因个别而教。因为每个儿童的学习风格，发展的起点、轨迹、速度等都不同，所以每个儿童在智力上是有差异的。这种差异不仅表现为量的差异，而且表现为质的不同。因此，因材施教是面向全体的必要措施与保障前提。只有因材施教，才能使每个儿童都得到最适宜的教育条件，获得最佳发展，即达到全面教育的目的。面向全体是因材施教的出发点。为了面向全体，教师必须做到因材施教。

**想一想**

重视儿童的个别差异，就是要大力开发儿童的兴趣倾向。为此，特长班教学应该成为幼儿园教学的重要组成部分。你认为这个观点对吗？为什么？

### (四)充分挖掘教育资源、坚持开放办园的原则

学前教育是多渠道、多层次、多样化的。各种环境以及人与物的生态因子不断地与儿童相互作用，儿童自身、家庭和社会的教育资源共同促进儿童的发展。

#### 1. 充分利用儿童自身的教育资源

儿童间的效仿和沟通、游戏伙伴的相互影响，使儿童在生活和游戏中自然习得一些生活经验、做事的方式。集体生活中儿童间的互相监督和影响对儿童遵守生活常规及团体活动的规则等起到了很好的作用。

#### 2. 充分利用家庭的教育资源

家庭作为社会最基本、最普遍的组织形式，自孩子出生之日起就起着不可替代的教育与影响作用。每个儿童在家庭中都启动了无数个“第一次”，经历着重要的“关键期”。这给他们留下了难以磨灭的印刻性记忆。家庭是儿童健康成长的第一个生活场所，家长是儿童的第一任教师。家长的一言一行潜移默化地时刻影响着儿童德、智、体、美、劳诸方面的发展。为此，我们要真正了解一个儿童，就应首先了解其家庭。我们要充分利用家庭的教育资源，请家长走进幼儿园，参与幼儿园教育，为幼儿园教育献计献策。

比如，设立家长委员会，让家长参与并监督幼儿园的各项工作；在家长开放日，请家长进课堂参与活动，与幼儿一起活动；举办大型亲子活动，促进亲子关系的发展，取得家长对幼儿园工作的大力支持，共同育

儿；等等。家庭教育资源的有效利用可以使幼儿园教育工作达到事半功倍的效果。

**3. 充分利用社会的教育资源**

儿童从呱呱坠地的那一刻起就开始了由“自然人”向“社会人”演变的过程。社会的各种因素都在时刻影响着儿童的认知、情感及各种行为的倾向性。比如，社区中的敬老院、孤儿院让儿童懂得了同情和关爱；博物馆、展览会、图书馆让儿童学到了知识，扩展了视野，了解了民族文化和历史；超市、电影院及一些公共场所让儿童知道了作为一个社会人必须要遵守的社会规则；革命纪念馆让儿童懂得了爱国的真正意义等。所有这些因素都有意无意地成为影响儿童发展的教育资源。

在利用社会的教育资源方面，幼儿园通常会带儿童“走出去”参观。比如，幼儿园通过春游、秋游、参观博物馆、参观军营和消防队等社会活动，使儿童了解外面的世界，吸收丰富的外界信息，了解社会各行各业的特点和重要性；通过一些简单的社会交往活动，如超市购物等，帮助儿童掌握基本的社会交往活动的技巧，为他们走向社会奠定基础。另外，幼儿园也可以通过“请进来”的方式，让儿童感受社会资源，了解各行各业的角色特点。比如，请医生来幼儿园给儿童讲解如何预防感冒，请解放军来园教儿童如何叠被子、如何操练等，都很好地利用了社会的教育资源。

**(五)注重发展适宜性的原则**

发展适宜性原则是美国幼儿教育协会针对“幼儿教育小学化倾向”提出来的。

首先，这一原则要求教育活动的设计、组织和实施既符合儿童的现实需要，又有利于其长远发展。这就需要教师在活动中多考虑儿童可持续发展方面的因素，如儿童的情感目标、能力目标、意志品质等。

其次，这一原则要求教育目标和内容既符合儿童的现有水平，又有一定的挑战性。教育目标应该定位在充分考虑儿童现有发展水平的基础上，向其最近发展区迈进。

在小班儿童科学探索活动“水的浮力”中，第一位教师将目标界定为如下内容。

①能说出哪些物体在水中能浮起来，哪些物体在水中会沉下去。

②能通过自己的操作，尝试探索使浮上来的物体沉下去的方法和使沉下去的物体浮起来的方法。

第二位教师将目标界定为如下内容。

①感受浮力的存在。

②喜欢在水中操作相关材料，感受不同的物体在水中沉浮的状态。

对比两位教师设定的目标，我们可以看出，第一位教师过高地估计了3岁儿童的认知水平。首先，小班儿童的语言表达能力是较弱的，他们不能准确地说出在水中沉浮的物体名称和材质；其次，小班儿童对沉浮还没有明确的认识，处于懵懂状态；最后，基于小班儿童的认知水平和操作水平，第二条目标是无法达成的。第二位教师能够充分了解本班儿童的认知水平，将目标合理定位在体验式操作上，不在结论上给儿童压力。这对儿童操作兴趣的培养是很有好处的。

**知识拓展**

按维果茨基的理论来说，既要找准每个幼儿的"最近发展区"，又要使幼儿能够"跳一跳，摘桃子"。这体现了发展适宜性原则。

**教师资格考试**

**考题模拟**

教育内容既要符合幼儿已有的发展水平，又能促进其进一步发展。这符合(　　)原则。

A. 发展适宜性　　B. 价值性　　C. 基础性　　D. 兴趣性

答案：A　发展适宜性原则之一即教育活动的设计、组织和实施既符合儿童的现实需要，又有利于其长远发展。

## 二、学前教育的特殊原则

### (一)保教结合的原则

保教结合的原则也称"保教合一"或"保教并重"，是指对幼儿保育和教育要给予同等的重视，并使两者相互配合。6岁前的幼儿在人格上虽是独立的个体，但在生活上是需要被照顾的个体。这就决定了在幼儿园的生活和学习中，保育和教育要同时进行，并且要做到保中有教，教中有保，两者同等重要。例如，保证幼儿洗手、喝水、睡眠等工作不仅是保育工作，而且是教育工作。著名教育家陶行知指出："全部的课程即全部的生活，一切课程都是生活，一切生活都是课程。"要贯彻好保教结合的原则，我们必须做到如下两点。

**1. 要充分认识到保教结合的重要性**

幼儿园的领导在管理上和思想上要重视保教结合的原则，树立保教结合的管理观念，将其落实到每位教师、每个班级。在学前教育机构中，对幼儿进行教育的主要工作人员是教师。保育员和教师分别从事保育和教育工作，对幼儿的身心施加影响，共同协作，不分彼此。例如，幼儿园某幼儿说话不礼貌，保育员认为这是教师的事；幼儿进餐时掉饭粒，教师认为这是保育员的事。这就在思想认识上将保育和教育分开了，从而无法真正做到保教结合。

**2. 加强班级管理，把保教结合真正落到实处**

班级是幼儿园进行保育和教育工作的基本单位。教师既要了解本班幼儿的发展水平和教育任务，同时也要充分考虑幼儿保育的工作内容，与保育员一起完成幼儿生活方面的工作任务。保育员虽然以保育为主，但是也要懂得教育常识，必要时也要承担起教育的任务。教师和保育员只有共同商讨符合幼儿特点的教育措施，才能共同完成幼儿园班级管理的任务，促进幼儿的全面发展。

**想一想**

因为幼儿是需要保护的个体，所以在幼儿园应以保育为主、教育为辅。你认为这个观点对吗？为什么？

**教师资格考试**

**考题模拟**

（　　）是我国学前教育特有的一条原则。

A. 独立自主的原则　　B. 发展适宜性原则

C. 保教结合原则　　D. 综合性原则

答案：C　与中小学教育不同，学前教育对幼儿的保育很重视，这是由幼儿的身心发展特点决定的。

### （二）以游戏为基本活动的原则

游戏是幼儿的基本活动，是有益于幼儿身心各方面发展，适宜幼儿的身心发展特点和发展需要的活动。在游戏中，幼儿积极主动地探索周围环境，积极主动地与他人交往，形成和发展着各方面的能力。游戏就是幼儿的学习与工作，游戏活动可以充分反映与体现幼儿学习与发展的主体性。游戏最符合幼儿的心理特点、认知水平和活动能力，能最有效地满足幼儿的需要，促进幼儿的发展，因此对幼儿具有不可替代的发展价值。如何使游戏成为幼儿园教育的基本活动，是一个涉及教育观、儿童观、价值观的重大问题。要使游戏成为幼儿园教育的基本活动，我们必须注意以下六个方面。

一是创设良好的游戏环境，满足幼儿对游戏材料的需要。比如，丰富幼儿的区域材料，满足幼儿动手操作的需要。

二是保障幼儿游戏的权利。比如，每天保证幼儿游戏的时间和游戏质量。

三是让幼儿成为游戏的主人。比如，让幼儿选择自己喜欢的游戏和材料，包括让幼儿自主创设游戏场景。

四是重视幼儿的自发性游戏。比如，让幼儿在娃娃家、娃娃超市里自发交往。

五是充分利用游戏的形式组织幼儿园的各类教育活动。比如，以游戏的形式导入主题，以游戏的形式结束活动，或者活动中穿插游戏来巩固所学知识等。

六是满足幼儿对多种游戏的需要。比如，在计划中充分考虑幼儿的需要，合理安排每天的游戏内容，做到均衡和全面。

**教师资格考试**

**真题再现**

某幼儿园将识字作为基本活动，该园的做法(　　)。(2020 年下半年《保教知识与能力》真题)

A. 正确，有利于帮助幼儿获得知识

B. 正确，有利于提高教学水平

C. 不正确，幼儿园不能进行教学活动

D. 不正确，幼儿园应该以游戏为基本活动

答案：D　《幼儿园工作规程》和《幼儿园教育指导纲要(试行)》均明确指出，幼儿园应以游戏为基本活动。

### (三)教育的活动性和活动的多样性原则

#### 1. 幼儿身心发展的规律和特点决定了幼儿要在活动中学习

幼儿的思维正处于直觉行动性思维和具体形象性思维阶段。年龄越小

的幼儿，其思维对动作和表象的依赖性就越强。根据这个特点，幼儿一般表现为活泼好动，好奇心强，喜欢通过听一听、看一看、闻一闻、摸一摸等活动感知外界，一边活动一边思考，一边思考一边发现。在活动中，幼儿的注意力比较集中，心理随之变得活跃。他们在活动中获得的经验一般比较深刻持久。因而，幼儿园教育宜让幼儿在活动中学习。

**2. 幼儿身心发展的关键期决定了幼儿的学习要以活动为主**

心理学研究表明，各种感觉、口语及动作技能发展的关键期都在幼儿期，而这三方面的发展都需要在活动中进行。① 这一特点就决定了幼儿期的学习不可能是像小学那样以课堂的形式为主的接受学习，而是让幼儿在日常生活和游戏中自然习得各种经验，在探索、发现、交流以及与环境和材料的互动中进行发现式学习。

**3. 幼儿心理的不确定性和以无意注意为主的特点决定了活动的多样性**

心理学研究表明，幼儿以无意注意为主，有意注意的时间是很短暂的。② 为了吸引幼儿的注意力，激发幼儿参与活动的兴趣，成人需要为幼儿创设各种丰富多彩的环境，提供幼儿感兴趣的材料，不断变化活动的形式，将集体活动、小组研讨和个别指导相结合，让幼儿在新奇的环境和新颖的活动氛围中不断探索和学习新的东西。这样才能达到活动效果的最优化。

### (四)发挥一日生活的整体教育功能的原则

这个原则就是要求将幼儿园教育的各要素作为一个整体进行设计，综合考虑，共同作用于幼儿。贯彻这一原则时，我们需要做如下考虑。

**1. 幼儿的身心发展是一个不可分割的整体**

幼儿的身体和心理以及身心内部各要素之间都相互制约、相互联系。因此，作为幼儿身心发展的外部主导因素——幼儿园教育的各要素，也是不可分割的。比如，幼儿在娃娃家的活动中既有语言表达能力的发展，也有社会交往能力的提升，并且在活动中也有动手能力、认知能力的提高。可见，幼儿是整体向前发展的。

**2. 让幼儿的一日生活成为一个整体**

幼儿园要促进教育的生活化和生活的教育化，将幼儿的一日生活和教

---

① 庞丽娟、胡娟、洪秀敏：《论学前教育的价值》，载《学前教育研究》，2003(1)。

② 庞丽娟、胡娟、洪秀敏：《论学前教育的价值》，载《学前教育研究》，2003(1)。

育活动进行整体设计，使其共同发挥作用。比如，小班某一周的生活指导活动重点是“自己穿脱衣服”，那么教师就可以在教育活动中设计“穿衣服展示”环节，在区域活动中重点关注“生活服务区”，也可以组织让幼儿给娃娃穿脱衣服等活动。这样一日生活就成了一个整体。

**3. 让幼儿园五大领域活动有机结合起来，共同促进幼儿的成长和进步**

幼儿园五大领域活动既相对独立，又相互融合。在主题的统领下，教师要为幼儿的发展设计合理的目标，综合各方面的教育资源，共同促进幼儿的发展。在设计某一个领域的活动时，教师可以考虑设计其他相关领域的活动目标，并在活动实践中合理实现目标，从而促进幼儿的整体发展。

比如，小班健康活动“能干的小手”就是一个综合活动。它综合了科学认知和健康保护两个领域的目标和内容，让幼儿在科学认识手的外形特征的基础上，了解手的作用和“能干”的本领，从而学习如何更好地使用和保护自己的小手。当然，整个活动还涉及艺术领域，如“手指操”等小律动环节。所以，很多活动都综合了各领域活动的发展目标，综合选择了各领域的活动素材，目的就是推动幼儿整体向前发展。

**教师资格考试**

**考题模拟**

1. 下面不属于幼儿园教育的特殊原则的是(　　)。

A. 安全教育　　B. 保教合一

C. 以游戏为基本活动　　D. 教育的活动性和活动的多样性

2. 儿童能够独立表现出的心理发展水平和儿童在成人的指导下能够表现出的心理发展水平之间的差距是(　　)。

A. 关键期　B. 敏感期　C. 最近发展区　D. 转折期

3. 在幼儿园的实践中，某些教师认为幼儿进餐、盥洗、睡眠等环节属于保育，只有上课才是传授知识、发展智力的唯一途径，不注意利用各环节的教育价值。这种做法违反了(　　)。

A. 重视年龄特点和个体差异的原则

B. 发挥一日生活的整体教育功能的原则

C. 尊重儿童的原则

D. 实践性原则

答案：1. A　2. C　3. B　学前教育机构与教师应充分认识和利用一日生活中各种活动的教育价值，通过合理组织、科学安排让一日活动发挥一致的、连贯的、整体的教育功能，寓教育于一日活动之中。

* * * * * * * *

## 本章小结

本章从学前教育的目标、任务和原则三个方面进行了系统阐述，为学习接下来的教育内容做了很好的铺垫。

学前教育目标的制定要明确教育目标的层级关系，要充分考虑目标的依据和影响因素，要明确目标的构成要素。

学前教育的任务为：按照保育与教育相结合的原则，对幼儿实施德、智、体、美、劳诸方面全面发展的教育，促进其身心和谐发展；为家长安心工作和学习提供便利条件，从而解除家长的后顾之忧；提升家长的育儿理念，帮助家长正确地进行家庭教育。

学前教育的原则包括一般原则和特殊原则。一般原则为：尊重儿童的人格尊严和保障儿童的合法权利；促进儿童全面发展；重视个别差异、促进每个儿童富有个性地发展；充分挖掘教育资源、坚持开放办园；注重发展适宜性。特殊原则为：保教结合；以游戏为基本活动；教育的活动性和活动的多样性；发挥一日生活的整体教育功能。

## 关键术语

学前教育的目标　制定目标的依据　学前教育的任务　学前教育的原则　学前教育的一般原则　学前教育的特殊原则

## 思考题

1. 幼儿园教育目标包含哪些层次结构？每个层次的目标分别包含哪些项目？

2. 对比新旧《幼儿园工作规程》中对我国幼儿园教育总目标的阐述，分析其不同之处。

3. 幼儿园教育目标的制定应该从哪几个方面考虑？

4. 幼儿园教育承担着对幼儿实施全面发展教育的任务，而幼儿家庭教育的质量高低则与幼儿园无关。你认同这个观点吗？为什么？

5. 结合幼儿园教育实践阐述学前教育承担着哪些重要的任务。

6. 幼儿作为一个独立的人，应该享受哪些合法权利？我们该如何保障幼儿的这些合法权利得到实现？

7. 促进儿童全面发展和重视个别差异的原则有何区别与联系？

8. 为什么幼儿园要以游戏为基本活动？

9. 学前教育的一般原则和特殊原则有哪些？

10. 请结合幼儿园的实际举例说明制定幼儿园教育目标有哪些依据。

## 建议活动

阅读《3—6岁儿童学习与发展指南》，研讨各年龄段幼儿的学习目标，对照本章关于幼儿园年龄段教育目标的内容，明确幼儿的学习目标与教育目标的一一对应性及目标所涵盖的内容。

## 拓展阅读

1. 教育部基础教育司：《〈幼儿园教育指导纲要(试行)〉解读》，南京，江苏教育出版社，2010。该书系统解读了幼儿园五大领域教育目标、内容与要求及指导要点，并对组织与实施、幼儿园教育评价等方面进行了规范与要求。

2. 李季湄、冯晓霞：《〈3—6岁儿童学习与发展指南〉解读》，北京，人民教育出版社，2013。该书从小、中、大三个年龄段末期应该达到的发展水平及指导要点进行了系统分析和阐述，并对五大领域中每部分达到的目标和教育建议给予了详细指导，对全面了解3～6岁幼儿的年龄特点和发展水平具有重要的指导意义。

# 第三章
# 幼儿的全面发展教育

## 学习目标

1. 掌握幼儿全面发展教育的内涵。
2. 熟知幼儿全面发展教育的意义及内容。
3. 把握幼儿在各领域教育的指导要点。

## 学习导图

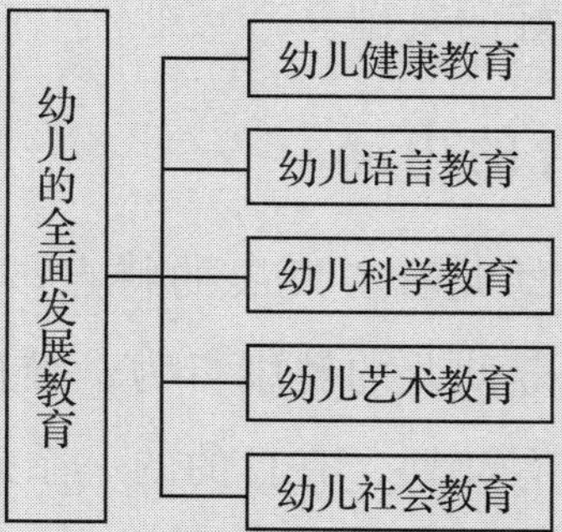

案例导入

幼儿园开学的第一天，一些家长围在贴有班级一周活动安排表的宣传栏边议论纷纷。教师仔细打听，原来是他们对幼儿园的教育活动安排很不满意。有的家长说："一周就安排上这么几节课，这么多的时间用来游戏，难道我们花钱给孩子上幼儿园是让他来玩的吗?"

思考：面对家长的疑问，我们应该如何解答?

幼儿是完整的人，需要接受完整的教育。幼儿的全面发展是指幼儿在身心各方面的和谐发展，即在德、智、体、美、劳方面均得到发展。因此，幼儿的发展不仅有身体、认知、语言的发展，而且有社会性、情感、交往和道德等方面的发展。对幼儿实施全面发展的教育是我国学前教育的基本出发点，也是我国教育法规所规定的任务。党的二十大报告再次强调了德智体美劳全面发展的重要性。本章将从五大领域的角度阐述幼儿的全面发展教育的若干问题。

# 第一节　幼儿健康教育

《纲要》明确指出："幼儿园必须把保护幼儿的生命和促进幼儿的健康放在工作的首位。"幼儿健康教育是保证幼儿健康成长的特殊需要，为幼儿一生的健康和生活奠定良好的基础。

## 一、幼儿健康教育的内涵

幼儿健康教育是根据幼儿身心发展的特点，以提高幼儿的健康认识、改善幼儿的健康态度、培养幼儿的健康行为、维护和促进幼儿的健康为核心目标而开展的有组织、有计划、有目的的一系列教育活动。

## 二、幼儿健康教育的意义

### (一)健康教育对幼儿个体发展的意义

#### 1. 健康教育对幼儿的健康成长具有重大的意义

卢梭曾提出：对孩子们讲体力，对成年人讲道理，这才是自然的次序。[①]

① [法]卢梭：《爱弥儿：论教育》上卷，李平沤译，92页，北京，商务印书馆，2007。

陈鹤琴也认为，儿童的健康教育事关重大：幼稚园第一要注意的是儿童的健康。[①] 可见，健康教育在儿童早期教育中具有突出的地位。

幼儿正处于身体和心理发育与发展的最初阶段和重要时期，维护和促进幼儿的健康是第一位重要的事情。因此，关注和促进幼儿的身体健康和心理健康，是幼儿保育和教育的首要任务。这不仅关系到幼儿当前的健康状况，而且会对其未来的发展乃至一生的健康产生深远的影响。

**2. 幼儿在健康领域的学习与发展是其他领域学习与发展的基础**

《指南》明确指出："发育良好的身体、愉快的情绪、强健的体质、协调的动作、良好的生活习惯和基本生活能力是幼儿身心健康的重要标志，也是其他领域学习与发展的基础。"这充分表明了健康领域在幼儿学习与发展中的重要地位。只有有了良好的身体素质和愉快的情绪，幼儿才能精力充沛、积极主动地投入对外界环境的探索，才能与他人建立良好的人际关系，从而获得丰富的感性经验，促进自身的社会性发展和智力发展。

**(二)健康教育对社会发展的意义**

对于社会而言，幼儿在健康领域的学习与发展是社会发展的需要。健康水平的提高，是国家和社会人口素质提高的基础环节，也体现出人类的进步与社会的发展。

## 三、幼儿健康教育的内容

幼儿园教育实践把健康教育的基本内容概括为三个方面，即身体保健、身体锻炼、心理健康教育。具体包括以下内容。

**(一)身体保健**

①生活、卫生习惯养成教育。

②饮食与营养教育。

③人体认知与自我保护教育。

④安全教育。

**(二)身体锻炼**

①基本动作的练习。

②基本体操的练习。

---

① 陈鹤琴：《幼稚教育》，45页，南京，南京师范大学出版社，2012。

③体育游戏活动。

④运动器械活动。

⑤小肌肉群锻炼活动。

**(三)心理健康教育**

①积极的自我意识的建立。

②良好情绪与适应能力的培养。

③人际交往教育。

④学习品质教育。

## 四、幼儿健康教育的指导要点

### (一)做好幼儿园的保育工作

确保每个幼儿的安全和健康，是幼儿园存在和发展的基本要求。因此，保育是幼儿园工作的前提和基础。《幼儿园教职工配备标准(暂行)》明确指出，全日制幼儿园要根据小、中、大班额标准，每班配备两教一保；半日制幼儿园每班至少配备两名专任教师，有条件的要配一名保育员。幼儿园要做好如下保育工作。

**1. 为幼儿提供良好的生活条件，全面照顾和护理幼儿的生活**

《指南》明确提出：成人应为幼儿提供合理均衡的营养，保证充足的睡眠和适宜的锻炼，满足幼儿生长发育的需要；创设温馨的人际环境，让幼儿充分感受到亲情和关爱，形成积极稳定的情绪情感。为此，我们要做到如下几方面。

(1)给幼儿提供合理的膳食和营养

幼儿园要根据幼儿对营养的需要以及食品的供应情况来制定营养食谱，考虑到食物的合理搭配及幼儿对营养的吸收能力，做到幼儿饮食的均衡，食物色、香、味俱全，从而使幼儿吃好、吃饱，并按时进餐、愉快进餐。教师要关注幼儿的进餐情况，培养幼儿良好的饮食习惯。

(2)保证幼儿充足的睡眠

幼儿园要积极为幼儿创造良好的睡眠条件。比如，室内保持空气清新，温度适宜，氛围安静，床及被褥舒适等。教师要指导幼儿右侧卧和仰卧的睡眠姿势，不要蒙头，不要携带玩具入睡等，使幼儿睡眠时能保持情绪放松，从而培养幼儿良好的睡眠习惯。充足的睡眠是保证幼儿健康活动的前提。幼儿的午睡时间宜保证 2 小时左右，其中夏季可延长为 2～2.5 小时，冬季可适当减少为 1.5～2 小时。

(3)保证幼儿舒适的穿着

成人要保证幼儿穿着合适的衣裤。比如，衣服质地要松软透气，合身舒适，适合运动，便于穿脱，要根据天气状况及时增减衣服；鞋子要便于幼儿穿脱，便于运动，大小合适。

(4)给幼儿提供温暖、轻松、接纳和支持的心理环境

成人要保证幼儿在一个轻松自由的环境和氛围中生活与学习，要让幼儿感受到成人给予的尊重、理解、接纳和关爱，从而使幼儿愉快地生活和游戏，形成安全感和归属感。这对保证幼儿的心理健康至关重要。

**2. 做好幼儿园的卫生保健工作**

幼儿园的卫生保健工作包括对幼儿的晨检、日常护理、卫生的清洁和消毒、幼儿疾病的预防及常见病的治疗、幼儿健康检查、营养食谱的制定、膳食卫生的检查等工作。卫生保健工作由幼儿园的保健医生负责，但是也需要取得各班级教师、保育员、炊事员、保洁员等各部门人员的大力配合。

幼儿是弱小的个体，时时刻刻需要成人的保护和照顾。为此幼儿园应加强幼儿的生活护理和安全措施。比如，园内要定期进行安全检查，进行玩具的清洗消毒和大型玩具的安全检查和清洁，加强园内水、火、电的安全防护，定期进行消防演练等，避免安全事故和意外伤害事故的发生。

**3. 制定和执行科学的一日生活流程**

幼儿园要合理安排幼儿的一日生活流程，保证幼儿正常的饮食、睡眠、游戏、学习、休息和户外体育锻炼等活动的开展，促进幼儿有节奏、有规律地生活，做到劳逸结合、健康发展。

**(二)开展丰富多彩的体育锻炼活动**

《指南》明确提出如下教育建议。

> 1. 利用多种活动发展身体平衡和协调能力。
>
> (1)走平衡木，或沿着地面直线、田埂行走。
>
> (2)玩跳房子、踢毽子、蒙眼走路、踩小高跷等游戏活动。
>
> 2. 发展幼儿动作的协调性和灵活性。
>
> (1)鼓励幼儿进行跑跳、钻爬、攀登、投掷、拍球等活动。

(2)玩跳竹竿、滚铁环等传统体育游戏。

3. 对于拍球、跳绳等技能性活动，不要过于要求数量，更不能机械训练。

可见，开展丰富多样的、适于幼儿的体育锻炼活动是增强幼儿体质、增进幼儿健康的积极手段和重要途径。在指导幼儿进行身体锻炼时，教师要做到如下几点。

**1. 重视发展幼儿的基本动作**

幼儿的基本动作包括走、跑、跳、钻、爬、攀登、投掷、搬运等。教师要注意在幼儿进行基本动作练习时进行正确指导，不能只顾幼儿的兴趣而忽视动作发展上的指导。比如，当进行跳跃动作的指导时，教师要特别引导幼儿注意起跳和落地的缓冲，以免幼儿在跳跃时因震荡造成对大脑和下肢的不良影响。再如，幼儿钻爬时，教师要重点指导幼儿四肢的协调和配合。

**2. 要把幼儿身体素质的培养作为核心目标**

教师在指导幼儿进行动作练习的过程中，要时刻考虑幼儿身体素质的提高。例如，当指导幼儿的平衡板动作时，教师既要引导幼儿平衡动作的正确性，也要引导幼儿在平衡板上的坚持性，并重视幼儿良好的心理素质的培养；在钻爬动作的指导中，教师要关注幼儿的耐力和协调性的培养等，以提高幼儿的身体素质。

**3. 要保证幼儿每天户外运动的时间**

《指南》强调如下内容。

幼儿每天的户外活动时间一般不少于2小时，其中体育活动时间不少于1小时，季节交替时要坚持。

气温过热或过冷的季节或地区应因地制宜，选择温度适当的时间段开展户外活动，也可根据气温的变化和幼儿的个体差异，适当减少活动的时间。

这充分说明，我们要在条件允许的情况下，保证幼儿的户外锻炼时间。这是提高幼儿机体适应能力，增强幼儿体质的重要保证。当然，各地区要根据本园情况灵活机动地调整幼儿的运动时间。比如，天气不允许的条件下，可适当进行室内运动，以弥补幼儿户外锻炼的不足。

想一想

只要每天保证幼儿体育活动时间不少于1小时即可，至于是室内运动还是户外运动无关紧要。你认为这个观点正确吗？为什么？

**(三)为幼儿提供动手操作的机会，发展幼儿手的灵活性**

幼儿园要多为幼儿提供动手操作的材料，发展幼儿手部动作的协调性和灵活性。比如，幼儿在进行绘画、手工制作、翻阅图书、建构拼插以及生活服务区等游戏时，均能锻炼小肌肉群的发展。这对幼儿生活自理能力的培养、手眼协调能力的发展及智力的发展均有着不可替代的作用。

想一想

联系当前幼儿园健康教育现状，你认为目前幼儿园健康教育存在哪些问题？

教师资格考试

**真题再现**

3～6岁幼儿运动时，正常脉率高峰区间应是(　　)。(2020年下半年《保教知识与能力》真题)

A. 90～110次/分钟　　B. 110～130次/分钟

C. 130～150次/分钟　　D. 150～170次/分钟

答案：C　幼儿正常情况下脉率在每分钟90～110次，在运动中的脉率一般在每分钟130～150次。

# 第二节　幼儿语言教育

《指南》明确指出：“语言是交流和思维的工具。幼儿期是语言发展，特别是口语发展的重要时期。幼儿语言的发展贯穿于各个领域，也对其他领域的学习与发展有着重要的影响。”为此，理解语言发展对幼儿全面发展的重要价值，掌握幼儿语言学习与发展的特点和教育要求，是每位教育工作者必须获得的专业素养。

## 一、幼儿语言教育的内涵

幼儿出生后就开始慢慢运用语言和非语言的手段来获取人类积累下来

的经验，慢慢发展智力，获取外界信息和知识，学习社会生活中的规则和准则。同时，幼儿通过语言获知他人的情感和情绪状态，借以表达自己的情绪和需要，从而建立自己与外界的联系。

幼儿期是语言学习，尤其是口语发展的最佳期。在此期间，如果给幼儿提供适宜的刺激，满足幼儿的交流需要，那么幼儿语言发展将达到最佳水平，否则会阻碍幼儿语言的发展。幼儿语言教育就是成人有目的地引导幼儿学习语言，进而促进幼儿心理发展的过程。

幼儿的语言学习包括对语音、语义和语法的理解与表达，同时还包括语言运用能力的发展。

## 二、幼儿语言教育的意义

幼儿的语言发展、思维发展和社会性发展是和谐统一的。语言作为幼儿社会交往和思维的工具，对幼儿身心发展的其他方面会产生积极的影响。幼儿语言教育的意义主要表现在如下几方面。

### (一)语言教育促进幼儿智力的发展

幼儿的智力包括观察力、记忆力、思维能力、想象力和创造力，其中思维能力是智力发展的核心。语言恰好是思维的材料和工具。没有语言的参与，思维也就无从谈起，更谈不上智力的发展。

#### 1. 语言加深和巩固幼儿初步形成的概念

幼儿通过对各种物体名称的认识，通过语言描述，比较发现认识对象的不同点和相同点，同时借助语言直接或间接地获得新的概念。

#### 2. 语言指导并参与幼儿认知加工的过程

语言的产生和发展可以丰富幼儿认知的范围，还可直接参与和促进幼儿对周围事物的理解、判断和推理能力的形成与发展。在幼儿从直觉行动性思维向抽象概括性思维发展的过程中，语言起到了至关重要的作用。

#### 3. 语言促进幼儿创造性思维的发展

幼儿的创造性思维发展主要借助想象来进行。幼儿可以凭借语言想象来理解某个情境，并且运用语言表达具有新颖性的独特的想法。

### (二)语言教育促进幼儿社会性的发展

语言是人们交往和交流的工具。幼儿可以通过语言表达个人的需要以及对事物的看法，从而帮助自己开展人际交往，建立良性的社会关系。通过语言交流，幼儿了解了他人的情绪状态及喜好，从而很好地应对自己与他人的矛盾和冲突，获得更多的社会体验和生活经验。

**(三)语言教育促进幼儿其他方面的发展**

语言作为一种符号系统，可以与音乐、美术和动作等不同的符号系统沟通互动，实现人们表情达意的功能。在幼儿成长的过程中，语言的学习与发展可以有效地帮助他们理解音乐、美术的内容，如理解一首歌曲的歌词大意、表达的思想等和一幅画的内在含义、表达的情感等，从而获得对音乐和美术的审美感受。由此可见，语言的教育与幼儿其他方面的发展是相辅相成的。

## 三、幼儿语言教育的内容

### (一)专门的语言教育内容

**1. 讲述活动**

讲述活动是以培养幼儿独立构思和完整连贯地表述一定内容的语言能力为基本目的，给幼儿提供积极参与命题性质的实践的机会的一种语言教育活动。讲述活动大致包括实物讲述、图片讲述、排图讲述、情境讲述、经历讲述五个方面。

**2. 谈话活动**

谈话活动是一种有目的、有计划地组织幼儿在一个良好的语言环境中，学习倾听别人谈话，学会围绕一定的话题进行谈话，习得与别人交流的方式、规则，提高与别人交往的能力的活动。谈话活动大致包括日常生活中的谈话活动、有计划的主题性谈话活动和开放性的讨论活动三个方面。

**3. 听说游戏活动**

听说游戏活动是一种特殊形式的语言教育活动，是由教师设计组织的，以培养幼儿的倾听和表述能力为目标，让幼儿有兴趣自愿参加的教学游戏活动。活动的内容主要集中体现在听和说两大方面。听说游戏活动大致包括语音练习的游戏、词汇练习的游戏、句子和语法练习的游戏、描述练习的游戏等。

**4. 文学活动**

文学活动是以文学作品为基本教育内容而设计组织的一系列教育活

动。文学活动是围绕文学作品展开的系列活动，它能帮助幼儿学习和积累文学语言，培养幼儿灵活地、创造性地运用语言的能力。幼儿园常用的文学作品包括童话、生活故事、幼儿诗歌和散文等。

**5. 早期阅读活动**

早期阅读活动是指幼儿从口头语言向书面语言过渡的前期阅读准备和前期书写准备，其中包括让幼儿知道图书和文字的重要性，愿意阅读图书和辨认汉字，掌握一定的阅读和书写的准备技能，等等。早期阅读活动为以后幼儿系统的语言学习打下良好的基础。早期阅读活动大致包括前图书阅读经验、前识字经验和前书写经验的习得等。

**(二)渗透的语言教育内容**

语言作为交流、交往的工具，在幼儿的一切学习和活动中都具有不可缺少的重要作用。同时，在活动和游戏中，幼儿的语言能力也会不断得到提升。这种渗透的语言学习形式包括日常生活中的语言学习、人际交往中的语言学习、游戏活动中的语言学习和学习活动中的语言学习等。

**想一想**

对于幼儿语言的发展，要以专门的语言教育为主，渗透的语言教育形式无关紧要。你认为这种观点正确吗？为什么？

## 四、幼儿语言教育的指导要点

**(一)依据幼儿语言学习的特点组织语言教育活动**

《指南》明确提出：“幼儿的语言学习需要相应的社会经验支持，应通过多种活动扩展幼儿的生活经验，丰富语言的内容，增强理解和表达能力。”教师应根据幼儿学习语言的特点，激发幼儿运用语言进行交往的兴趣，为幼儿创设想说、敢说、会说的语言环境，采取符合学前教育规律的方式组织语言教育活动。

**1. 要引导幼儿在活动中学习语言**

幼儿是在认知活动、交往活动与语言规则的互相作用中学习语言的。在这个过程中，他们不断地积累词语和听说经验，使自己的语言得以较快地发展。在各种认知活动中，幼儿通过吸收和加工有关的词语和话语，获得多方面的信息，形成相关概念，掌握相应的词语和句子。在日常交往活动中，幼儿主动地吸收、加工和输出语言信息，使他们的语言表达更加趋于完善。

**2. 要引导幼儿在游戏中学习语言**

游戏活动在幼儿与成人、幼儿与幼儿之间双向互动的学习过程中随处可见。成人及同伴的积极参与会对幼儿提出更多的挑战。游戏可以帮助幼儿建立个人经验与所学内容之间的联系，深化幼儿学习语言的动机和愿望，加深他们对学习内容的理解，使他们在知识的建构中能运用自如。

**3. 要引导幼儿在创造中学习语言**

宽松的语言学习环境是愉快的、积极互动的。成人要为幼儿提供语言交流和表达的机会，鼓励幼儿大胆想象，通过仿编诗歌、仿编散文、续编故事等方式表达自己的观点，将学习语言贯穿在教育活动中。

### (二)关注幼儿日常活动中的语言教育

幼儿无论在家还是在幼儿园，无论在专门的语言学习活动中还是在其他类型的学习活动中，都可以获得大量的语言交流和学习的机会。创造无所不在的语言教育环境，支持、鼓励幼儿与他人交谈，让幼儿了解生活中的所见所闻，并通过自己的语言表述传达给周围的人，与他人一起分享，体验分享的快乐，这就是一种语言的学习和提升过程。因此，有必要让幼儿多听、多说、多练，让他们在宽松而真实的语言运用情境中获得有效的语言经验。

### (三)创设良好的早期阅读环境，做好读写准备

《指南》中幼儿“学习与发展目标”的要求为：“应在生活情境和阅读活动中引导幼儿自然而然地产生对文字的兴趣。”幼儿园的早期阅读教育活动需要帮助幼儿在获得高质量的口语词汇、口语表达和倾听理解能力的基础上，提供机会让他们获得前阅读、前识字和前书写的经验，从而为进入小学之后的正式读写学习做好经验准备。

总之，教师要时刻为幼儿创设良好的阅读环境和条件，激发他们的阅读兴趣，选择适合他们阅读的书籍，引导他们体会标志、文字符号的用途；要经常与幼儿一起阅读，引导他们以自己的经验为基础理解图书的内容，培养他们良好的阅读习惯。

**知识拓展**

幼儿教育活动中最能为幼儿提供交谈机会的活动形式是小组活动。

**想一想**

联系实际，谈一谈你认为我国目前幼儿园的语言教育存在哪些问题。

**教师资格考试**

**真题再现**

1. 下列属于幼儿园语言教育目标的是(　　)。(2013 年下半年《保教知识与能力》真题)

A. 能认读拼音字母　　B. 能清楚地说出自己想说的事

C. 能认读一定量的汉字　　D. 能正确书写常用汉字

2. 简述《幼儿园教育指导纲要(试行)》中语言教育的指导要点。(2012 年下半年《保教知识与能力》真题)

答案：1. B 《幼儿园教育指导纲要(试行)》明确提出语言领域的教育目标包括：①乐意与人交谈，讲话礼貌；②注意倾听对方讲话，能理解日常用语；③能清楚地说出自己想说的事；④喜欢听故事、看图书；⑤能听懂和会说普通话。

2. 答案略。

## 第三节　幼儿科学教育

科学教育以其独特的魅力和功能被纳入幼儿园教育体系，成为幼儿园教育的一项重要内容。要对幼儿进行科学教育，就要引导他们从小了解科学的概念、科学的技能以及科学的态度和价值，并了解社会与科学的关系。这是时代的要求，也是社会的需要。

### 一、幼儿科学教育的内涵

幼儿科学教育是指在教师的指导下，幼儿通过自身的活动，对周围物质世界进行感知、观察、操作，发现问题，寻求答案的教育活动。教师通过科学教育激发幼儿学科学的兴趣和好奇心，使他们积累科学经验，掌握一些初步的技能，为以后的学校科学教育打下良好的基础。

### 二、幼儿科学教育的意义

幼儿科学教育的核心价值在于使幼儿乐学和会学，并顺应幼儿的需求和兴趣，使他们保持对科学的强烈好奇心，同时也鼓励他们大胆质疑，获取事实证据来验证自己的想法，逐步形成科学的态度、情感与价值观。其中，科学探究有助于幼儿更好地认识和解释客观世界，数学认知有助于幼儿发现客观世界的规律性和有序性。具体来说，幼儿科学教育的意义表现为以下几方面。

### （一）科学教育促进幼儿智力的发展

智力是指人认识和理解客观事物并运用知识、经验等解决问题的能力，包括记忆、观察、想象、思考和判断等。科学教育正是引导幼儿重视观察，发现周围物质世界的特性，理解自然界物质之间的关系，在观察中了解事物的特性，在探索中发现问题、解决问题，积累科学经验，加深对事物的认知和对知识的学习。这一智力水平的发展正是幼儿将来学习科学的基础。因此，幼儿园必须创设良好的教育条件，引导幼儿进行科学探究，以发展幼儿的各种智力品质。

**知识拓展**

幼儿智力发展的核心部分是思维能力的发展。

### （二）科学教育培养幼儿的求知欲和学习的兴趣

求知欲和学习兴趣是幼儿学习的原动力，是决定幼儿未来学习品质和学习质量的先决条件。有了旺盛的求知欲和学习兴趣，幼儿的学习将收到事半功倍的效果。

幼儿往往会表现出较强的求知欲，这种最初的求知欲体现为好奇心。幼儿对周围很多事物感到新鲜、好奇，喜欢观察和摆弄，喜欢提出问题，喜欢探究答案。教师的正确引导恰恰为幼儿提供了操作和探索的平台，教师的启发性问题促进了幼儿有秩序地观察、操作和交流，进而完成科学探究的流程，从而满足了幼儿的求知欲，保护了他们的好奇心。

### （三）科学教育培养幼儿良好的学习习惯

良好的学习习惯包括遵守课堂纪律、思考问题的严谨性、学习过程的坚持性和主动性、克服困难的良好品质等。良好的学习习惯是幼儿今后获得学业成功的必备条件。习惯的好坏会伴随人的一生，影响人的生活方式和成长的道路。因此，学习习惯对人很重要。

科学教育尤其是数学认知的培养，正是在培养幼儿良好的学习习惯。

比如，对数学概念的认识一定是严谨的；科学实验的结论一定是实事求是的；观察讨论一定是合作的；观点一定是用恰当的语言合理阐述的；等等。科学教育对幼儿的培养和要求，都是在为幼儿未来养成良好的学习习惯打基础。

此外，科学教育不同程度地促进了幼儿其他方面的发展。比如，幼儿在探究中提高了合作等社会性发展水平，在讨论中发展了语言表达能力等。

## 三、幼儿科学教育的内容

幼儿对科学领域的学习包括科学探究和数学认知。科学探究表现为幼儿对自然界中的事物和现象进行探索并形成解释的过程；数学认知表现为幼儿对自然环境中的事物和现象的进一步认识并形成对其逻辑关系的理解。具体来说包括如下内容。

### (一)科学探究的教育

认识常见的动植物，包括动植物的多样性、动植物的生存和生长变化的基本条件、动植物对环境的适应性、动植物的生长周期与繁殖等。

感知常见的物体和材料的特性，包括认识物体和材料的颜色、硬度、光滑度、纹理、质地等特性；认识物体和材料溶解、传热等性质以及不同材料的用途；认识常见物体的结构与功能之间的关系等。比如，认识塑料制品和纸制品的不同就是感知不同材料的特性。

感知常见的物理现象，包括认识物体和材料的形态或位置及其变化条件。比如，认识斜面与物体的运动；沉浮、磁力、光和影子等常见物理现象及其产生的条件或影响因素等。

了解天气与季节的变化，包括感知、体验和认识常见的天气特点及其对人们生活、动植物生长变化的影响；感知、体验与发现不同季节的特点和周期性变化以及这些特点和变化对动植物和人的影响。

了解科技产品与人们生活的关系，包括感知和了解常用科技产品与自己生活的关系，知道科技产品有利也有弊。比如，感知和了解各种家用电器、交通工具、通信工具等给人们的生活带来的方便和造成的不利影响等。

了解人们的生活与自然环境的关系，包括感知、体会和了解人类对动植物的依存关系和动植物对人类的贡献；感知、体会和了解人们的生活与自然环境的密切关系；懂得尊重和珍惜生命，保护自然环境，做力所能及的事来保护环境、珍爱生命。

**(二)数学认知的教育**

数前准备教育包括给物体分类和排序、理解“1”和“许多”及其关系、比较两组物体的相等与不等。

数系列教育包括认识和理解10以内的数，学习10以内数的加法、减法及其应用。

几何形体系列的教育包括辨认平面图形和简单的立体图形。

时间、空间概念的教育包括认识空间关系，发展幼儿里外、上下、左右、前后等空间概念和对简单的时间概念的认识。

数学认知的教育还包括对物体量的认识及测量技能的掌握。

## 四、幼儿科学教育的指导要点

**(一)用探究的方式进行科学教育**

《纲要》和《指南》均强调，科学教育活动要以幼儿为主体，让幼儿动手、动脑进行探究，从而形成积极的科学态度，提升科学探究的能力，获得丰富的科学知识，积累多方面的科学经验。这就需要教师根据幼儿需要和年龄特点，组织和引导幼儿进行各种探究活动，多为幼儿创造探究的机会，在探究过程中成为幼儿的引领者、支持者和帮助者。幼儿科学教育表现为如下几种方式。

**1. 正式的科学探究活动**

正式的科学探究活动是指教师根据幼儿科学教育的目标，有计划、有目的地选择课题内容，提供相应材料，有步骤地开展科学探索活动，最终达到教育目标。它是一种全体幼儿参与同一内容的科学活动，是在教师的指导下幼儿的自由探究活动。比如，“形形色色的尺”就是针对中班幼儿的科学探索活动，通过师幼共同探究和交流，使幼儿了解和发现不同尺子的异同之处，了解简单的测量及观察尺度的方法等。

**想一想**

你认为在幼儿园教学中哪些科学内容适宜通过正式的科学探究活动来传授？

**2. 非正式的科学探究活动**

非正式的科学探究活动是指由教师为幼儿创设一个宽松和谐的环境，提供各种科学活动的设备和丰富多样的结构材料，引发幼儿的好奇心，使幼儿能按照自己的兴趣和意愿，从自己的发展水平出发运用方法和技能进行的科学探索活动。每个班级的科学发现区、自然角、种植园以及有条件的幼儿园创设的科学发现室等都可以开展非正式的科学探究活动。教师可以让幼儿定期选择区域活动，进行自由的观察、操作和探究活动，积累一定的科学观察和探究经验。

**想一想**

幼儿园环境创设的哪些板块体现了科学探究的因素？

**3. 偶发性的科学探究活动**

偶发性的科学探究活动是指在幼儿周围的世界中，突然出现的某一自然科学现象、自然物和有趣、奇特的科技产品或情境，激起幼儿的好奇心，导致幼儿自发投入的科学探索活动。比如，窗外飞来一只蜻蜓，引起幼儿强烈的观察和讨论的兴趣。由此引发的“有趣的蜻蜓”这一主题探究活动就属于偶发性的科学探究活动。

综上所述，无论哪一种类型的科学探究活动都要以幼儿为主，以探究的方式进行科学教育，培养幼儿的早期科学素养。

**(二)关注幼儿日常生活中的科学探究活动**

幼儿一日生活的各环节中时刻渗透着科学教育。比如，值日生每天的天气预报和对自然角的照料，幼儿活动区进行的超市购物活动，每天数一数我们班来了多少小朋友、几个小朋友缺席了，幼儿园户外自由观察活动，幼儿的春游、秋游等外出活动均不同程度地体现着幼儿对周围事物的观察和探索。这些活动都在或多或少地补充着幼儿科学探究和数学认知的学习经验。

**(三)保证幼儿进行有意义的科学探究活动**

幼儿的科学学习是以探究和解决实际问题为主要途径的。幼儿天生好奇、好问，乐于探究和发现。但是成人需要为幼儿创造安全的、支持的氛围和环境，以保证他们进行有意义、有效果的科学探究活动。

**1. 为幼儿提供支持性的心理氛围**

幼儿的科学探究活动需要安全的、具有支持性的心理氛围。在幼儿探究的过程中，教师要鼓励幼儿提问，支持幼儿探究，并适当参与他们的探究，认真倾听幼儿的表达和分享交流并给予积极的回应。这都是对幼儿精神上的支持和鼓励。教师要允许幼儿出错，给予他们按照自己的想法去做的权利。当发现错误时，教师需要做的是提供支持性的环境氛围，让他们自己发现错误，自己纠正错误。

**2. 为幼儿提供支持性的探究材料**

幼儿进行科学探究和学习的主要方式是亲身经历和获得直接经验。因此，适宜的材料和工具的支持是幼儿进行科学探究活动必不可少的因素。用于支持幼儿进行科学探究活动的材料包括区域中投放的材料，也包括教师在专门组织的科学活动中为幼儿准备的操作材料。教师需要关注材料的结构，要选择那些适宜幼儿自主探究和发现的材料。

**3. 为幼儿提供支持性的安全措施**

对于幼儿来说，安全是至关重要的。在科学探究活动中，教师要具有安全意识，为幼儿提供安全的操作材料和环境，提供相应的支持性的安全措施。教师要考虑各种材料和工具的安全以及幼儿可能观察到的动植物的安全，还要考虑到幼儿可能对植物的花粉和动物皮毛过敏。另外，对幼儿外出探究的场所，教师必须要事先进行考察，确保环境条件和幼儿接触到的物质有利于支持幼儿探究和安全。

**想一想**

幼儿园科学发现区的活动与幼儿正式的科学探究活动有什么关系？

## 第四节　幼儿艺术教育

艺术能帮助幼儿宣泄情绪，表达自己的认识和情感。在音乐活动中，幼儿听音乐自由做动作的时候，往往是最快乐、最陶醉的时候；在美术活动中，幼儿画意愿画的时候，往往也是最投入、最开心的时候。因此，我们要努力使艺术教育成为幼儿喜欢和感兴趣的活动，并使幼儿在活动中充分表达自己的感受和体验，表现自己的个性特点及丰富的想象力和创造力。

## 一、幼儿艺术教育的内涵

幼儿艺术教育是指教师通过组织艺术活动激发幼儿的审美情趣，培养他们感受、理解、表现、鉴赏、创造美的能力，进而陶冶他们的情操，发展他们的智力，促进其自身各种因素平衡发展的教育活动。幼儿艺术教育涵盖了音乐、舞蹈、绘画、手工等多种教育内容，是幼儿素质教育的重要组成部分。

## 二、幼儿艺术教育的意义

艺术教育是幼儿全面发展教育的重要组成部分。因为幼儿期是人的艺术才能开始表现的时期，这一时期的艺术教育将对幼儿一生的发展产生深远的影响。

### （一）艺术教育能促进幼儿手、眼、脑的协调发展

苏联教育家赞科夫认为，现在社会需要“手脑并用”的人，即所谓具有“全脑思维”的人。艺术创作是一个手、眼、脑并用的过程，需要幼儿用多种感官去感知审美对象，用脑去想象，并理解、加工审美对象，用语言去表达自己的审美感受，用手操作工具和材料去表现自己的审美感受、思想情感和所见所闻。幼儿在创作中通过心理操作和实际操作把自身对美的感受传递给他人。

### （二）艺术教育有利于培养幼儿的健全人格

艺术创作是幼儿建立自信心的途径之一，能让他们获得自由快乐的体验。由于创作离不开幼儿的个性，教师正是通过幼儿的作品和创作过程来发现和了解每个幼儿独特的个性，并通过艺术教育来影响和促进他们健康个性的形成。创作过程能够使幼儿获得满足感，这种满足感是他们获得成就感的重要源泉。艺术创作在形成幼儿自觉意识和良好道德品质方面起着重要作用。

### （三）艺术教育可以发展幼儿的观察力、想象力和创造力

从事艺术创作时发展起来的直觉能力和空间想象能力，与抽象思维、逻辑思维互补，有助于幼儿的智力发展。首先，在创作过程中，幼儿通过视觉去感知事物的形状、比例、色彩等，使自身的观察力得到了很好的锻炼和培养。其次，艺术创作能够有效地发展幼儿的想象力，激起他们的各

种联想。艺术创作活动是比较自由的，不受客观自然规律的限制，能使幼儿超越时间和空间、有生命与无生命、现实和幻想的种种限制，为幼儿的想象和创造提供一种可以自由驰骋的广阔天地，用一种现实化、形象化、可见、可闻的形式，使幼儿的想象和创造借助艺术媒介表达出来。

**(四)艺术教育有助于幼儿大脑潜能的开发**

研究表明，人的大脑两半球的功能是高度专门化、分工明确的，每个半球的功能独立、完整，又相互配合。以形象思维为主的艺术活动主要是由大脑右半球支配的。对幼儿进行艺术教育有助于他们大脑的健康、协调发展及大脑右半球潜能的开发，也为他们入学后右脑的功能获得持续发展打下良好的基础。

艺术教育对幼儿的成长有着特别的意义。艺术教育的功能是整体的，虽然它主要作用于右脑，但却不止于右脑。它所培养的空间知觉能力和直觉思维能力不仅为智能健全的人所必需，而且对于左脑语言功能的发展也有促进作用。因此，艺术教育的特别意义在于，它有利于大脑潜能的全面开发。

**(五)艺术教育有利于幼儿学习其他学科和适应将来的工作**

艺术教育对于幼儿的全面发展具有至关重要的作用。早期艺术教育可以充分挖掘幼儿右脑的潜能，使幼儿的直觉与抽象、情感与理智、非理性与理性得以平衡，从而为发展幼儿完整的人格奠定基础。表现力和创造力是人必备的审美素质，它显示了人作为主体的一面。幼儿园应充分挖掘幼儿的艺术和审美潜能，给他们提供自由宽松的环境，使之得到充分的发展。早期艺术教育可以促进幼儿良好个性品质的形成，为他们的全面发展奠定良好的基础。

## 三、幼儿艺术教育的内容

艺术教育是指以音乐、美术为手段和内容的教育。艺术教育的内容大致包括艺术知识、艺术欣赏和艺术创作。具体来说有以下几方面的内容。

**(一)音乐教育**

**1. 歌唱活动**

歌唱活动是人类表达、交流思想感情较为自然的方式之一。歌唱活动既是幼儿童年生活中不可缺少的部分，同时又是幼儿喜闻乐见、易于接受的一种艺术形式。歌唱活动不仅给幼儿带来欢乐，而且潜移默化地陶冶其情操，启迪其心智，完善其品格。因此，歌唱活动是幼儿园音乐教育中的一个基本活动。

**2. 韵律活动**

韵律活动是幼儿伴随音乐而进行的身体艺术表现活动。其作用为培养幼儿的节奏感，使幼儿动作协调、优美，让幼儿学习用舞蹈的方式与他人交流，并享受韵律过程的愉悦。

**3. 节奏乐活动**

节奏乐活动是组织幼儿运用各种打击乐器，配合歌曲、乐曲的旋律进行演奏的一种器乐演奏形式。它能有效培养幼儿的节奏感和听辨乐器音色的能力、提高幼儿与群体合作的协调能力，发展幼儿的探索精神和创造力，使他们体验到快乐与成功。

**4. 音乐欣赏活动**

音乐欣赏活动是教师引导幼儿欣赏优秀的音乐作品，帮助幼儿提高感受和理解音乐的能力、积累优秀的音乐作品曲目和音乐词汇相关知识，让幼儿享受参与欣赏音乐的快乐，培养幼儿对音乐的探究热情。音乐欣赏活动不仅能使幼儿接触更多的优秀音乐作品，开阔他们的音乐眼界，丰富他们的音乐经验，发展他们的想象力、记忆能力和思维能力，而且能在音乐欣赏的过程中培养幼儿听觉的敏感性和良好的倾听习惯，培养幼儿对音乐稳定而持久的兴趣以及初步的审美情趣和审美能力。

**(二)美术教育**

**1. 绘画活动**

绘画活动是教师引导幼儿学习简单的绘画工具和材料的使用方法，运用线条、形状、色彩、构图等造型要素及变化、平衡、强调等造型原理，创造可视的平面形象，表达自己的审美感受的教育过程。绘画活动能真实反映幼儿心理发展的水平及他们的想法。

**2. 手工活动**

手工活动是教师引导幼儿学习贴、撕、剪、折、塑等方法，使用各种工具和材料进行加工、改造，制作出不同形态的平面或立体的形象，培养幼儿的审美能力、创造力和动手能力的一种教育活动。手工活动包括纸工、泥工和废旧物的制作等，是幼儿非常喜爱的一种活动。手工活动能锻炼幼儿的手部肌肉，促进其手眼协调能力及心理等方面的发展。

**3. 美术欣赏活动**

美术欣赏活动是教师引导幼儿欣赏和认识美术作品、自然景物及周围环境，了解对称、均衡、变化等形式美的原理，感受造型、色彩、构图等艺术手法及其情感表现，体验美术欣赏的快乐，从而丰富幼儿的美感经验、培养幼儿的审美情感和审美评价能力的一种教育活动。美术欣赏活动包括对绘画作品、雕塑作品、建筑艺术、民间艺术、工艺美术、自然景物及环境布置的欣赏。

**教师资格考试**

**考题模拟**

下列不属于《幼儿园教育指导纲要(试行)》在艺术领域的内容与要求的是(　　)。

A. 尊重每个幼儿的想法和创造，肯定和接纳他们独特的审美感觉和表现方式

B. 指导幼儿利用身边的物品或废旧材料制造玩具等来美化自己的生活

C. 教育幼儿爱护玩具和其他物品，爱护公物和公共环境

D. 为幼儿创造展示自己作品的条件，引导幼儿相互交流、相互欣赏、共同提高

答案：C　艺术领域的内容与要求强调为幼儿提供丰富多彩的材料供幼儿体验美、发现美和创造美。

## 四、幼儿艺术教育的指导要点

### (一)创造条件，支持幼儿美的感受和体验

教师要带领幼儿走进大自然、周围环境、社会文化生活环境，与幼儿一起发现、感受和欣赏自然环境和人文景观中美的景色和美的事物。

教师要给幼儿创设自由想象、宽松的心理环境。教师要充分信任幼儿，不设过多的限制和规定，为幼儿的活动提供自由发挥的机会。

教师要创设富有审美情感色彩的一日生活环境及区域环境，提供适宜不同时代、不同风格、不同表演者的歌曲或舞蹈，适宜不同乐器的乐曲，适宜不同民族的具有相同因素、形式多样的音乐舞蹈作品。

教师要关注其他学习领域中蕴含的声音、节奏、旋律、姿态动作美等。

### (二)创设情境，支持幼儿探索美的行为

在理解和表现音乐作品时，教师要尽可能不给幼儿提供直接而明确的解决问题的途径，让幼儿在目标和问题情境之间通过自身的思考寻求解决问题的方法；当幼儿遇到困难时，教师要提供必要的技术支持。

教师要在活动中注重幼儿自我的感知、想象与感受，尊重幼儿的兴趣和独特的审美感受，鼓励幼儿用语言、身体动作、表情等方式表达，并与

他人分享自己的感受；尊重幼儿的模仿和自发表现。

**(三)注重培养幼儿优秀的学习品质**

在美术活动中，教师要注重发展幼儿的观察力、思维力、想象能力、审美能力。其中，能否引导幼儿有目的、有顺序、精细地观察，是检验教师教学能力的一个重要方面。在音乐活动中，教师要关注幼儿对审美对象的体验、想象与表现，促进他们对审美经验的积累和审美能力的提升。

**想一想**

你认为当前我国幼儿园在艺术教育中存在哪些问题？要如何改进？

# 第五节　幼儿社会教育

如果说家庭是幼儿生活的第一个社会环境，那么幼儿园无疑是幼儿生活的第二个社会环境。这个社会环境比起家庭对幼儿社会化的影响更有针对性、目的性和计划性。它可以通过多种形式的教育活动与手段，将社会规范、道德价值观以及历代积累的社会生活经验和交往的技能传授给下一代。这对加速幼儿的社会化进程具有重要影响。

## 一、幼儿社会教育的内涵

幼儿社会教育是指以发展幼儿的社会性为目标，增进幼儿的社会认识，激发幼儿的社会情感，引导幼儿的社会行为的教育活动。幼儿社会教育是幼儿全面发展教育的重要组成部分，从幼儿心理发展的结构上看包括自我意识、社会认知、社会情感、社会行为、社会适应和道德品质六个方面。

**想一想**

有人认为，幼儿社会教育就是德育。你赞同这个观点吗？为什么？

## 二、幼儿社会教育的意义

社会对人类的生存和发展具有极其重要的意义，任何人都不能离开社会而生存，更不能离开社会而发展。幼儿期是人的社会化的起始时期。我们将来能否积极适应各种社会环境，能否处理好与他人和集体的关系，能否勇敢地承担起社会责任，在很大程度上取决于这一时期的生活经验和受教育的状况。具体来说，幼儿社会教育的意义表现在如下几方面。

**(一)社会教育有利于激发幼儿的内在动力**

幼儿社会教育的核心就是要为幼儿创设宽松、自由的环境，从幼儿的兴趣和需要出发，满足他们内在的发展需求，从而激发幼儿的内在动力，将外部规则逐渐内化，使幼儿从他律走向自律。例如，教师带领幼儿外出参观军营，使幼儿了解了军营这一社会机构的同时，也激发了幼儿对解放军的光荣事迹和历史使命的敬仰之情，感受到了生活的美好和幸福，并立志成为一个对社会有用之人，从而培养了幼儿的道德感和对规则的遵守意识。

**(二)社会教育有助于加快幼儿的社会化进程**

社会化是个体通过与周围环境的相互作用，由自然人转化为社会人的过程。幼儿园的社会教育就是要把社会文化知识、社会行为规范、社会技能以幼儿能接受的方式传授给他们，并将其内化为自身的规则。比如，教师经常给幼儿讲述一些反映社会规范和准则的故事，让幼儿明白其中做人、做事的道理，从而增强幼儿的正义感、同情心和爱心，并内化为自己的品质。

**(三)社会教育有助于促进幼儿人格的全面发展**

社会教育是人格培养的重要途径，6 岁之前又是人的人格陶冶重要的时期。这个时期培养得好，以后只需顺势培养下去，使幼儿成为对社会有用的人；若错过这个时期，那么习惯养成了不易改，倾向定了不易移，态度形成了不易变。社会教育能帮助幼儿树立正确的社会认知，拥有良好的社会情感，形成正确的社会行为，从而促进幼儿健全人格的养成。

**(四)社会教育有利于提高幼儿的综合素质**

良好的个性品质以及积极的自我意识为幼儿适应将来的社会发展奠定了基础。通过社会教育，幼儿学会了合作，学会了与他人共同相处，学会了正确处理自己与他人的关系，学会了如何遵守规则，从而能够适应社会环境及社会要求，最终达到智力与社会性的和谐发展，成为学会学习和学会生活的人。这对幼儿一生的发展至关重要。

## 三、幼儿社会教育的内容

**(一)自我意识教育**

①引导幼儿了解自己与周围环境的关系。

②引导幼儿用一定的方式表达自己的需求、爱好、情绪和情感。

③引导幼儿学习正确评价自己与他人，正确对待他人的评价。

④引导幼儿主动参加各种活动，有好奇心和解决问题的能力，能积极发表自己的见解。

⑤引导幼儿在活动中善于动脑思考，愿意按自己的意愿选择活动、设计活动、完成活动。

**(二)社会认知教育**

①帮助幼儿认真倾听并理解任务性的语言，掌握记忆任务的方法，牢记委托并力争完成任务。

②帮助幼儿了解一些日常生活的规则和要求，使他们感受生活中规则的重要性，培养行动的意识，包括生活活动、游戏活动、交往活动、外出活动的常规培养。

③帮助幼儿了解自己的成长与家人的关系，使他们感激父母长辈的辛勤养育之恩。

④帮助幼儿了解周围不同职业的人们的劳动与自己生活的关系，让他们学会尊重他们的劳动。

⑤帮助幼儿了解祖国传统的民俗节日，使他们对祖国的传统文化感兴趣。

⑥帮助幼儿了解并熟悉幼儿园的位置及环境，熟悉幼儿园的规则，适应集体生活。

⑦帮助幼儿了解家庭成员、家庭住址、家庭电话，熟悉家庭成员及亲属之间的关系，懂得尊敬长辈，能够与兄弟姐妹和睦相处。

⑧帮助幼儿了解自己所在的社区及城市，了解自己家乡的风俗、名胜古迹、特产等，激发幼儿热爱家乡的情感。

**(三)社会情感教育**

①引导幼儿愿意与他人共同游戏、活动，并和睦相处。

②帮助幼儿感受周围自然环境、文化环境的美，鼓励他们参加社区的大型活动，使他们萌发爱周围环境、爱家乡、爱祖国的情感。

③鼓励幼儿参加一些力所能及的家务劳动，培养他们爱家、爱家人的情感。

④引导幼儿愿意接触或了解不同国家、不同种族的外国人，感受外国人的风俗习惯。

⑤引导幼儿主动参与各项有意义的活动，体验与同伴交往的快乐。

**（四）社会行为教育**

①引导幼儿在有困难或需要帮助时使用适当的方式向成人表达自己的需要或想法。

②引导幼儿善于与他人交往，懂得问候、交谈、与他人合作及参与活动的技巧，掌握几种交往的策略。

③培养幼儿按规则进行活动的习惯，提高他们执行规则的能力。

④指导幼儿围绕自己的生活、学习、游戏制定简单的规则。

**（五）社会适应教育**

①引导幼儿在遇到困难和挫折时尽可能自己应对。

②引导幼儿主动帮助弱小同伴，乐于帮助有困难的小朋友、老人和残疾人，自愿与他人分享玩具、图书和食物。

③引导幼儿尽快适应变化的环境，学会自己照顾自己。

④指导幼儿较快适应常规和活动的变化，乐于尝试自己没有经历过的事情。

⑤培养幼儿的自我保护意识，使他们了解周围环境中可能存在的危险，帮助他们学习应急及自救措施，提高生存能力，增强社会适应能力。

**（六）道德品质教育**

①引导幼儿努力做好力所能及的事，不怕困难，有初步的责任感。

②引导幼儿乐意与他人交往，学习互助、合作和分享，有同情心。

③引导幼儿做事有信心，能有始有终地做完一件事。

## 四、幼儿社会教育的指导要点

**（一）建立良好的师幼关系，提高师幼互动的质量**

幼儿只有体会到被关爱、被尊重，才能拥有安全感，进而给予别人关爱。教师要建立良好的师幼关系，就要以身作则，为幼儿提供一个接纳、温暖、尊重和信任的人文环境，主动亲近和关心幼儿，经常与幼儿一起做游戏和活动，使幼儿感受到交往的快乐，从而提升幼儿的社会化水平。因此，教师要注意自身的言行举止，充分发挥榜样示范作用。

**（二）给幼儿创造同伴交往的机会和条件，促进幼儿同伴间交往水平的提升**

同伴交往对幼儿的社会学习有极为重要的作用。幼儿通过游戏和集体活动自由交流，表达自己的意愿，倾听他人的想法和需要，从而掌握一定的交往规则，形成正确的对人、对己的态度，正确处理自己与他人的关系和矛盾。幼儿的交往水平就是在这样的训练平台上逐渐得到提升和发展的。

**(三)关注幼儿之间的差异**

幼儿之间的差异因各种因素而存在，在社会交往和环境适应方面也同样是千差万别的。比如，有的幼儿的入托焦虑程度较重，有的幼儿的入托焦虑程度较轻；有的幼儿主动、外向、积极、乐观，有的幼儿比较内敛、孤僻，甚至不合群。这就需要教师认真观察每个幼儿，在社会教育方面采用集体要求与个别指导相结合的方式，促进每个幼儿在原有水平上的提升，满足不同幼儿社会性发展的需要，切忌用一把“尺子”衡量所有幼儿。

**(四)善于抓住日常生活的每个细节，贯彻生活常规，促进幼儿积极的社会行为习惯的养成**

教师要为幼儿创设适宜的社会性学习环境，提供充足的材料及自由的活动空间，并抓住一日生活中的教育契机，适时对他们进行社会性教育，帮助他们养成良好的社会行为习惯。比如，幼儿争抢玩具的时候，教师要适时介入并制止这一行为的再次出现；幼儿喝水时出现拥挤现象后，教师要组织幼儿讨论喝水的常规等。

**教师资格考试**

**真题再现**

1. 幼儿看见同伴欺负别人会生气，看见同伴帮助别人会赞同。这种体验是(　　)。(2015 年上半年《保教知识与能力》真题)

A. 理智感　B. 道德感　C. 美感　D. 自主感

2. 实施幼儿园德育的基本途径是(　　)。(2014 年上半年《保教知识与能力》真题)

A. 教学活动　B. 亲子活动　C. 阅读活动　D. 日常生活

答案：1. B　幼儿最初的同情心是在移情的基础上产生的。随着幼儿社会交往经验的增加，他们逐渐建立起正义感，也就是最初的道德感。

2. D　幼儿社会教育，尤其是德育主要是通过幼儿的日常生活环节进行的。比如，幼儿知道喝水时要排队，吃饭时要安静地吃完属于自己的一份饭菜，玩玩具时要知道谦让等。

* * * * * * * *

## 本章小结

幼儿健康教育是根据幼儿身心发展的特点，以提高幼儿的健康认识、改善幼儿的健康态度、培养幼儿的健康行为、维护和促进幼儿的健康为核心目标而开展的有组织、有计划、有目的的教育活动。

幼儿语言教育是指依据幼儿语言学习的特点组织的，关注幼儿日常活动中的语言学习，创设良好的早期阅读环境，做好读写准备，有助于促进幼儿智力、社会性以及音乐、美术、动作等方面的发展的教育活动。

幼儿科学教育是指导幼儿通过自身的活动对周围物质世界进行感知、观察、操作，发现问题、寻求答案的教育活动。科学教育能激发幼儿学科学的兴趣和好奇心，使他们积累科学经验，掌握一些初步的技能，为以后的学校科学教育打下良好的基础。

幼儿艺术教育是指通过组织艺术活动激发幼儿的审美情趣，培养他们感受、理解、表现、鉴赏、创造美的能力，进而陶冶他们的情操，发展他们的智力，促进幼儿自身各种因素平衡发展的教育活动。

幼儿社会教育是以发展幼儿的社会性为目标，增进幼儿的社会认识，激发幼儿的社会情感，引导幼儿的社会行为的教育活动。

## 关键术语

全面发展教育　健康教育　语言教育　科学教育　艺术教育　社会教育

## 思考题

1. 幼儿健康教育的指导要点有哪些?
2. 幼儿语言教育的指导要点有哪些?
3. 幼儿科学教育的指导要点有哪些?
4. 幼儿园科学探究活动包括哪些类型?
5. 幼儿艺术教育的指导要点有哪些?
6. 幼儿社会教育的指导要点有哪些?

## 建议活动

阅读2016年3月修订实施的《幼儿园工作规程》，并联系实际研讨《幼儿园工作规程》对“幼儿全面发展教育”提法的意义与价值体现。

## 拓展阅读

1. 虞永平、原晋霞：《幼儿园课程》，北京，高等教育出版社，2014。该书是全国高等教育自学考试学前教育专业(独立本科段)的核心课程指定教材，按照2014年修订的课程自学考试大纲进行编写。该书研究幼儿园课程设计、实施与评价的基本原理和具体方法，重点在于让读者了解幼儿园课程的内涵，是一本理论指导性强、观点明确、阐述清晰的指导性书籍。

2. 邵小佩：《幼儿园课程与教学》，北京，北京师范大学出版社，2015。该书是依据《中小学和幼儿园教师资格考试标准（试行）》编写的，针对五大领域课程和教学活动进行了系统的阐述，案例新颖生动，是一本理论指导性强、观点明确、阐述清晰的指导性书籍。

3. 李季湄：《幼儿教育学基础》，北京，北京师范大学出版社，2016。该书从基础的幼儿教育理论出发，详细阐述了幼儿教育学所涉及的基本概念、原理及教育原则等一系列问题，比较适合初学者阅读，是一本实践性、指导性较强的专业书。

4. 教育部：《幼儿园教育指导纲要（试行）》，2001。该文件由教育部于2001年颁布试行，包括总则、教育内容与要求、组织与实施、教育评价四部分。其中教育内容与要求部分包括健康、语言、社会、科学、艺术五个领域，每个领域从目标、内容与要求、指导要点三个角度展开论述。该文件是指导幼儿教师将思想和观念转化为教育行为的指导性文件。

5. 教育部：《3—6岁儿童学习与发展指南》，2012。该文件从健康、语言、社会、科学、艺术五个领域描述了幼儿的学习与发展，每个领域按照幼儿学习与发展最基本、最主要的内容划分为若干方面。每个方面由学习与发展目标、教育建议两部分组成。这是一份指导幼儿园和家庭实施科学保教、促进幼儿身心全面和谐发展的指导性文件。

**扫一扫，看资源**

**《幼儿园教育指导纲要（试行）》**　**《3—6岁儿童学习与发展指南》**

# 第四章
# 幼儿与教师

## 学习目标

1. 理解儿童观及幼儿在教育过程中的地位和角色。

2. 熟悉和掌握幼儿教师的角色定位、劳动特点以及当今幼儿教师应具备的职业素养。

3. 正确把握幼儿和教师的关系及他们在互动过程中的角色定位。

4. 能够建立和谐的师幼关系。

## 学习导图

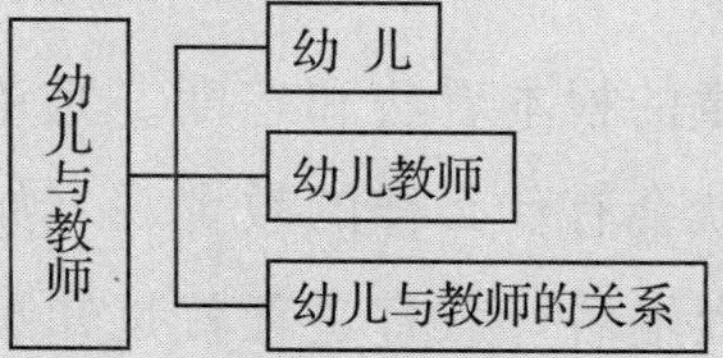

案例导入

中班张老师正带领全班幼儿做手工，幼儿一边讨论一边操作。东东找不到自己的胶带了，就去抢旁边小朋友的胶带，于是引起了争执。张老师看在眼里，并没有制止，而是递过去一卷胶带。张老师原以为东东有了胶带就会把抢来的胶带还给旁边的小朋友。结果东东并没有那样做，而是把抢来的胶带扔到了地上。那个被抢了胶带的幼儿"哇"的一声哭了起来。顿时班里乱作一团。张老师情急之下大喊一声："我看谁再出声!"这一喊还真奏效，幼儿都静下来了。但是被抢了胶带的幼儿用委屈的眼神看着张老师，惹祸的东东却若无其事地继续做自己的作品。正在讨论的幼儿都停了下来。有的还在捂着嘴，生怕发出声响来……

思考题：

1. 上述案例中，张老师真的解决问题了吗？

2. 教师到底该如何介入幼儿的活动或者纷争？

# 第一节　幼　儿

幼儿是教育的对象，幼儿的身心发展是幼儿教育的依据，也是幼儿教育的目的。不同的儿童观会产生不同的教育方式和教养态度，从而产生不同的教育效果。科学地教育幼儿是每个幼儿教育工作者应该履行的使命。为此，我们必须要了解幼儿，研究幼儿。

## 一、儿童观与儿童发展

### (一)儿童观的概念

儿童观是人们对儿童的根本看法和态度。儿童观是教育观的基础和依据，有什么样的儿童观就会有什么样的教育观。如果把儿童看成知识的接受者，教师就是知识的灌输者，教育过程就是知识的接受过程；如果把儿童看成主动的探索者，教师就是儿童学习的引路人，教育过程就是在教师的引导下儿童主动探索的过程。因此，正确地看待儿童，树立科学的儿童观是做好教育工作的基础，也是当好教师的前提。

### (二)儿童观的类型

一般来讲，儿童观可分为以下三种类型。

**1. 国家本位的儿童观**

国家本位的儿童观是指从国家利益出发，以国家的需要为中心的儿童观。这种儿童观从国家产生后就一直存在。比如，在古代社会，国家重视儿童，这是因为儿童被看成国家的财富、未来的劳动者和兵源，是国家延续的一种“工具”。直至现在这种国家本位的儿童观依然存在，只不过不再像古代社会那样绝对把儿童当作社会的“财富”，但在考虑儿童的发展时仍把国家和社会的需要作为要考虑的因素之一。

国家本位的儿童观将儿童与国家联系起来，重视儿童对国家的意义。在这种儿童观的影响下，国家比较关注儿童的生存与发展。但这种儿童观并不把儿童当作独立的个体加以尊重。因而，儿童的社会权益和地位难以保障，儿童的个性得不到应有的尊重和发展。

**2. 家族本位的儿童观**

家族本位的儿童观是指从家族利益出发，以家族的需要为中心的儿童观。这种儿童观起源于原始社会。在原始社会，由于生产力低下，个体很难应付自然挑战带来的生存问题，人们必须以血缘关系为纽带结成家族群体；家族的利益高于一切，个体的价值几乎为零，儿童也只是家族继承和繁衍的工具。到了奴隶社会和封建社会，虽然出现了个体家庭，但是家庭的利益仍高于个人的利益。在这种情况下，儿童也只是家庭的财富、未来的劳动者。儿童是父母的隶属品、家庭的“私有财产”，儿童是用来传宗接代、光宗耀祖、继承家业的。

在现代家庭中，家族本位的儿童观尽管有所淡化，但依然存在。部分家长仍然抱有“养儿防老”“传宗接代”的思想，因而在教育过程中往往会出现“望子成龙”和“望女成凤”的心态。具体表现为：如果孩子如自己所愿，便捧为掌上明珠加以溺爱；若孩子不能如自己所愿，便感到失望。现实生活中有些家长为了让孩子成人、成器，而不顾孩子的兴趣和需要，按自己的方式管教孩子。

这种儿童观重视儿童与家族兴衰的密切关系。其积极方面是可能会增强家长的爱心和责任心；其消极方面是容易将家族利益置于社会利益之上，从而忽视儿童的权益、兴趣和需要，使儿童无法拥有作为一个独立的人的尊严和地位。

**3. 个人本位的儿童观**

个人本位的儿童观是指把儿童作为一个独立的、具有独特个性的个体来看待的儿童观。这种儿童观以儿童为价值主体，主张儿童的生活和学习均要符合儿童的天性，坚持儿童的利益至上。

个人本位的儿童观诞生于文艺复兴时期。在欧洲的文艺复兴运动中，人文主义思想使人们开始尊重人性，歌颂人性，宣扬人的价值和尊严。在这种文化背景下，人们开始初步形成了个人本位的儿童观。个人本位的儿童观的确立，对儿童的命运产生了极大影响。它使儿童的天性得到了尊重，童年充满了欢乐，地位获得了普遍提升，人格尊严得到了保障，越来越受到重视。

第二次世界大战以后，国际社会开始普遍重视儿童的社会地位和权益，使个人本位的儿童观在大众的意识中逐渐占据主导地位。目前，国际上关于儿童权利的法律、宣言和契约已近百种，其中以1989年联合国通过的《儿童权利公约》最为突出。

《儿童权利公约》明确阐述了儿童应拥有的基本人权，强调成人必须尊重儿童的人格、意愿和兴趣，不得采取任何形式虐待、歧视和剥削儿童。为此，有人将20世纪称为“儿童的世纪”。个人本位的儿童观从此逐步深入人心，已被大众接受，也被国家采纳。

**教师资格考试**

**真题再现**

联合国《儿童权利公约》规定，对儿童的养育与发展负有首要责任的是(　　)。(2020年下半年《保教知识与能力》真题)

A. 联合国儿童权利委员会

B. 父母或法定监护人

C. 国家

D. 幼儿园

答案：B 《儿童权利公约》第十八条规定：父母或视具体情况而定的法定监护人对儿童的养育与发展负有首要责任。儿童的最大利益将是他们主要关心的事。

### (三)现代儿童观与我国幼儿教育改革

科学的教育需要教师具备科学的儿童观。鲁迅曾经说过：孩子的世界，与成人截然不同；倘不先行理解，一味蛮做，便大碍于孩子的发达。[①] 为了教育好孩子，教师应树立科学的儿童观。

---

① 金正扬：《婴幼儿的教育》，70页，上海，知识出版社，1982。

**1. 现代儿童观的内涵**

如前所述，《儿童权利公约》对儿童的发展及教育具有特别重要的意义。它是国际社会第一部富有法律效力的关于儿童权利的法律文书。其所体现的儿童发展观，即现代社会所倡导的“以人为本”的儿童观，具体包括如下几个方面。

(1)以儿童的全面发展为本

以儿童的全面发展为本包括两层含义：一是以儿童的个性为本，教育要从儿童的个性和兴趣爱好出发，给儿童留有自我发挥的空间和余地；二是要在以儿童为本的基础上，给予儿童充分的指导，有目的、有计划、有组织地培养儿童，遵循儿童的个性发展规律。

(2)公平对待每个儿童

《儿童权利公约》强调，每个儿童都是独立的、平等的个体，在教育中有同样的权利和义务。教师应该相信每个儿童都能进步，并促进每个儿童在其原有基础上获得最大程度的提高。因此，在素质教育理念下，教师应公平对待每个儿童。这也是“以人为本”教育理念的要求。

(3)因材施教

由于遗传、后天环境等因素的影响，每个儿童都有自己独特的个性，教育要真正做到“以人为本”，就必须针对每个儿童的特点进行因材施教。因此，观察、了解每个儿童在身心发展的各方面所表现出来的不同发展水平和发展需要，是教师应该做到的。因而教师要选择不同的教育内容、方式方法来进行有针对性的教学，发挥儿童的长处，弥补儿童的不足，激发儿童的活动兴趣，帮助儿童建立自信，才能真正促进儿童的全面发展。

**知识拓展**

《儿童权利公约》规定儿童应享有的四大权利如下。

生存权——每个儿童都有其固有的生命权和健康权，包括有权接受可达到的最高标准的医疗保健服务。

受保护权——不危害自身发展的、被保护的权利，包括保护儿童免受歧视、剥削、酷刑、虐待或疏忽照料，以及对失去家庭的儿童和难民儿童的基本保护。

发展权——充分发展其全部体能和智能的权利。儿童有权接受正规和非正规的教育，儿童有权享有促进其身体、心理、精神、道德和社会发展的生活条件。

参与权——参与家庭、文化和社会生活的权利。儿童有参与社会生活的权利，有权对影响他们的一切事项发表自己的意见(表达权)。

**2. 从现代儿童观看我国幼儿教育的发展趋势**

改革开放以来，我国的幼儿教育得到了迅速发展，取得了显著成绩，但是依然存在问题，如学前教育发展不均衡的问题、城乡幼儿教育质量差异大的问题、幼儿园教育小学化问题等。针对目前存在的问题，国家陆续出台了一系列学前教育法规文件，尤其是《纲要》《指南》的出台对有效地促进我国幼儿的身心健康发展，维护幼儿应有的人格尊严和权利起到了保驾护航的作用。总体来看，我国幼儿教育表现出以下几个发展趋势。

(1)注重普及学前教育

《教育规划纲要》明确指出，积极发展学前教育，到 2020 年普及学前一年教育，基本普及学前两年教育，有条件的地区普及学前三年教育。重视 0～3 岁婴幼儿教育。

(2)重点发展农村学前教育

《教育规划纲要》明确提出，努力提高农村学前教育普及程度。着力保证留守儿童入园。采取多种形式扩大农村学前教育资源，改扩建、新建幼儿园，充分利用中小学布局调整富余的校舍和教师举办幼儿园(班)。发挥乡镇中心幼儿园对农村幼儿园的示范指导作用。

(3)办园体制多元化

《教育规划纲要》提出，把发展学前教育纳入城镇、社会主义新农村建设规划。建立政府主导、社会参与、公办民办并举的办园体制。大力发展公办幼儿园，积极扶持民办幼儿园。加大政府投入，完善成本合理分担机制，对家庭经济困难幼儿入园给予补助。加强学前教育管理，规范办园行为。

在我国，幼儿教育的办学主体将由单一的公办园发展为公办园、企业办园、社会力量办园、私立幼儿园等。这种由我国国情决定的趋势将会继续发展下去。

(4)加强幼儿教师队伍建设

首先，提高幼儿师范院校的办学水平和教育质量。比如，根据幼儿教育事业的发展需要，确定招生规模；结合幼儿教育改革时机，及时调整专业、课程设置和教学内容；深化教育教学改革，积极参与幼儿园的教育实践等。其次，制订幼儿教师培养、培训计划，加强幼儿教师职后教育的规范和建设。最后，对幼儿园园长和幼儿教师严格把好上岗关。

依据《幼儿园教师专业标准(试行)》《幼儿园园长专业标准》的有关规定，实行幼儿园园长、教师资格准入制度，严格实行持证上岗；实行教师聘任制，建立激励机制，提高教师队伍的素质和水平；认真执行《中华人民共和国教师法》，使幼儿教师享有与中小学教师同等的待遇；依法保障幼儿教师在进修培训、评选先进、专业技术职称评聘、工资、社会保险等方面的合法权益，稳定幼儿教师队伍。

(5)幼儿教育国际化

随着“地球村”理念的不断深入，幼儿教育的国际交流合作得到进一步加强。比如，支持一批示范性中外合作办学机构；开展幼儿园骨干教师赴海外研修培训；支持扩大公派出国留学规模；以高校为主体举办教育国际学术交流论坛等。

**教师资格考试**

**真题再现**

《国家中长期教育改革和发展规划纲要(2010—2020年)》提出，要重点发展农村学前教育。下列措施中不正确的是(　　)。(2015年下半年《综合素质》真题)

A. 扩大农村学前教育资源

B. 着力保证留守儿童入园

C. 保证农村幼儿园现有规模

D. 发挥乡镇中心幼儿园的示范作用

答案：C 《国家中长期教育改革和发展规划纲要(2010—2020年)》指出，重点发展农村学前教育。努力提高农村学前教育普及程度。着力保证留守儿童入园。多种形式扩大农村学前教育资源，改扩建、新建幼儿园，充分利用中小学布局调整富余的校舍和教师举办幼儿园(班)。

## 二、制约幼儿身心发展的因素

幼儿的身心是在许多因素的制约下综合发展的。一般而言，制约幼儿身心发展的因素主要包括如下四个方面。

### (一)遗传素质

遗传素质是指个体从上代继承下来的生理解剖方面的特点，如体貌、身体的内部构造、神经类型等方面。遗传素质是幼儿身心发展的生理基础和物质前提。

**1. 遗传素质决定了幼儿身心发展的可能性**

人的发展总是要以遗传获得的生理组织、一定的生命力为前提的。没有这个前提，任何发展都不可能。比如，色盲是遗传而来的，后天不能补救。所以色盲通常不能成为画家，也不能从事需要辨别颜色的工作。

**2. 遗传素质的差异是造成幼儿个体间差异的原因之一**

人与人之间的遗传素质是有差异的。由于遗传素质上的差异，一部分人容易发展成善于思辨的科学家，一部分人容易发展成有才能的音乐家，一部分人容易发展成为优秀的体育运动员等。这种遗传素质的差异使不同的民族、种族、性别之间产生的差别通常不是只靠简单的后天努力就可以补救的，要通过遗传的缓慢进化才能实现。

**3. 遗传素质的成熟制约着幼儿身心发展的水平及阶段**

所谓生理成熟指的是个体遗传素质的生理机能和构造的变化在一般的年龄阶段所达到的一般程度。人的身心发展在一定程度上要受到遗传素质的生理成熟水平的制约。

同年龄阶段的幼儿在身心发展方面不仅有共同的表现，而且彼此之间可能有一定的区别。比如，有的幼儿说话早，有的幼儿说话晚；有的幼儿精细动作发展得早，有的幼儿协调性发展得要早些等。这些区别是因个人之间的生理成熟程度不同而产生的超前发展或延后表现：许多超常幼儿表现出一般幼儿不具有的早熟或少年早慧，还有一些幼儿可能表现出的许多行为与其年龄不十分相称。这些都是生理成熟的不同程度的具体表现。

**4. 遗传素质仅为幼儿的发展提供物质基础，而不能决定幼儿的发展**

遗传素质有差异，但就一般人而言并不是相差很大。遗传素质为幼儿的发展提供了巨大的可能性，但这种可能性能否变成现实取决于后天的环境。因此，不能片面夸大遗传素质的作用。

**(二)环境**

环境是指个体生活中影响个体身心发展的一切外部因素，即幼儿能够接触到的周围人和物的总和。

环境对个体发展的影响表现在以下两个方面。

**1. 物质环境为幼儿的生存提供了物质基础**

幼儿作为一个生物体，吃、喝、拉、撒、睡都离不开周围物质条件的供应。幼儿是没有成熟的个体，在生活上对周围物质环境的依赖性更强，因而需要成人主动为其提供物质保证。

**2. 精神环境为幼儿的心理发展提供了精神营养**

幼儿不仅在物质上需要外界营养的供应，而且需要与周围的环境进行信息交换。只有不断与周围环境相互作用，他们才能了解外界，吸收外界关于成长、生活所需要的基本生活技能、基本生活准则。只有这样，幼儿才能形成"健康人"的心理。为此，成人要为幼儿提供丰富的、适宜的、有准备的环境，以利于幼儿心理的发展。

物质环境和精神环境交叉影响，共同作用于幼儿的成长，促进幼儿身心的早日成熟，使幼儿健康成长。

**（三）幼儿园教育**

幼儿园教育是由承担责任的教师与接受教育的幼儿共同参与和进行的。这种特殊的影响使幼儿园在影响幼儿的发展上具有独特的功能。

**1. 幼儿园教育是一种最系统、最简洁的影响幼儿的方式**

幼儿园有专职教师和明确的教育目的，给幼儿施加的影响一般比较全面、系统和准确，针对性也较强。在幼儿教育中，教师要对幼儿提出明确的教育目标，反复筛选和提炼教学内容，对内容进行科学的组织编排，采用合理的教学方式和方法，引导幼儿学习。因此，幼儿园的教育效率远远高于社会教育和家庭教育。

**2. 幼儿园教育具有加强、加速幼儿发展的特殊功能**

教师要能正确判断幼儿的最近发展区，并合理提出发展目标，促进幼儿的发展。苏联心理学家维果茨基的研究揭示，教育对幼儿的发展能起主导作用和促进作用，但需要确定幼儿发展的两种水平：一种是已经达到的发展水平，表现为幼儿能够独立完成智力任务；另一种是可能达到的发展水平，表现为幼儿还不能独立地完成任务，但在成人的帮助下和集体活动中可以通过模仿完成这些任务。这两种水平之间的距离就是"最近发展区"。幼儿教师只有把握好最近发展区，才能加速幼儿的发展。

**3. 幼儿园教育对幼儿发展的影响不仅具有即时的价值，而且具有延时的价值**

幼儿园教育作为人生起点的第一个规范性教育阶段，目标的定位为：不仅要为幼儿进入小学打好基础，而且更要为其一生的发展打下良好的基础。幼儿园教育内容大部分具有普遍性和基础性，对幼儿今后的进一步学习具有长远的价值。此外，幼儿园教育提高了人的需求水平、自我意识和自我教育的能力。这对人的发展来说更具有长远的意义。

**(四)幼儿的主观能动性**

幼儿的主观能动性是指幼儿对外界影响的选择、吸收和融化的主动反应能力，也包括幼儿对外界影响的创造性反应能力。

**1. 幼儿对外界信息具有主动反应的能力**

比如，新生儿对母亲说话的反应要强于对铃声的反应；新生儿能回避令人不愉快的气味，更喜欢注视曲线和母亲的脸。稍大以后，幼儿便逐渐有了自己的情绪、情感、意志和个性倾向等心理活动，对一般心理过程的调节能力会逐步增强。幼儿会依自己的个性特点对不同的事物做出不同的反应，不同的幼儿对同样的事物也会做出不同的反应。

**2. 幼儿的各种心理活动能力的增强，使幼儿对外界环境的反应能力得到提高**

随着年龄的增长，幼儿的感知、记忆、想象、思维、注意等心理活动的能力和有意性不断加强，使幼儿能更加有效地、有目的地加工处理来自环境的各种信息。幼儿自我意识的发展使幼儿能初步学会认识自己、评价自己，进而自觉地调节自己的行为，为达到一定的目标而做出努力。比如，为了得到小红花，幼儿会遵守纪律，积极学习，控制自己的不良思想和行为。

**3. 幼儿会对外界做出一些创造性的反应**

比如，幼儿进行创造性想象，将已知的人和物组合编成故事，并能够创造性地表演故事，在生活中创造性地解决一些问题等，都是幼儿对外界做出的创造性反应的表现。

幼儿虽然年纪偏小，但是却具备主观能动性。他们主动吸收外界的信息，在活动中通过观察、动手操作了解周围事物的特性并转化为自己的认识。幼儿的这一主观能动性主导着自身的学习和发展。

综上所述，遗传素质、环境、教育和主观能动性成为影响幼儿身心发展的主要因素。这四个因素相互联系、相互制约，共同影响着幼儿的身心发展。

教育故事

**沙坑游戏带来的思考**

幼儿在沙坑旁玩得很开心。一个幼儿把沙石放进轮胎的内槽。滚动轮胎的时候，沙土飞扬，还有哗啦啦的声音，显得很有气势。一群幼儿在拿沙石“做饭”，又是“炒菜”又是“凉拌”，还放“芝麻酱”。游戏和当前的主题非常吻合，他们玩得有声有色，一个个游戏灵感不断冒出来……可是，自选户外游戏结束后，有的教师提出：为了保证园所环境整洁，请各班教师约束小朋友，不要把沙子带到沙坑外；如果有人带出来，必须清扫干净。

**思考：**是幼儿园的环境整洁重要，还是幼儿的游戏重要？严格的规则会不会让幼儿产生压迫感，让游戏被束缚？

**结论：**教师此时要关注的不是用语词的方式告知规则，不是用惩罚的方式执行规则，而是提供充足、适宜的游戏材料，让规则进入幼儿的内心，让幼儿在材料的帮助下整洁地游戏。例如，和幼儿讨论沙子进入其他区域的危害；请幼儿讨论怎样能避免沙子进入其他区域；在沙坑区提供什么材料能让幼儿玩做饭游戏，而不必把沙子带出来；等等。

# 第二节　幼儿教师

幼儿教师是指在幼儿教育机构中对3～6岁幼儿施加教育影响的专职工作人员。幼儿教师是幼儿教育双边活动的一方，是整个幼儿教育活动中的组织者和实施者，对幼儿身心发展的影响是非常大的。本节主要对幼儿教师的角色定位、幼儿教师劳动的特点、幼儿教师的职业素养进行探讨。

## 一、幼儿教师的角色定位

所谓角色是指做一个什么样的人，所处的位置如何。首先，幼儿教师本身的角色观直接影响他们在活动中所处的位置，也影响其工作状态。比如，如果幼儿教师认为自己是一个知识的传递者，那么他们就会比较注重通过教育活动让幼儿进行接受式学习；如果幼儿教师认为自己是幼儿思维的启迪者、游戏的玩伴，那么他们就会处处设置问题情境，让幼儿自己动脑动手寻找答案，在活动中与幼儿共同成长、发现世界，培养幼儿的创造力；如果幼儿教师认为自己是保育工作人员，那么他们就会把教育工作变成保育为主、教育为辅，我们所看到的幼儿便会处处都要“衣来伸手，饭来张口”。其次，社会对幼儿教育总的要求与期望会影响幼儿教师的角色观。纵观我国幼儿教育发展的历史，不同的历史时期造就了不同的幼儿教师角色观，大体经历了从保姆到教师再到角色多样化的阶段。现代幼儿教师扮演的角色越来越多，也越来越有利于幼儿的社会化和身心的健康发展。

目前，我国幼儿教师的角色定位如下。

**(一)幼儿教师是教育者**

幼儿园是一个公共的教育机构，其中心任务就是教育和教导幼儿。因此，幼儿教师的主要职责就是教育幼儿。从这个角度讲，幼儿教师首先是教育者，要以教育者的标准严格要求自己。作为教育者，幼儿教师需要完成以下几项任务：为幼儿提供适宜其发展需要的物质环境；细心观察和记录幼儿的活动；给幼儿做出榜样和示范；指导幼儿的学习；设计问题，引发幼儿的思考和探索；创设班级文化氛围，营造良好的课堂气氛。

### 教育故事

**漂亮的云彩纸**

教室的一角摆放着一个方便筐，筐中有许多不同类型的纸(这些是由师幼、家长共同收集的)。大二班幼儿正在进行“纸”的探索型主题活动。美美在筐中不停地翻找着什么。突然，她举起一张粉色的纸说：“这是什么纸?”林老师故意说：“我也不清楚，怎么办呢?”美美想了一会儿说：“我有办法了！去查查资料书!”林老师表示赞同，并和美美一起来到资料区。

美美在翻阅一本关于纸的自制书时突然叫道：“找到了，就是这种纸！老师，这叫什么纸?”林老师拿起书，照书念道：“云彩纸!”美美继续追问：“什么叫云彩纸啊?”林老师说：“云就是天上一朵云的云，彩就是彩虹的彩。仔细想想，再看看这种纸，知道为什么取这个名字了吧。”美美想了片刻，马上叫了起来：“啊！我知道了，我看见这种纸上有很多花纹，就像天上的云一样多，像彩虹一样美丽!”林老师点头说道：“是啊！你和我想到一起去了！我也是这么认为的。”美美拿着这张云彩纸说：“我要用它做一把漂亮的小花伞……”

通过对上述案例的分析，我们知道，在探索型主题活动中，幼儿教师的角色定位面临新的思考，幼儿教师的教育技能面临新的挑战，幼儿教师与幼儿之间建立的也是一种新型的师幼关系。在这种新型的师幼关系中，幼儿教师对幼儿学习的指导包括许多方面。比如，幼儿教师可以通过出示新的玩教具引导幼儿观察和讨论，让幼儿通过比较发现不同，用自己的语言表述自己的发现；可以通过设置问题情境引导幼儿讨论并发现解决问题的办法；可以用语言、动作、姿势、作品、玩具、环境等多种方式引导幼儿学习，成为幼儿学习的建构者和支持者。

**(二)幼儿教师是幼儿的保护者**

幼儿园是幼儿遇到的第一个社会性机构，是幼儿迈向社会的第一站。幼儿生活经验匮乏，身体和心理都很脆弱，需要成人的呵护和照顾。幼儿教师应处处保护幼儿的安全，耐心引导幼儿习得各种生活经验，使其慢慢适应幼儿园的生活并独立起来。为此，幼儿教师要做幼儿的亲人，让幼儿感受到被关爱、被照顾和被呵护。这样他们才能愿意来幼儿园，愿意融入这个集体并慢慢适应。作为幼儿的保护者，幼儿教师应做到如下两点：真正做到关爱幼儿内在的需要；以平等的关系与幼儿交谈。

**(三)幼儿教师是幼儿活动的参与者和幼儿的玩伴**

幼儿园教育活动中有很多都属于幼儿的自主活动，如游戏活动、活动区活动及幼儿的个别活动等。幼儿教师应该积极地参与幼儿的自主活动。在幼儿的自主活动中，幼儿教师不应该只是一个指导者、顾问，更应该是一个学习者，虚心向幼儿学习。师幼关系虽然包括幼儿教师对幼儿的指导，但并不总是指引与被指引的关系，应该是平等的人与人之间的关系。幼儿教师能够以普通的活动参与者的心态参与幼儿的自主活动，与幼儿建立平等的师幼关系。幼儿教师扮演的角色应更多的是幼儿的合作者，即与幼儿一起运用过去已有的知识和经验，通过实际操作获得新的经验。

**(四)幼儿教师是幼儿园课程的研究者和理论的建构者**

幼儿教师除了上述的多重角色外，还应是课程的研究者和理论的建构者。在工作中，幼儿教师只有不断地研究幼儿、研究课程、研究教学和游戏、研究幼儿家长以及反思自身的教学行为，才能使教育实践落到实处，才能使幼儿真正在教育过程中受益。

**1. 幼儿教师是课程的设计者**

幼儿教师应该在《纲要》精神的指导下，从本园、本班的实际情况出发，拟定可操作的课程目标，选择和组织适合本班幼儿学习的内容。幼儿教师在课程设计中的参与具体直接的表现就是，在进行主题方案教学时，幼儿教师有独立选择主题、确定目标、组织内容和确定学习活动方式的自主权，特别是在园本课程建设中的自主决策权更大。

## 教育故事

**有趣的螃蟹**

5月的一天，小美妈妈在送孩子入园的路上买了一兜螃蟹。当她送孩子到班级的时候，恰巧一只螃蟹从袋子里掉了出来，径直向活动室爬了进去。这一场景被几个孩子看到了，瞬间教室里的气氛活跃起来。孩子们一边跟着螃蟹，一边展开了热烈的讨论。

“看！螃蟹在横着爬呢！”

“它的眼睛长歪了吗？为什么不直着走路呢？”

“我认识，它叫飞蟹！”

“我知道它不叫河蟹，因为河蟹的爪子上有毛毛！”

“看，它长着壳呢！为什么会长壳呢？”

“它爬得那么快，是不是急着回家？”

“人为什么要吃螃蟹呢？多可怜啊！”

孩子们在观察和讨论中提出了各种问题，对螃蟹的外形特征、生活习性、自我保护、与人类的关系等表现出极大的兴趣和探究欲望。教师看到此景立即组织孩子们展开了“有趣的螃蟹”主题探究活动，将孩子们按照兴趣分成几组，让他们分头去寻找问题的答案……

活动中，孩子们了解了相关的水生动物，如大虾、河蚌、扇贝、鱼等，积累了丰富的常识，开阔了眼界，丰富了生活经验。孩子们在活动中非常投入、专注，活动取得了很好的效果。

“有趣的螃蟹”这一主题活动不是课程专家选择的，也不是教材中预先设计好的，而是幼儿教师敏锐地抓住了幼儿目前学习的兴趣和需要，结合本园的实际情况而选定的。这一活动在此时是对幼儿最有意义的学习内容。所以，幼儿教师作为课程设计者自有其优势和长处，因为幼儿教师最了解本班幼儿的实际情况。因此，新课程改革中幼儿教师应充分发挥自身的优势，成为课程设计的参与者和决策者。

**2. 幼儿教师是课程实施过程的反思者和研究者**

《纲要》指出：“教育活动的组织与实施过程是教师创造性地开展工作的过程。教师要根据本《纲要》，从本地、本园的条件出发，结合本班幼儿的实际情况，制定切实可行的工作计划并灵活地执行。”这就要求幼儿教师不仅是课程的实施者、执行者，而且应该成为课程实施的研究者。如果幼儿教师一味地把课程专家设计的方案拿过来用，不考虑它是否适合本班幼儿，是否有利于促进幼儿在原有知识经验的基础上获得更大的提高，就会使课程实施变成盲目服从。

上述案例中，幼儿教师随着幼儿研究的深入又进一步提出了具有挑战性的问题："螃蟹除了用伪装的方法来保护自己外，还有别的办法吗?"幼儿教师既要保护幼儿探索的积极性，又要让活动向着有利于主题推进的方向发展。比如，幼儿教师在介入幼儿的讨论时，可借助"为什么螃蟹会长这么坚硬的壳""你还知道哪些动物用什么方式保护自己"等开放式问题将幼儿的已有经验用主线串联起来，使幼儿产生共同探索的主题——"动物的自卫方式"。幼儿教师一旦发现有价值的内容，便可直接提出问题，激起幼儿新旧经验之间的冲突。

**3. 幼儿教师是课程评价的主体**

一般来讲，课程评价是由幼儿、幼儿教师、家长、管理者、社会和专家等多元主体共同参与的过程，幼儿教师是多元主体中的一员。新课程改革要求幼儿教师参与课程评价的任何一个方面，包括对课程方案的评价、对课程实施过程的评价以及对课程实施效果的评价，真正成为课程评价的主体。因为幼儿教师是课程的设计者和实施者，所以幼儿教师是最有发言权的。尤其是幼儿教师组织活动后的自评，是幼儿教师不断反思和提升的重要环节。

## 二、幼儿教师的劳动特点

### (一)劳动对象的主动性和不成熟性

**1. 劳动对象的主动性**

在幼儿教师的劳动中，幼儿是劳动的对象。幼儿是一个有意识的人，一个主动发展的人。在教育过程中，幼儿既是教的客体，又是学的主体。幼儿不是消极被动地接受教育，而是通过自身的内部作用来主动选择和接受外界的影响，形成自己的认知结构，发展自己的思想感情。因此教育过程中常常会出现意想不到的状况。比如，教学活动中幼儿因为座位发生争执；区域活动中幼儿因为材料不足发生摩擦等。

**2. 劳动对象的不成熟性**

幼儿教师的劳动对象不仅具有主动性，而且具有不成熟性。幼儿的发展水平不高，他们刚能独立行动，正在学习用语言表达自己的愿望和情感，思维的发展还处在具体形象的阶段，知识经验还很匮乏，对周围事物的认识充满了天真和幼稚的表现。幼儿教师劳动对象的不成熟性的特点使幼儿教师的劳动更为艰巨。

**(二)劳动任务的全面性和细致性**

**1. 劳动任务的全面性**

幼儿教师的劳动任务是根据教育目标和幼儿教育任务的要求，对幼儿进行德、智、体、美、劳几个方面的教育，促进其身心和谐发展。幼儿教师的劳动任务具有全面性。幼儿教师对幼儿要全面负责，不仅要照顾他们的生活，保证他们健康地生活，而且要教给他们粗浅的知识和技能，发展他们的智力，培养他们良好的行为习惯，促进其全面发展。可见，幼儿教师的劳动任务是全方位的。

**2. 劳动任务的细致性**

幼儿教师的劳动任务不但是全面的，而且是非常细致的。因为幼儿独立生活和进行活动的能力较差，他们还不会照顾和保护自己，需要成人特别是幼儿教师给予细心的照顾和教育，从而健康成长。比如，幼儿刚入园时不能独立就餐，幼儿教师就要一一去喂餐；幼儿洗手时，幼儿教师就要帮助他们把袖子卷起；幼儿教师随时按气温和活动量为幼儿增减衣服；等等。再如，幼儿教师要经常观察幼儿的细微变化并做出及时的应对策略，以保证幼儿正常、有序地生活和学习。

**(三)劳动过程的创造性和复杂性**

幼儿教师劳动过程的创造性和复杂性，首先表现在对幼儿的因材施教上。幼儿教师不仅要针对幼儿共同的特点，而且要针对幼儿个体的特点进行教育。通俗地说，就是要一把钥匙开一把锁，避免“一刀切”的做法，使每个幼儿都能健康成长。其次表现在幼儿教师的教育机智上。教育幼儿的工作并不是千篇一律的。教育的条件不可能毫无差异地重复出现。因此，幼儿教师的劳动过程绝没有固定的程序和模式。这就需要幼儿教师善于观察和捕捉教育情境的细微变化，灵活机动地采取恰当的措施，解决教育过程中出现的新问题，使教育收到最佳的效果。

**(四)劳动手段的示范性**

模仿是幼儿重要的学习方式，幼儿的生活经验很大一部分是通过直接模仿和感染获得的。他们对幼儿教师有一种特殊的信任和依恋的情感，幼儿教师的言行对幼儿有重要的影响作用。因此，幼儿教师的知识、才能、思想情感、道德风貌以及他们的一言一行都要成为幼儿的典范。

幼儿教师劳动的示范性几乎表现在教育活动的各个方面。因为幼儿教师劳动的示范性的特点，所以幼儿教师应有较完美的个性、一定的教育技能和素养、广泛的知识和兴趣，这样才能充分发挥自己的身教作用。

**(五)劳动周期的长期性和艰巨性**

“十年树木，百年树人。”人才的培养是长久之计，也是一个长期的过程。从人的整体发展来看，幼儿教师的劳动也有一个较长的周期。幼儿身心方面的发展往往也需要经过长期的培养过程，需要幼儿教师付出大量的劳动。这正是幼儿教师劳动的长期性和艰巨性的所在之处。

幼儿教师劳动的长期性要求幼儿教师有坚韧不拔、锲而不舍的精神，为使幼儿将来成长为祖国的栋梁之材付出自己的心血和精力。

**教师资格考试**

**考题模拟**

幼儿教师的劳动具有创造性，这是由幼儿本身的特点和(　　)的特点决定的。

A. 教师本身　B. 家长本身　C. 教师教育　D. 幼儿教育

答案：D

## 三、幼儿教师的职业素养

幼儿园教育是基础教育的重要组成部分，是家庭教育的发展与延伸。教师肩负着幼儿启蒙教育的重任，其素质直接关系到一代人的健康成长。那么，一位称职的教师应具有什么样的职业素养？为了建构教师专业标准体系，建设高素质专业化教师队伍，教育部研究制定了《幼儿园教师专业标准(试行)》(简称《专业标准》)，并于2012年2月10日正式印发并执行。《专业标准》是国家对幼儿园合格教师专业素质的基本要求，是教师实施教育教学行为的基本规范，是引领教师专业发展的基本准则。《专业标准》详细阐述和解读了教师应具备的专业素质：师德为先，幼儿为本，能力为重，终身学习。具体要求如下。

**(一)专业理念与师德**

针对当前教师专业意识或行为中的不足现象，《专业标准》强调要注意以下几点。

**1. 职业理解与认识**

①贯彻党和国家教育方针政策，遵守教育法律法规。

②理解幼儿保教工作的意义，热爱学前教育事业，具有职业理想和敬业精神。

③认同教师的专业性和独特性，注重自身专业发展。

④具有良好职业道德修养，为人师表。

⑤具有团队合作精神，积极开展协作与交流。

综上所述，树立正确的教育理念，严格要求自己，以大局为重，认真对待自己的本职工作，保持乐观、积极的工作态度，是幼儿教育团队成员最重要的素质。

**教师资格考试**

**考题模拟**

1. 在履行教育教学义务的活动中，教师必须遵守职业道德规范，最主要、最基本的是要坚持(　　)。

A. 团结协作　B. 教书育人　C. 严谨治学　D. 爱岗敬业

2. 某教师不讲个人卫生，衣服脏了也不洗。他认为教师把课教好就行，其他的无所谓。该教师的言行违反了哪一条教师职业道德规范？(　　)

A. 教书育人　B. 爱岗敬业　C. 为人师表　D. 严谨治学

答案：1. B　教书育人是教师这个职业最基本的责任和义务。

2. C　幼儿的年龄特点是爱模仿。不仅教师的待人接物等行为要成为幼儿的楷模，而且其外在形象也同样要成为幼儿模仿的对象。

**2. 对幼儿的态度与行为**

①关爱幼儿，重视幼儿身心健康，将保护幼儿生命安全放在首位。

②尊重幼儿人格，维护幼儿合法权益，平等对待每个幼儿。不讽刺、挖苦、歧视幼儿，不体罚或变相体罚幼儿。

③信任幼儿，尊重个体差异，主动了解和满足有益于幼儿身心发展的不同需求。

④重视生活对幼儿健康成长的重要价值，积极创造条件，让幼儿拥有快乐的幼儿园生活。

**3. 幼儿保育和教育的态度与行为**

①注重保教结合，培育幼儿良好的意志品质，帮助幼儿养成良好的行为习惯。

②注重保护幼儿的好奇心，培养幼儿的想象力，发掘幼儿的兴趣爱好。

③重视环境和游戏对幼儿发展的独特作用，创设富有教育意义的环境氛围，将游戏作为幼儿的主要活动。

④重视丰富幼儿多方面的直接经验，将探索、交往等实践活动作为幼儿最重要的学习方式。

⑤重视自身日常态度言行对幼儿发展的重要影响与作用。

⑥重视幼儿园、家庭和社区的合作，综合利用各种资源。

**4. 个人修养与行为**

①富有爱心、责任心、耐心和细心。

②乐观向上、热情开朗，有亲和力。

③善于自我调节情绪，保持平和心态。

④勤于学习，不断进取。

⑤衣着整洁得体，语言规范健康，举止文明礼貌。

**教师资格考试**

**真题再现**

李老师经常让班里的幼儿在活动室外面罚站。李老师的做法(　　)。(2020年《保教知识与能力》真题)

A. 不合法，侵犯了幼儿的受教育权

B. 不合法，侵犯了幼儿的荣誉权

C. 合法，教师有管理幼儿的权利

D. 合法，教师有教育幼儿的权利

答案：A　幼儿具有人身权和受教育权。李老师让幼儿在教学活动中到室外罚站，侵犯了幼儿的受教育权。所以李老师的做法是不合法的。

### (二)专业知识

**1. 幼儿发展知识**

①了解关于幼儿生存、发展和保护的有关法律法规及政策规定。

②掌握不同年龄的幼儿身心发展特点、规律和促进幼儿全面发展的策略与方法。

③了解幼儿在发展水平、速度与优势领域等方面的个体差异，掌握对应的策略与方法。

④了解幼儿发展中容易出现的问题与适宜的对策。

⑤了解有特殊需要幼儿的身心发展特点及教育策略与方法。

**知识拓展**

我国与儿童相关的法律法规包括：与教育教学相关的《幼儿园教育指导纲要(试行)》，与儿童发展相关的《3—6岁儿童学习与发展指南》，与举办幼儿园相关的《幼儿园工作规程》《幼儿园管理条例》，与儿童利益、保护相关的《托儿所、幼儿园建筑设计规范》(2019年版)、《托儿所幼儿园卫生保健工作规范》《学生校园意外伤害事故处理办法》《中华人民共和国未成年人保护法》，与教师素质相关的《幼儿园教师专业标准(试行)》《新时代幼儿园教师职业行为十项准则》，与园长岗位要求相关的《幼儿园园长专业标准》等。这些法律法规都对儿童的生存、保护、发展提出了具体的要求和标准。

**2. 幼儿保育和教育知识**

①熟悉幼儿园教育的目标、任务、内容、要求和基本原则。

②掌握幼儿园各领域教育的学科特点和基本知识。

③掌握幼儿园环境创设、一日生活安排、游戏与教育活动、保育和班级管理的知识与方法。

④熟知幼儿园的安全应急预案，掌握意外事故和危险情况下幼儿安全防护与救助的基本方法。

⑤掌握观察、谈话、记录等了解幼儿的基本方法和教育心理学的基本原理与方法。

⑥了解0～3岁婴幼儿保教和幼小衔接的有关知识与基本方法。

**3. 通识性知识**

①具有一定的自然科学和人文社会科学知识。

②了解中国教育基本情况。

③具有相应的艺术欣赏与表现知识。

④具有一定的现代信息技术知识。

**(三)专业能力**

**1. 环境的创设与利用**

教师必须具备环境创设的能力，并能恰当利用环境影响幼儿。具体来说，教师需要做好以下几点。

①建立良好的师幼关系，帮助幼儿建立良好的同伴关系，让幼儿感到温暖和愉悦。

②建立班级秩序与规则，营造良好的班级氛围，让幼儿感受到安全、舒适。

③创设有助于促进幼儿成长、学习、游戏的教育环境。

④合理利用资源，为幼儿提供和制作适合的玩教具和学习材料，引发和支持幼儿的主动活动。

**2. 一日生活的组织与保育**

组织好一日生活对于教师来说是非常重要的专业能力。为此，教师需要做好以下几点。

①合理安排和组织一日生活的各个环节，将教育灵活地渗透到一日生活中。

②科学照料幼儿日常生活，指导和协助保育员做好班级常规保育和卫生工作。

③充分利用各种教育契机，对幼儿进行随机教育。

④有效保护幼儿，及时处理幼儿的常见事故，危险情况优先救护幼儿。

**3. 游戏活动的支持与引导**

对幼儿游戏活动的全力支持与合理引导，能有效促进幼儿在游戏中的发展。为保证幼儿游戏的正常开展，教师需要做好以下几点。

①提供符合幼儿兴趣需要、年龄特点和发展目标的游戏条件。

②充分利用与合理设计游戏活动空间，提供丰富、适宜的游戏材料，支持、引发和促进幼儿的游戏。

③鼓励幼儿自主选择游戏内容、伙伴和材料，支持幼儿主动地、创造性地开展游戏，充分体验游戏的快乐和满足。

④引导幼儿在游戏活动中获得身体、认知、语言和社会性等多方面的发展。

**4. 教育活动的计划与实施**

《纲要》指出："幼儿园的教育活动，是教师以多种形式有目的、有计划地引导幼儿生动、活泼、主动活动的教育过程。"这就需要教师做好教育活动计划，并针对性地实施计划，以期达到最佳的教育效果。具体来说，教师需要做好以下几项工作。

①制订阶段性的教育活动计划和具体活动方案。

②在教育活动中观察幼儿，根据幼儿的表现和需要，调整活动，给予

适宜的指导。

③在教育活动的设计和实施中体现趣味性、综合性和生活化，灵活运用各种组织形式和适宜的教育方式。

④提供更多的操作探索、交流合作、表达表现的机会，支持和促进幼儿主动学习。

**5. 激励与评价**

教师必须具备激励幼儿成长、全面客观评价幼儿发展的能力和水平。因为，正确激励幼儿、合理评价幼儿对幼儿的发展有着至关重要的意义。为此，教师需要做好如下几点。

①关注幼儿的日常表现，及时发现和赏识每个幼儿的点滴进步，注重激发和保护幼儿的积极性、自信心。

②有效运用观察、谈话、家园联系、作品分析等多种方法，客观地、全面地了解和评价幼儿。

③有效运用评价结果，指导下一步教育活动的开展。

**6. 沟通与合作**

沟通与合作是每位合格的教师必须具备的能力。我们的教育对象是稚嫩的个体，他们在生活上不能独立，在社交上不能很好地处理与周围人的关系，在做事上不能行动自如，他们的世界与成人有很大的不同。这就需要教师“蹲下来讲话、抱起来交流、牵着手教育”，树立大教育观，综合方方面面的教育因素和教育资源，共同完成对幼儿的教育。为此，教师需要做好如下几点。

①使用符合幼儿年龄特点的语言进行保教工作。

②善于倾听，和蔼可亲，与幼儿进行有效沟通。

③与同事合作交流，分享经验和资源，共同发展。

④与家长进行有效沟通合作，共同促进幼儿的发展。

⑤协助幼儿园与社区建立合作互助的良好关系。

**7. 反思与发展**

教师除了要具备过硬的业务知识和教学基本功外，还需要有敏锐的头脑及较强的创造、反思能力。教师在每次活动之后都要认真反思自己的教学行为是否顺应了幼儿的发展需要，师幼互动是否促进了幼儿的主动、积极发展，活动准备是否充分，预设的目标是否已经达到，等等。教师只有充分反思自己的教育行为和教育过程，才能不断提升自己的教育水平，才能在专业发展上再上一个新台阶。在反思中，教师需要思考并做到如下几点。

①主动收集分析相关信息，不断进行反思，改进保教工作。

②针对保教工作中的现实需要与问题，进行探索和研究。

③制定专业发展规划，积极参加专业培训，不断提高自身专业素质。

上述介绍的职业素养正是《专业标准》对教师的最新要求，是每一位教师追求的目标。《专业标准》并没有像过去那样过度关注弹琴、唱歌、跳舞、美术等专业技巧，而是从教师职业的高度深入剖析了教师需要具备的素养，尤其是职业道德方面要求具备的素养。一个没有爱心和耐心的人是无法胜任教师这个职位的，一个没有观察和研究能力的人也无法成为一位合格的教师。

**想一想**

为什么《专业标准》中对教师专业能力的要求没有强调弹、唱、跳、画等能力？

**知识拓展**

**幼儿教师专业发展的阶段**

| 各个阶段 | 阶段特点 | 具体内容 |
|---|---|---|
| 顺应阶段 | 教师角色 | 适应“幼儿教师”的角色 |
| | 主要任务 | 努力学习专业的知识和技能 |
| | 所需帮助 | 精神上的鼓励和支持，包括他人的理解、鼓励、肯定和其他教师的帮助等 |
| 适应阶段 | 教师角色 | 新教师入职1年左右进入适应阶段 |
| | 主要任务 | 有效组织教育教学活动，指导幼儿学习，有效解决幼儿出现的特殊问题 |
| | 所需帮助 | 审阅教学计划、教育笔记，现场观摩有经验的老教师的课堂教学活动 |
| 发展阶段 | 教师角色 | 工作4～5年后进入发展阶段 |
| | 主要任务 | 更加关注教育的新趋势、新观点和新方法，更新自己的知识体系 |
| | 所需帮助 | 获得新信息、新的教育方法的机会，与教育专家直接接触，接受培训 |
| 专业化阶段 | 教师角色 | 不同的幼儿教师进入专业化阶段的时间各有差异 |
| | 主要任务 | 探讨更深层次的问题，自我反思 |
| | 所需帮助 | 参加各种教育教学工作的座谈会，接受专家的指导 |

（楚雄师范学院初等教育学院　徐跃飞）

## 第三节　幼儿与教师的关系

幼儿园教育的基本要素包括幼儿、教师、幼儿园环境及幼儿园课程四个方面。其中幼儿与教师成为幼儿园教育双边活动较为重要的两个要素。因此，幼儿与教师在活动中到底该如何进行有效互动，一直都是幼儿教育者要思考的问题，也是课程改革需要慎重考虑的。

## 一、幼儿与教师的关系定位

### (一)幼儿和教师是平等的社会成员的关系

平等的环境充满和谐、温馨的气氛。在这样的环境中，幼儿心情舒畅，精神振奋，容易产生愉快的情绪体验和积极向上的进取精神。在这种环境里成长的幼儿往往具有很强的好奇心和探求欲望。只有平等地对待幼儿、尊重幼儿，才可能有一个宽松愉快的氛围。因此，教师应该走进幼儿的内心世界去了解和体会幼儿的需要，与幼儿建立民主平等的、教学相长的新型师幼关系。只有这样，才能使幼儿体验到平等，并在平等中得到和谐、健康的发展。

### (二)幼儿与教师是真诚的、和谐的师幼关系

当幼儿跨入幼儿园的大门时，他们就迈出了走向社会的第一步，他们的活动重心就从家庭转移到了幼儿园。这一活动重心的转移带来了一个重大的变化：过去幼儿只接受家长的直接监护和教育；而入园后他们在幼儿园中要接受教师的监护和教育，要在教师有计划的组织和指导下进行各种活动，包括社会交往、建立新的人际关系。正是因为如此，幼儿心目中的权威也渐渐发生了转移，教师成为他们心目中新的权威。由于这个新权威与集体、纪律以及有计划的教学、游戏等活动有联系，因此新权威在幼儿心目中占据了更重要的位置。由此看来，教师与幼儿之间建立真诚的、和谐的师幼关系对幼儿的健康成长有着至关重要的意义。

## 二、建立和谐的师幼关系

和谐的工作氛围能极大地调动教师工作的积极性和主动性。同样，和谐的师幼关系能极大地调动幼儿参与活动的积极性、主动性和创造性，有利于幼儿的社会性发展。但是和谐的师幼关系的建立并不是一件容易的事。教师除了要把幼儿当成平等的独立的个体，热爱并尊重每一个幼儿之外，还要掌握一定的技巧。

### (一)增强自我监控意识，奠定和谐基础

虽然师幼关系受教师各方面因素的影响，如教师自身的修养、性格、

教育教学观念等，但是如果教师能有效地调整好自身，师幼之间的和谐度会得到大大提升。

**1. 尊重幼儿的主体地位**

教育故事

**鱼儿也要呼吸**

周一的早上，东东起了个大早，来到幼儿园，开始他做值日生的一天。他帮来园的小伙伴脱衣服、换鞋、拿书包……王老师看着懂事的东东，感到非常欣慰。不知何时，当王老师转身时，发现东东不见了。原来，东东将鱼缸里的两条金鱼捞了出来。很快，金鱼挣扎着掉到了地上，不断地翻滚着……这时候围观了一些幼儿，王老师发现了东东的这一行为，马上跑过来，将金鱼收起来放回鱼缸。还好，鱼儿幸免一死。王老师看着东东，严肃地问："为什么要这样做呢？鱼儿是离不开水的！"只见东东委屈地回答："王老师，我想让金鱼出来呼吸一下空气！"顿时，王老师不知道说什么才好。就在昨天，班里开展了科学探究活动"神奇的空气"，幼儿知道了空气的作用，人、动物、植物都离不开空气。原来东东是觉得鱼儿也需要呼吸空气啊！王老师觉得东东并没有做错，错的是自己并没有理解幼儿的想法。于是王老师召集所有的幼儿进行了一次有意义的晨间讨论：鱼儿是怎么呼吸的……

（辽宁省军区幼儿园　李同彤）

教师要有正确的角色意识。教师不是权威，不是灌输者，要以伙伴的角色走近幼儿，帮助他们，指导他们，用更多的时间倾听他们，和他们对话，站在他们的角度与他们交往。如果上述故事中教师一味地站在自身的角度，不蹲下来倾听幼儿的真实想法，也许就永远体会不到幼儿的感受。

**2. 注重情感交流**

教育故事

**系鞋带**

超超的鞋带散了，他找王老师帮忙系鞋带。王老师一本正经地说："都读大班了还不会系鞋带，自己想想办法。"说完，王老师转身走了。他又找李老师帮忙，李老师笑眯眯地俯下身子说："我们一起来系！"李老师帮超超系好了鞋带，他开心地跑走了。

（沈阳市铁西区凌空幼儿园　张艺）

不难看出，教师通过不同的言语、眼神、微笑、语气、语调传达给幼儿的信息，或是支持性的，让幼儿感到有帮助，有安全感；或是有压力的，让幼儿觉得有冲突、紧张、不安。无疑，李老师比王老师更胜一筹。积极语言的运用早已为我们所掌握，而积极的表情和身体语言更可以拉近教师与幼儿的距离，使幼儿从这些细小的地方感知教师的温情，从而真正地接纳教师。因此，教师要多用表情和身体语言来表示对幼儿的赞许和喜爱。

**3. 理解幼儿，宽容对待幼儿**

教育故事

**峰峰咬人了**

东东和峰峰为了争一张卡片吵闹了起来。峰峰争抢不过，一时性急，在东东的手上狠狠地咬了一口。张老师见状，大声训斥峰峰："咬人就用大钳子把你的牙齿拔掉!"峰峰害怕得大哭起来，从此疏远了张老师。我们甚至发现他对张老师有叛逆的心理。

（沈阳市铁西区千福金摇篮幼儿园　李俏）

无可非议，教师对幼儿的批评是对他们负责的一种表现，但是过于严厉的批评甚至吓唬是不可取的。教师要以理解、宽容的心去对待幼儿的错误，分析原因，让幼儿心悦诚服地接受，让他们慢慢地学会懂事。

**4. 关注幼儿及活动**

教育故事

**捉迷藏**

下课了，午睡室里总有几个幼儿跑进跑出。张老师生气地来了个暗地跟踪，准备看个究竟，原来幼儿是在玩捉迷藏游戏。张老师这才恍然大悟：原来给幼儿做游戏的空间太小了，只有活动室是不够的。于是，张老师利用户外活动的时间带领幼儿在操场玩起了捉迷藏的游戏。躲呀藏呀，幼儿玩得更带劲了。

（沈阳市铁西区中法城中心幼儿园　袁斌）

作为教师，我们要常常反问自己：你真的了解孩子吗？你知道他们在想什么，想做什么吗？上述情境中，如果我们没有尝试着去关注幼儿和他们的活动，就不会了解他们的需要和愿望，体会不到他们的情感。

**5. 重视双向沟通**

教育故事

**威威生病了**

午餐时，其他幼儿都津津有味地吃着红烧鸭肉和米饭。只有威威耷拉着小脑袋，坐着一动也不动。沈老师走近他，向威威说道："威威，为什么不吃饭呢？"威威回答："我，我，吃不下。"威威显得有些害羞。沈老师接着问："为什么？能告诉老师吗？"他说："我肚子痛！"沈老师仔细看了看威威有些苍白的脸，说道："别害怕，老师通知你的爸爸妈妈。"

（沈阳市艺术幼儿师范学校幼儿园　胡彩博）

不服从命令就挨批，不统一行动就不是好孩子？其实不然。从上述故事中我们可以看出，幼儿不吃饭是有原因的。教师通过沟通才知道是幼儿腹痛。如果教师对幼儿不闻不问，后果将不堪设想。只有教师学会倾听、观察，并做出及时的回应，给幼儿鼓励或帮助，才会促进彼此的理解。

**（二）让幼儿摆脱消极特征，改善不良行为**

教育故事

**小杰爱表现了**

小杰是个爱调皮捣蛋的孩子，似乎不太受教师、小朋友的欢迎。这几天教师发现小杰特别爱表现自己。比如，主动要求分饭、分筷子，积极回答问题等。教师趁势在集体面前鼓励他，因此小杰在各方面更加努力了，表现也更加优异了。

（辽宁省总参幼儿园　李彦蓉）

幼儿的气质、性格、行为都是有差异的。有些懂事的幼儿往往受教师的喜欢，与教师也亲近。反之，具有攻击性强、霸道等不良行为特征的幼儿往往和教师建立起来的是不良的师幼关系，这种关系具有消极的影响。因此，教师要坚持良好的态度、耐心的指导、适当的肯定和鼓励，要相信幼儿会摆脱消极特征。这样师幼关系就会有根本性的转变。

**（三）与家长建立积极的伙伴关系，促进家园共育**

教育故事

**小慧受伤后**

小慧在用大型玩具玩耍时不慎将额头磕了一下，着实叫人心疼。放学时，家长痛心地责怪教师没有管好孩子，弄得教师面红耳赤。以至于教师一看到小慧就想起了那天的不愉快，严重影响了师幼关系的和谐。

（东北师范大学学前教育学院　李松靓）

由上可见，家长和教师之间的冲突对于建立和谐的师幼关系是十分不利的。教师和家长只有平时多交流，努力建立起伙伴的关系，才能在遇到问题的时候互相理解和支持。由此可见，家长对于良好的师幼关系的建立可以发挥重要作用。

综上所述，和谐的师幼关系对于幼儿的发展具有诸多方面的价值。教师对幼儿具有特殊的影响力，要致力于创建和谐的师幼关系，为和谐教育添砖加瓦。

* * * * * * * *

## 本章小结

本章着重阐述了幼儿、幼儿教师的角色特点以及良好师幼关系的建立。

一般来讲，儿童观有三种类型，即国家本位的儿童观、家族本位的儿童观和个人本位的儿童观。《儿童权利公约》明确了个人本位的儿童观对人的发展的重要性。这种儿童观目前已被广泛接受和认可，并成为现代儿童观的理论基础，对教师树立科学的儿童观具有重要的指导意义，推动了我国学前教育的发展。

制约幼儿身心发展的因素包括遗传素质、环境、教育和主观能动性。这四个因素相互联系、相互制约，共同影响幼儿的身心发展。

幼儿教师拥有多种角色，他们是教育者、幼儿的保护者、幼儿活动的参与者和幼儿的玩伴以及幼儿园课程的研究者和理论的建构者等。正是这多种角色决定了幼儿教师的劳动具有多种特点，包括劳动对象的主动性和不成熟性、劳动任务的全面性和细致性、劳动过程的创造性和复杂性、劳动手段的示范性以及劳动周期的长期性和艰巨性。上述劳动特点决定了幼儿教师要具备如下素质：专业理念与师德、专业知识、专业能力。

只有幼儿教师主动了解幼儿的身心发展特点，建立和谐的师幼关系，才能很好地完成幼儿教育的使命。

## 关键术语

幼儿　儿童观　角色定位　劳动特点　师幼关系

## 思考题

1. 我国幼儿教育的发展趋势是怎样的？
2. 现代儿童观包含哪几方面的内涵？
3. 幼儿教师拥有哪些重要的角色？
4. 幼儿教师的劳动特点表现在哪些方面？
5. 幼儿教师对自身职业要有哪些正确的理解与认识？
6. 幼儿教师的职业素养包括哪些方面？
7. 根据材料回答问题。

东东4岁，非常调皮，经常在课堂上说话、做小动作，有时还不完成作业。一天，他又在课堂上说话、做鬼脸，被教师发现了。教师非常生气，对东东说："你不要上课了，到走廊站着想想自己错在哪里了！"东东只好在教室外面站着。这时，正好园长路过，问清原因后，把东东送回教室。事后，园长把这位教师找去，并对此提出了批评。

问题：你认为园长批评得对吗？该教师应该怎样对待东东的行为？

## 建议活动

观看一日生活中师幼互动的视频，观察幼儿的特点和教师的职业特点，感受师幼关系的状态，讨论：什么样的师幼关系是适宜的？教师应如何主动建立与幼儿的友好关系？

## 拓展阅读

1. 教育部教师工作司：《〈幼儿园教师专业标准（试行）〉解读》，北京，北京师范大学出版社，2013。该书是由《幼儿园教师专业标准（试行）》研制小组编写的权威解读版本，介绍了标准制定的背景、内容结构等，有助于读者更准确地把握政策文本的内涵，并明确今后努力的方向。

2. 尹坚勤、管旅华：《〈幼儿园教师专业标准（试行）〉案例式解读》，上海，华东师范大学出版社，2013。该书清晰地阐述了幼儿教师应该具备的素质和能力，有助于学前教育专业的学生对照标准补充不足和短板，从而调整自己的专业学习状态，重新建构自己的学习项目。

3. 李季湄、冯晓霞：《〈3—6岁儿童学习与发展指南〉解读》，北京，人民教育出版社，2013。该书明确了3～6岁各年龄段末期儿童的发展水平以及适合进行哪些活动及指导建议，有助于读者更直接地把握各年龄段儿童的发展特点，了解儿童身心发展的规律，以便更好地掌握对应的教育策略。

4. 教育部教师工作司：《新时代幼儿园教师职业行为十项准则》，2018。为进一步增强教师的责任感、使命感、荣誉感，规范职业行为，明确师德底线，引导广大教师努力成为有理想信念、有道德情操、有扎实学识、有仁爱之心的好老师，《新时代幼儿园教师职业行为十项准则》从立德树人角度，从十个方面对教师的师德底线提出了明确要求。

# 第五章
# 幼儿园环境和设备

## 学习目标

1. 了解幼儿园环境的建筑要求。

2. 了解幼儿园环境设备的配备要求。

3. 明确幼儿园班级环境创设的原则及创设的具体要求，了解当今幼儿园在环境理念上的要求和定位。

4. 能够按照幼儿的发展需要进行合理的班级环境创设。

## 学习导图

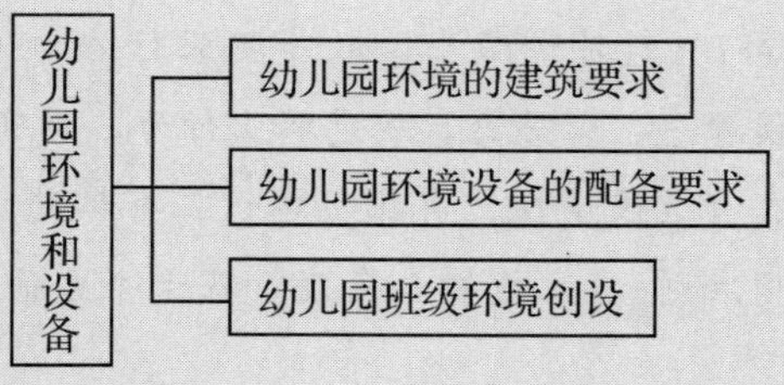

## 案例导入

新学期马上到了，中二班在王老师的带领下不遗余力地进行班级的环境规划和创设——墙面重新规划了“天气预报栏”“新闻播报”“主题墙”……在“超市”区域里，教师精心地准备好各种物品：完备的超市陈列柜、收银台、玩具、服饰等。可是，在教师看来，这么“完美”的环境似乎并没有引起幼儿的兴趣。他们反而更喜欢无拘无束的、看起来没什么主题的松散游戏……

思考：幼儿到底喜欢什么样的环境？有价值的游戏环境应该是什么样的？

幼儿园环境和设备是幼儿在园进行生活、游戏和学习的保证，也是成人向幼儿进行教育的重要资源。幼儿园环境是支持与影响教师和幼儿在园活动的一切外部条件的总和。幼儿园环境有广义和狭义之分。广义的幼儿园环境包括幼儿园的内外环境。狭义的幼儿园环境专指幼儿园的内部环境，包括物质环境、精神环境和制度环境三个方面。物质环境包括园舍、家具设备及玩教具、图书、室内外装饰和布置等；精神环境包括教师的教育理念、教育行为、人际关系及情感氛围等；制度环境是指幼儿园得以正常运行的相对稳定的行为规范、价值标准与管理机制等。

本章主要介绍物质环境，尤其是幼儿园物质环境的要求及班级环境创设的要点。

# 第一节　幼儿园环境的建筑要求

环境对幼儿的成长有着很重要的影响。良好的环境是无声的教师，它能引发幼儿的自发行为，与有意识的学习相得益彰。《规程》明确指出：“必须创设与教育相适应的良好环境，为幼儿提供活动和表现能力的机会和条件。”为此，幼儿园环境的选择和创设很重要。

## 一、幼儿园基地的选择原则

住房和城乡建设部的《托儿所、幼儿园建筑设计规范》(2019 年版)明确规定如下内容。

托儿所、幼儿园的基地应符合下列规定。

一、应建设在日照充足、交通方便、场地平整、干燥、排水通畅、环境优美、基础设施完善的地段。

二、不应置于易发生自然地质灾害的地段。

三、与易发生危险的建筑物、仓库、储罐、可燃物品和材料堆场等之间的距离应符合国家现行有关标准的规定。

四、不应与大型公共娱乐场所、商场、批发市场等人流密集的场所相毗邻。

五、应远离各种污染源，并应符合国家现行有关卫生、防护标准的要求。

六、园内不应有高压输电线、燃气、输油管道主干道等穿过。

当前，作为新建小区的配套设施一般都有建筑达标的幼儿园(含托儿所)来满足周边适龄儿童的学位需求。

## 二、幼儿园建设的安全要求

依据《托儿所、幼儿园建筑设计规范》(2019 年版)的要求，幼儿园在安全上要符合以下几点要求。

**(一)楼体的安全设置**

幼儿园的建筑宜为多层或低层建筑；幼儿活动场所应设在 3 楼以下；严禁将幼儿活动场所设在地下室或半地下室；建筑组合应紧凑、集中，主要建筑之间宜有廊联系。园区绿化、美化应结合建筑布置、空间组合统一规划和建设。幼儿活动用房应有良好朝向，冬至日底层满窗日照不应少于 3 小时。

**(二)园区环境和设施的安全思考**

园区道路的布置应便捷通畅、宜人车分流，竖向设计应满足无障碍要求，主要道路的宽度和转弯半径应满足消防车辆的通行要求；设置安全、美观、通透的围墙，周界宜设置入侵报警系统、电子巡查系统；根据消防的要求，园内和建筑内配置相应的消防设备；园区内严禁设置带有尖状突出物的围栏。绿地中严禁种植有毒、带刺、有飞絮、病虫害多、有刺激性的植物；室外地面游戏场地的面积要符合计算公式：$S(m^2)=180+20(N-1)$，其中 $N$ 表示班级数量。室外公用游戏场地应考虑设置游戏器具、30 米直跑道、沙坑、洗手池和贮水池，其中贮水池的深度不可超过 0.3 米。室外地面游戏场地宜为软质地坪，应保证二分之一以上的游戏场地冬至日的日照时间不少于 2 小时。

**(三)幼儿活动的安全保障**

园区的主出入口不应直接设在城市主干道或过境公路干道一侧。园门外应设置人流缓冲区和安全警示标志。园区周边应设围墙。主出入口应设大门和门卫收发室。机动车与供应区的出入口宜合并独立设置。利用过道设置活动项目的，应优先考虑消防通道的特殊安全需要，为过道留有足够的净宽度。单面走廊宽不小于1.8米，中内廊宽不小于2.4米。如在过道上放置活动器具，不得影响走廊的净宽度；入口处应设置上下楼梯相互礼让、靠右行走等指示和警示标志；宜设幼儿扶手和成人扶手。幼儿扶手的高度不应高于0.6米，底层及顶层扶手的端部应纵向延伸一个踏步的宽度。扶手的端部和转弯部位不应有棱角。

## 三、幼儿园用地的要求

幼儿园用地包括房屋建筑、户外活动场地、绿化用地、种植园地、饲养角(区)几个部分。幼儿园用地面积应根据规模和当地实际确定。

### (一)房屋建筑

#### 1. 幼儿活动用房

①班级活动单元。它由活动室、寝室、卫生间、衣帽储藏室组成，每班为一个单元。幼儿园的教育内容分为健康、社会、科学、语言、艺术5个方面。上述教育内容通过角色游戏、美工游戏、建筑游戏、表演游戏、智力游戏，以及讲故事、欣赏动植物标本模型、唱歌、画图、看图书等活动形式完成。同时，幼儿还要在园内用餐、睡眠、盥洗等。以上活动基本都在班级活动单元内进行。

②综合活动室。6个班及以上规模的幼儿园至少设一间，可放置一些不易移动的室内共享活动设施，要能容纳2个班及以上的幼儿开展集体活动、演出和开展亲子活动，并可面向社区开展科学育儿指导等活动。

#### 2. 服务用房

①办公室。它供教师和管理人员办公、教研、开会、接待、阅览、储存资料使用。宜根据幼儿园保教职工编制和管理工作需要合理安排，尽可能兼用、合用，同时应适当考虑办公自动化设施所需面积，设置网络控制室。

②保健观察室。它供卫生保健人员开展卫生保健工作使用，观察室内宜设卫生间。

③晨检接待厅。它供卫生保健人员对入园幼儿进行健康检查、接待家长使用和供家长接送幼儿时停留使用。

④隔离室。它用于幼儿有突发情况需要紧急救治或隔离观察时使用。

它适合与保健室毗邻设置，适合在一楼或者与各班级远离一段距离设置。

⑤洗涤消毒用房。它供洗涤、烘干、熨烫衣物、烧开水，以及毛巾、茶具等物品消毒使用。

**3. 附属用房**

①厨房。它主要由主食加工间、副食加工间、配餐间、食具洗涤消毒间、食具存放间、烧火间、炊事员更衣休息间、库房等组成。有条件的幼儿园可设置教职工餐厅，供教职工用餐使用。

②配电室。它供控制全园照明及动力用电使用。

③门卫收发室。它供门卫保安人员值班、安全监控及收发使用。它宜分隔为门卫室(可兼收发用)、安全监控室和值班室。

④储藏室。它供储存办公用品、保教用品、劳保用品、常用工具等物品使用。

⑤教职工卫生间。它供教职工及来宾使用。

⑥教师值班室。它供教师值班住宿使用。

⑦集中浴室。它供寄宿幼儿洗澡使用。

房屋建筑中未包括人防工程、采暖锅炉房和车库等用房。表 5-1 和表 5-2 分别介绍的是全日制和寄宿制幼儿园各项用房的使用面积和建筑面积的最低标准参照。

**表 5-1　全日制幼儿园各项用房的使用面积和建筑面积的最低标准参照**

| 用房类别及用房名称 | 使用面积(平方米) | | | |
|---|---|---|---|---|
| | 3 班 | 6 班 | 9 班 | 12 班 |
| 一、幼儿活动用房 | 459～567 | 918～1134 | 1350～1674 | 1764～2196 |
| 1. 班级活动单元 | 396～477 | 792～954 | 1188～1431 | 1584～1908 |
| 2. 综合活动室 | 63～90 | 126～180 | 162～243 | 180～288 |
| 二、服务用房 | 44～67 | 178～223 | 227～289 | 248～324 |
| 1. 办公室 | 9～32 | 108～153 | 135～197 | 144～220 |
| 2. 保健观察室 | 9 | 18 | 22 | 22 |
| 3. 晨检接待厅 | 18 | 36 | 48 | 57 |
| 4. 洗涤消毒用房 | 8 | 16 | 22 | 25 |
| 三、附属用房 | 54～72 | 220～242 | 310～340 | 390～425 |
| 1. 厨房 | 36～45 | 126～130 | 186～192 | 245～252 |

续表

| 用房类别及用房名称 | | 使用面积(平方米) | | | |
|---|---|---|---|---|---|
| | | 3 班 | 6 班 | 9 班 | 12 班 |
| 2. 配电室 | | — | 9 | 11 | 11 |
| 3. 门卫收发室 | | — | 18 | 24 | 29 |
| 4. 储藏室 | | 9～18 | 36～54 | 49～73 | 58～86 |
| 5. 教职工卫生间 | | 9 | 18 | 24 | 29 |
| 6. 教师值班室 | | — | 13 | 16 | 18 |
| 使用面积合计 | | 557～706 | 1316～1599 | 1887～2303 | 2402～2945 |
| 建筑面积合计 | $K=0.6$ | — | 2193～2665 | 3145～3838 | 4003～4908 |
| | $K=0.7$ | 796～1009 | 1880～2284 | — | — |

注：楼房使用面积系数按 $K=0.6$ 计算，平房使用面积系数按 $K=0.7$ 计算；各项用房的使用面积按平均班额 30 人测算。

**表 5-2　寄宿制幼儿园各项用房的使用面积和建筑面积的最低标准参照**

| 用房类别及用房名称 | 使用面积(平方米) | | | |
|---|---|---|---|---|
| | 3 班 | 6 班 | 9 班 | 12 班 |
| 一、幼儿活动用房 | 459～567 | 918～1134 | 1350～1674 | 1764～2196 |
| 1. 班级活动单元 | 396～477 | 792～954 | 1188～1431 | 1584～1908 |
| 2. 综合活动室 | 63～90 | 126～180 | 162～243 | 180～288 |
| 二、服务用房 | 44～67 | 178～223 | 227～289 | 248～324 |
| 1. 办公室 | 9～32 | 108～153 | 135～197 | 144～220 |
| 2. 保健观察室 | 9 | 18 | 22 | 22 |
| 3. 晨检接待厅 | 18 | 36 | 48 | 57 |
| 4. 隔离室 | 5 | 11 | 16 | 22 |
| 5. 洗涤消毒用房 | 8 | 16 | 22 | 25 |
| 三、附属用房 | 72～97 | 258～279 | 367～396 | 465～501 |
| 1. 厨房 | 41～50 | 137～140 | 203～208 | 266～274 |
| 2. 配电室 | — | 9 | 11 | 11 |
| 3. 门卫收发室 | — | 18 | 24 | 29 |
| 4. 储藏室 | 9～18 | 36～54 | 49～73 | 58～86 |
| 5. 教职工卫生间 | 9 | 18 | 24 | 29 |
| 6. 教师值班室 | 5～9 | 18 | 24 | 29 |
| 7. 集中浴室 | 11 | 22 | 32 | 43 |
| 使用面积合计 | 583～736 | 1365～1647 | 1960～2375 | 2499～3043 |

续表

| 用房类别及用房名称 | | 使用面积(平方米) | | | |
|---|---|---|---|---|---|
| | | 3 班 | 6 班 | 9 班 | 12 班 |
| 建筑面积合计 | $K=0.6$ | — | 2275～2745 | 3267～3958 | 4165～5072 |
| | $K=0.7$ | 833～1051 | 1950～2353 | — | — |

注：楼房使用面积系数按 $K=0.6$ 计算，平房使用面积系数按 $K=0.7$ 计算；各项用房的使用面积按平均班额 30 人测算。

**(二)户外活动场地**

幼儿园应有与其规模相适应的、独立的户外活动场地，幼儿的人均面积不少于 4 平方米。户外活动场地包括幼儿游戏场地，30 米软覆盖直跑道，活动器械场地，足够活动的玩沙、玩水区(贮水深度不得超过 0.3 米)和幼儿种植、饲养园地等。部分场地宜与集中绿地结合布置。幼儿园应设置旗杆、旗台。

**(三)绿化用地**

绿化用地包括花卉、树木、草地、绿篱、绿廊、垂直绿化等用地。绿化不仅美化环境、净化空气、消除噪声、减少尘土、增加遮阴面积，使幼儿身心健康，而且能引来飞鸟和昆虫，使幼儿置身大自然，感受大自然，学会关心动植物，从而热爱生活、热爱生命。按照国家要求，幼儿园的绿化率应不小于 30%。幼儿园严禁种植有毒、带刺的植物。

**(四)种植园地**

幼儿园可视情况分班设置种植园地，也可将各班的园地集中在一起。各班可种植不同的品种。供幼儿种植的园地的垄应窄一些，而供幼儿走动的垄与垄之间的距离应宽一些，便于幼儿进行种植操作和观察。园地应有日照，植物才能生长得好。

**(五)饲养角(区)**

幼儿园可在动物房子里饲养几种有观赏价值的小动物，包括禽类和畜类。饲养房应有门窗或栅栏，周围应留有空地，便于幼儿和成人观察、饲养和清扫。

远离自然的城市里的幼儿园为幼儿创造自然环境尤为重要。场地较小的小区幼儿园，应充分利用周围的环境，分享社区的资源。

上述内容所列的各部分建筑及使用面积的数据，均参照《托儿所、幼儿园建筑设计规范》(2019 年版)的规定。其中常见的词汇“最小”或“不少于”等，充分说明了有条件的幼儿园完全可以适当扩大面积，以最大限度地为幼儿提供活动空间。

## 第二节　幼儿园环境设备的配备要求

### 一、幼儿园设施设备的配备原则

**（一）实用和经济**

环境和设备应适合幼儿和成人使用与操作。凡是幼儿用品，如桌、椅、床、柜等，都应适合幼儿的身高和体力，以低、轻、稳为标准；凡是成人使用的设备，都应该以教师的取放方便及清扫方便为标准。每个班的起居活动用房应相连相通，并有较强的透视性，便于幼儿使用和成人照料。

**（二）卫生和安全**

**1. 用房宜朝南**

幼儿园主要用房以朝南为好，南面不设封闭型的宽走廊，以免影响室内光线；朝南的窗户面积宜宽大，便于通风和阳光照射。活动场地宜设在正南、东南或西南等方位，以便可以在不同季节、不同时段都有阴带和阳带。

**2. 尽可能扩大使用空间**

室内宜放置使用频率高的物品，暂时不用或使用频率很低的物品应放到贮藏室内。建筑或场地偏小的单位可设置一些能拆装或可套叠的运动器具或家具，使用后可及时拆收和摞套，如折叠床、桌子、套椅、套凳、移动毛巾架、茶杯格、拆装运动器具等。这样做可扩大幼儿的活动空间，减少碰撞。活动室和音体室适宜用双开门，便于幼儿进出。必要时把小型运动器具移到室内使用，但紧急时刻要便于疏散。

**3. 设备用品应安全卫生**

家具、用具皆应坚固、无棱角、易清洗和消毒，保证安全和卫生。

**4. 无毒、透气**

所有设备、装饰物、玩具材料都应采用无毒、不吸尘的材料。例如，幼儿床上用品宜用全棉制品，小床应具透气性。为此床板应有缝隙或孔眼，以便及时散发掉幼儿睡眠时排出的汗气。塑料盒子床并不可取。

**5. 尽量使用软包装**

这一要求对托班特别重要。托班的活动室应有木地板，如果没有地板可铺上地毯。室外应有泥地和草地，或者在水泥地或地砖上铺上基础地毯或无毒的塑胶块，供幼儿蹦、跳、爬、跑。必要时在家具角、器具角和墙角、柱子等部位包上软性材料，以保证幼儿的安全。

**6. 保证室内外设备的安全**

室内电源插座和电开关的高度都应在 1.7 米以上。取暖设备应加外罩，暖水桶应有隔热层。室外的喷水池应有护栏，水深不超过 0.6 米；落水管宜用圆形；下水道、阴沟洞、窑井盖等都不能留下钢筋头、铁皮边等安全隐患。供行走的室内外路面均应既平坦又防滑。

**7. 保证玩具和运动器具的安全**

①无毒。幼儿喜欢把玩具放入口中，无毒尤为重要。

②不宜过小。幼儿容易把小东西塞进耳、鼻、口中。

③粗糙、锋利、易燃、易爆之物不宜给幼儿当玩具。

④大型运动器具应放置在四面都能通行的地方，器具之间要有缓冲地带。蹬、跳、滑的地方应铺上垫子或做成弹性地。供中、大班使用的大型运动器具不宜放置在草坪内。幼儿运动量大，草坪易受破坏。

⑤玩沙、玩水的用具应符合安全标准。

⑥应经常检查和维修器具，以免其破损而伤害幼儿。

**8. 其他安全功能**

幼儿园应考虑具有防火、防盗、隔音、防寒保暖、防暑降温、通风防潮、防幼儿走失等功能。

**(三)全面和多样**

**1. 物质环境和精神环境要相辅相成，共同发挥应有的作用**

物质环境指的是幼儿园的设施设备。幼儿园提供的设施设备要符合幼儿的年龄特点，满足幼儿的生活和学习需求，在材质上做到适宜，并且要做到保持环境整洁。精神环境指的是人文氛围。幼儿园在聘用工作人员时要做好把关，要选择那些修养较好的员工。比如，在幼儿面前走路、说话、取放物品和搬动桌椅时能做到“三轻”；能温柔对待幼儿；教育理念、敬业精神和创造能力能符合一定的标准，即整体精神环境与现代化的硬件设施相匹配。

**2. 确保设备材料的多样性**

对于一所幼儿园或者一个班级的设备，教师应尽量选择多种材质的物品，如木制品、塑料制品、泥制品、陶瓷制品、棉制品、草制品等，以便让幼儿感知不同材质的材料的特性。在大小、多少、长短、轻重、颜色、数量等方面，教师也要让幼儿获得不同的感知，从而让幼儿在长期与环境的相互作用中了解并获得相关的经验。

**3. 实现功能的多样性**

无论是室内的玩具和操作材料，还是室外的大型活动设备，都应具备多种多样的功能。比如，室内的玩具可以是操作类的(益智区、生活区、建构区、美工区等)，发展语言和社会交往类的(表演区、图书区、娃娃家、娃娃医院等)，发展认知类的(科学观察区、益智区、主题墙等)，发展艺术创造类的(美工区、表演区、奥尔夫音乐器具等)。这些玩具和材料可放置在各个活动区内，供全班幼儿自主选择和探索。

室外的设施更要具备多种功能和组合性。比如，球类、平衡板、绳子类、组合滑梯、攀爬墙、秋千、玩沙区和玩水区等多种活动设施或空间，要能满足幼儿的走、跑、跳、钻、爬、平衡、投掷等多种身体运动的需要，能保证幼儿在安全的前提下进行各种身体锻炼，从而满足幼儿的成长需要。

**4. 实现三维空间的全面利用**

所谓三维空间指的是充分利用地面、墙面、空间的设备和布置，引起幼儿意识层面和潜意识层面与环境的互动。

地面上，教师可以根据需要画上一些几何图形。

楼梯的地基上，教师可以有顺序地写上阿拉伯数字。每段楼梯上都有10多个台阶，让幼儿可边走边数，从而在不知不觉中学会识别从1到10及以上的数字。小脚丫的设计让幼儿懂得了右路通行的交通规则。

墙面可利用的面积要大，包括围墙、房间1米以下的墙面、走廊墙面、楼梯侧面墙等。教师可以根据办园特色和教育需要进行布置，形成独具特色的主题墙、文化墙、幼儿作品墙、生日墙、教师风采墙等。

空间上，教师可通过挂一些吊饰营造温馨的氛围，如可挂气球、灯笼等营造节日气氛。幼儿的作品、区角标志等都可以通过吊饰的方式进行布置，拳击布袋也是一种很好的发展幼儿动作技能的吊饰。

**5. 确保冷暖色彩的和谐组合**

首先，幼儿园的围墙、大门以及建筑物的墙面与外观要富有色彩和童趣，以吸引幼儿的注意力。其次，班级和活动室里要注意色彩的搭配，既不能太冷清也不能太花哨，要冷暖结合，给幼儿清新、温暖、安静的感觉为宜。例如，墙面和窗帘可以选择暖色调的材料进行装饰；阅读区可以选择浅绿色的地垫供幼儿阅读时或躺或坐；娃娃家可以选择浅粉色的家具和饰物，以便让幼儿有归属感。

**(四)动态性和参与性**

环境的创设要随着教育的需要和幼儿的兴趣需要而不断变化与更新。因此环境的创设应由教师和幼儿共同参与完成，尤其是要有幼儿的参与。这对幼儿与环境的互动起着至关重要的影响。比如，主题墙一般一个月就要更换一次；幼儿作品展一周更换一次，最长不超过两周。区域的材料要随着幼儿的兴趣和参与频率的变化而不断填充或更新。

## 二、幼儿园需要配备的设备

**(一)班级设备**

幼儿园可按照班级数量配备相应的班级设备。一般情况下，每个班级需要配置如下设备。

①桌椅。它包括幼儿桌椅和教师办公桌椅等。幼儿园一般采用长方形或正方形的桌子，配6把小椅子，即“一桌六椅”，供一组幼儿坐。幼儿桌椅全部要按照幼儿的身高定做，椅子要求是背靠椅。材质上一般包括木质和塑料两种。

②橱柜。它包括幼儿玩具柜(活动室必有)、幼儿衣帽柜(每人一格)、鞋柜(每人一格)、茶杯柜(每人一格)、教具收藏柜以及教师衣帽柜等。幼儿园依据需要合理配置。

③床。它用来满足幼儿午睡的需要，要按照幼儿的身高定做。目前，床的样式有固定的单层床，也有高低双层床和可折叠或可推拉的多层床；材质上有木制的，也有塑料的。每所幼儿园可根据安全性能、空间大小、教师劳动强度的适宜性采购适宜的床。此外，幼儿园要为幼儿准备合适的、统一规格的被褥、床单、被罩、枕头、枕巾等。

④书架。它主要用于在班级图书区摆放图书，有利于幼儿拿取。

⑤钢琴或电子钢琴。每班配备一架。

⑥教学一体机或电视、电脑等多媒体设备。每班配备一套，用于多媒体教学。

⑦玩教具及相应的配套材料。根据课程的特点和幼儿发展的需要，每个班级要配备与幼儿数量相当的玩教具，包括益智类、动手操作类、建构类、角色表演类、音乐类、绘画(涂鸦墙)和手工类等各种区角活动的玩具与材料。

⑧图书。按照相应规定，每个班级要配备幼儿图书(每个幼儿不少于5本)和教师参考书及相关幼儿教材等。

⑨饮水设备。每个班级应配备饮水机或者电水壶、保温桶等，满足幼儿的饮水需要。

⑩消毒柜。每班配备一套，用于定期给幼儿的水杯、毛巾等消毒。

⑪其他设备。根据需要，每个班级应配备洗衣机、窗帘、清洁用具等。此外，幼儿园依据空间条件可设置供幼儿使用的专项教室(科学发现室、美术工作室、建构室、生活体验室等)，以及供幼儿开展大型活动的多功能厅等。这些专用房间也需要提供相应的、丰富的设备和材料。

**(二)厨房设备**

幼儿园根据办园规模和幼儿数量配置相应的厨房设备，以保证幼儿及教师的每日用餐需要，具体包括炊具和餐具、清洁卫生用具、保健卫生用具以及净水器等。

**(三)办公设备**

①办公柜。它主要用于园长、教师以及其他工作人员办公，亦可放置在资料室、档案室内用于放置图书、参考资料等；可以是木质的，也可以是铝合金材质的。

②沙发。它一般用来摆放在会议室、小型接待室或者一楼前厅两侧等，用来接待家长或者供外来人员临时停留等。

③办公桌椅。每人配备一套。

④电子办公设备。它包括电脑、扫描仪、复印机、摄像机、照相机、刻录机、移动硬盘、塑封机等。

⑤辅助设备。它包括空调、饮水机、考勤机、广播系统、会议智能控

制系统、灭火器等。

**(四)户外体育器械**

根据幼儿活动的需要及户外场地的实际情况，幼儿园可配备相应的大型组合滑梯、秋千、攀岩墙、攀登架、跷跷板、投掷篮、转椅、平衡木、荡船、感觉统合玩具、体操垫、羊角球、皮球、跳绳、高跷、反踏车、三轮车等。此外，为满足幼儿每周升旗和每日做操(领操)的需要，每所幼儿园可配置旗杆、旗台等装置。

**教师资格考试**

**考题模拟**

物质环境是学前教育存在和发展的(　　)。

A. 必备条件　B. 主要条件　C. 次要条件　D. 生活条件

答案：A　学前教育要存在和发展，首先必须要有一定的房屋设施、幼儿教育工具、场所等物质条件。这是其存在和发展的前提和必备条件。

# 第三节　幼儿园班级环境创设

## 一、幼儿园班级环境创设的原则

**(一)适宜性原则**

首先，幼儿正处在身体、智力迅速发展以及个性形成的重要时期，有多方面的发展需要。班级环境创设应与幼儿身心发展的特点和发展需要相适宜。比如，由于幼儿天生有强烈的探索愿望，教师就应为幼儿创设问题情境，使幼儿能学习并发现问题、解决问题，提高思维水平和动手能力；由于幼儿需要阅读，教师就应提供各种各样的图书，开阔他们的眼界。

其次，处于不同年龄阶段的幼儿的身心发展特点和需要表现出不同的年龄特征。即使是同一年龄阶段的幼儿，在兴趣、能力、学习方式方面都存在很大差异。班级环境创设应适应幼儿的这种差异。比如，由于小班幼儿喜欢玩平行游戏(幼儿各玩各的，彼此玩的游戏相同)，教师提供的玩具就应该同品种的数量多一点；由于中、大班幼儿的象征性游戏水平较高，教师提供的玩具材料可以是一物多用的；由于幼儿的小肌肉动作发展较差，教师可提供一些穿珠、拼插、剪贴等方面的材料，让幼儿进行练习；由于小班幼儿喜欢玩娃娃家，教师就可根据幼儿这一需要创设两个娃娃家，供幼儿在娃娃家里进行“家务劳动”；由于小班幼儿的动手能力差、自理能力需要提升，教师可在班级创设“生活服务区”，让幼儿练习给娃娃穿衣服、系扣子等动作；由于大班幼儿的想象力和创造力都有了突破和发展，教师可创设有一定难度的建构区，让幼儿进行主题搭建，也可提供棋类区让幼儿两两下棋，体味下棋的乐趣和其中蕴含的道理。

总之，幼儿的身心特点和发展需要还会随着其年龄增长而发展变化。因此班级环境创设不是一次就可以完成的，它是一个设计—实施—修正—再实施—再修正的螺旋式发展过程。

**(二)环境与教育目标相一致的原则**

班级环境创设不仅要充分考虑本班年龄段幼儿的兴趣需要，而且要考虑幼儿园课程的需要。班级环境中提供的信息和材料可以是课程目标的延伸、课程内容的巩固。比如，在幼儿参与了“光和影子”这个科学活动后，教师就可以在益智区投放“寻找动物的尾巴”等材料，让幼儿根据影子的原理进行对应练习；教师可以把科学探究活动的实验材料投放到科学观察区，让幼儿继续操作和观察，加深对科学探究现象的理解。再如，故事教学后，教师可以把相应的图书投放到阅读区，把故事人物的图片和服饰投放到表演区，让幼儿进行创造性表演等。

总之，班级环境创设要有利于课程目标的实现，要能有效促进幼儿的全面发展。教师要依据幼儿园的教育目标，考虑幼儿在知、情、意、行等各方面的整体发展，对环境设置做系统规划。在制订学期、月、周、日及每个活动计划时，教师应考虑：为了达到这些目标，需要有怎样的环境与之配合？现有的环境因素中，哪些因素对教育目标的实现是有用的？哪些因素是要在环境创设中得到体现的？家庭、社区需要做哪些辅助工作？等等。教师应将这些列入教育计划并积极实施。

**(三)经济性原则**

经济性原则是指创设幼儿园环境时应考虑幼儿园自身的经济条件，勤俭办园，因地制宜办园。班级环境创设亦应遵循此原则。

比如，图书架主要是放置图书、供幼儿阅读用的。教师可取几根木条，做成可以放书的许多小格，钉在墙上，让幼儿易拿易放，又不占用过多空间；墙边再放几把小椅子，让幼儿看书也方便。这样做既省钱省料实用，又可以就地取材、一物多用。建构区除了可以投放一些必要的积木块、雪花片、道具等材料外，还可以根据需要投放一些废旧的瓶瓶罐罐、纸壳类的材料，满足幼儿搭建的需要。

**（四）安全性原则**

保证幼儿的安全是幼儿园的首要职责。幼儿园环境创设必须首先考虑安全的因素，以保证幼儿身心的健康发展。班级是幼儿停留时间最久的场所，因此保证班级环境的安全和整洁就显得尤为重要。日常生活中，教师必须保证定期对玩具、教具进行清洗和消毒，保证门窗、桌椅、电源插座以及幼儿操作材料的安全和无毒，保证地面没有障碍物和防滑等；在环境创设时禁止将剪刀、订书钉、大头钉等危险的工具或材料放到幼儿容易拿取的地方等。

**教师资格考试**

**考题模拟**

幼儿园的各种器具一般用圆角，开关插头等尽量安装在幼儿够不到的高度。这体现了幼儿园环境创设的（　　）原则。

A. 适宜性原则　B. 参与性原则　C. 安全性原则　D. 教育性原则

答案：C　安全性原则是幼儿园环境中的一个很重要的原则。幼儿园要避免幼儿发生安全事故，尽量消除危险因素。

**（五）教育性原则**

班级环境创设对幼儿有很重要的教育影响。好的环境蕴藏着很丰富的教育因素和教育信息。幼儿通过观察和与环境的互动，领会了规则，理解了事物之间的关系，获取了相关的知识信息。从这个角度讲，环境就是幼儿的第三位教师，它起到引领幼儿学习的作用。比如，幼儿从天气预报栏中了解到了当天天气状况以及如何穿衣服，从而学会了适应温度的变化以保护自己；从新闻播报中了解到了时事新闻，培养了关心国家、社会和周围环境的意识和情感；从在建构区与材料的互动中了解了不同形状的物体和材料之间的关系，知道了如何构建一个场景等，培养了动手操作能力、想象力和创造力。

**教师资格考试**

**考题模拟**

幼儿园活动区要有区域规则，上下楼梯要有提示等。这体现了幼儿园环境的(　　)原则。

A. 教育性　B. 可变性　C. 规则性　D. 参与性

答案：A　幼儿园环境要有教育因素，要能正确引导幼儿该做什么、不该做什么。因此，环境通常被喻为幼儿的第三位教师。

### (六)审美性原则

班级环境创设一定要遵循美观、整洁的原则。无论是墙饰环境还是区域环境，都要充分考虑视觉效应，既不能色彩太单一，又不能五彩杂陈，要尽可能降低视觉疲劳，给人耳目一新、舒服的感觉；物品和材料的摆放也要错落有致，既方便幼儿拿取，又看起来整洁有序。

**教师资格考试**

**考题模拟**

幼儿园环境创设要求色彩不要太杂，吊饰不要太低，图片、玩教具要美观。这体现了幼儿园环境的(　　)原则。

A. 教育性　B. 可变性　C. 审美性　D. 参与性

答案：C

### (七)参与性原则

班级环境创设的过程是幼儿与教师共同参与合作的过程。教师要有让幼儿参与环境创设的意识，认识到幼儿园环境的教育目标不仅蕴含于环境中，而且蕴含于环境创设的过程中。比如，一位教师组织幼儿谈话活动，起初的主题是环保问题——乱扔垃圾的问题。后来，谈话延伸到计划外的新话题——“北京申奥”，幼儿对这个话题很感兴趣。教师意识到这个话题的教育价值，于是引导幼儿讨论后，决定在墙壁上制作奥运主题墙，并制订了计划。幼儿请爸爸妈妈找相关资料，制作奥运标志、田径场、环形跑道、看台等，画出了各种形态的观众和运动员，并进行了设计评比……这个活动通过幼儿集体构思、游戏、调查、制作和家长参与等过程，使教师由单纯的知识传授者变成了观察者、倾听者、合作者，使幼儿由单纯的倾听者变成了计划者、参与者。

## 二、幼儿园班级环境创设的要求

### (一)重视三维空间的充分利用

《纲要》指出："幼儿园的空间、设施、活动材料和常规要求等应有利于引发、支持幼儿的游戏和各种探索活动，有利于引发、支持幼儿与周围环境之间积极的相互作用。"幼儿园的环境创设要充分利用室内外的地面、墙面和空间，尽可能多地为幼儿提供接受各种知识或信息刺激的机会和条件，使幼儿不知不觉地接受熏陶，吸收知识。

**1. 地　面**

在室内外的地面上，教师可画上各种图形、迷宫，涂写上颜色或数字、字母，以增加幼儿接收信息刺激的机会，并供幼儿游戏使用，通过游戏巩固学过的知识或获得某方面的锻炼。比如，在地面上，教师画上中国地图，通过各种游戏形式让幼儿认识祖国辽阔的疆土的区域划分和分布，培养幼儿的爱国情感。又如，教师开展"跳蜗牛"活动，即在蜗牛背的螺旋形上分格涂上鲜艳的颜色并写上数字，帮助幼儿做辨色训练和巩固对数字的认识。图 5-1 为幼儿园的地面。

**2. 空　间**

教师可以通过在空中吊挂各种具有教育性和装饰性的物品来实现对空间的合理运用。比如，一年当中有许多节日，并且有的节日相距时间较短，其布置花费时间较多。这样用空间布置去配合节日的主题教育就比较合适，如中秋节的灯笼，国庆节的国旗、国徽等。图 5-2 为幼儿园的吊饰。

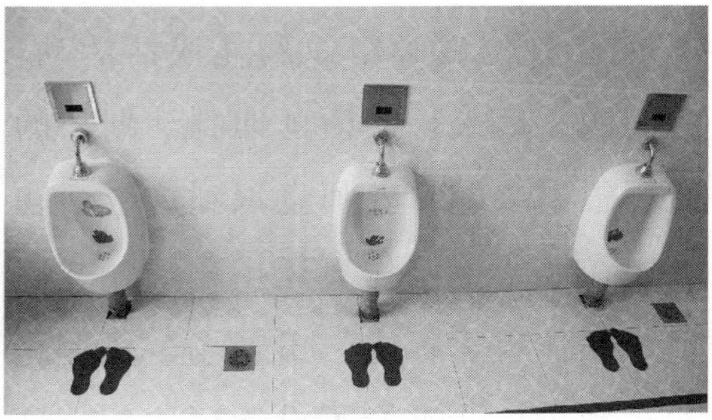

**图 5-1　幼儿园的地面**
(沈阳市艺术幼儿师范学校幼儿园提供)

**图 5-2　幼儿园的吊饰**
(沈阳市朝阳一幼儿园提供)

**3. 墙　面**

墙面的布置除可以美化幼儿园外，还可以与主题教育相结合，充分发挥幼儿个体与环境之间的交互作用。墙饰内容以近期相关活动的内容为主。例如，在“各种各样的车辆”主题活动中，教师就可以开辟主题墙“我认识的车辆”“我认识的车标”“交通标志”等。每期一个主题，要求幼儿在家长、教师的协助下，采用不同形式（图画、剪报、手工制作等）收集有关的资料，布置园地。墙面还可以开辟出天气预报栏、幼儿出勤表、新闻主题墙、幼儿作品展、幼儿风采等板块，以便幼儿每天从墙面板块吸收到有意义的信息，促进幼儿经验的提升。图 5-3 为主题墙示例。

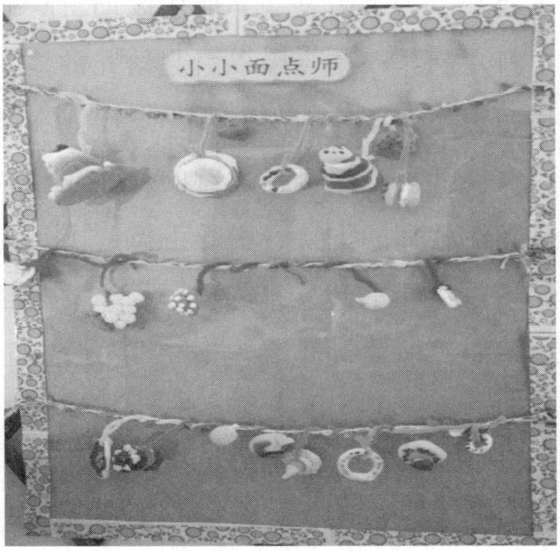


**图 5-3　主题墙示例**

（沈阳市铁西区凌空幼儿园提供）

**（二）重视幼儿参与环境创设过程的体验**

环境作为一种隐性课程，在教育实践中越来越受到重视。《纲要》指出：“环境是重要的教育资源，应通过环境的创设和利用，有效地促进幼儿的发展。”为此，教师在环境创设中要重视为幼儿提供丰富多样的材料，注重为幼儿参与环境创设提供有利的条件和时机，让幼儿在环境创设的过程中体验到成功、自信和满足。具体来说，教师需要做到如下两点。

**1. 充分相信幼儿，放手让幼儿自主参与环境创设**

幼儿是环境的主人，应该让他们按照自己的意愿和想法来设计活动室的环境。这样的环境对幼儿来说更具有教育意义。比如，新学期开始，教师可组织幼儿一起讨论物品如何摆放，区域如何创设，桌椅摆放在哪里，等等。结合主题，幼儿用自己创造的作品，如绘画作品、手工作品、废旧材料、设计的标志等，以及教师收集的图片、知识信息材料等来布置环境，让每个墙面上都有自己生活的点滴，感受到自己在主题环境中做主人，得到成功感、满足感，并在这个过程中不断学习。

**2. 以教师的支持、引导为导向，引发幼儿自主创设环境**

在环境创设中，幼儿是需要教师的支持和引导的；并且教师的支持和引导能引发幼儿持久地参与。比如，在科学探索区，幼儿探索如何让物体飞起来。为了引发幼儿能用废旧材料制作玩具体验创造的快乐，教师可用塑料盒制作一个飞碟以引起幼儿的注意；接下来，教师可启发幼儿动脑筋想一想还能用什么材料制作飞碟。在教师的启发下，幼儿纷纷从家里带来一次性纸杯、纸板等。有的幼儿还和家长一起制作飞碟。一股制作飞碟的热潮在教师的支持、引导下掀起了。为了让幼儿得到成功感，教师及时布置了一个展示台“飞碟真好玩”，在相互欣赏的同时还有利于日常的取放。幼儿能积极主动地参与这一系列活动，是与教师不断的支持、引导分不开的。

**(三)确保环境创设内容的全面性和系统性**

幼儿园环境创设要充分考虑幼儿在德、智、体、美、劳各方面发展的需要，综合选择五大领域方面的教育素材。并且每个方面都要根据幼儿年龄段的特点和发展水平进行系统的创设，使环境对幼儿发展的影响是全面的、系统的。

我们有时会看到很多幼儿园的班级墙面上，“一棵大树”占用了很大的面积，但又没有什么教育意义。显然是教师为了完成布置任务而已。单一的创设手段会影响幼儿想象力的发展，减少幼儿动手操作及与环境积极互动的机会。为此，我们要创设富含教育意义的环境。比如，在同一个楼梯墙壁上，由下而上创设一组系统的安全教育图，用故事的形式，通过主角移动，呈现不同的安全教育情境，如遇到火警拨“119”、过马路时要走人行道、注意游戏时的安全事项等，让幼儿在每天上下楼梯时接受安全教育，增强安全意识，培养自我保护的能力。

**(四)营造良好的班级氛围**

创设良好的精神环境是幼儿园环境创设的重要组成部分。创设一个良好的精神环境就是为幼儿创设一个轻松、愉快的心理环境，包括幼儿与幼儿之间、幼儿与教师之间、教师与家长之间建立起来的种种情感乃至幼儿园的园风、班风等。精神环境虽是一种无形的环境，但对幼儿的发展，特别是对幼儿的情绪、社会性、个性、品质的形成和发展具有十分重要的意义。只有为幼儿提供一个能使他们感到安全、温暖、平等、自由的和能鼓励他们探索与创造的精神环境，幼儿才能活泼愉快、积极主动、充满自信地生活和学习，才能获得最佳的发展。因此，教师要营造一个没有高声教学，没有体罚和变相体罚，没有亲疏远近，充满温暖、和谐、礼让、沟通的班级氛围。教师要做好以下几点。

①热爱幼儿，尊重幼儿，建立真正平等、和谐的师幼关系。

②善于观察幼儿的活动，指导活动。

③建立互助、友爱的伙伴关系。

**温馨提示**

幼儿进入幼儿园后往往根据教师对自己的言行来判断在幼儿园是否安全、是否可以依赖。因此，教师的态度和管理方式应有助于幼儿形成安全、温馨的心理环境，言行举止应成为幼儿学习的榜样。

## 三、幼儿园班级环境创设的技巧和策略

### (一)墙饰环境创设

#### 1. 整体要求

(1)视角要放低

教师要站在幼儿的角度观察这个世界，走进幼儿的内心世界，满足幼儿对环境与材料的要求。

(2)成本要降低

教师要尽量收集废旧物，经过艺术加工，用粘贴、绘画、剪纸等方式来布置幼儿喜欢的环境。

(3)视线要压低

教师要根据幼儿的身高及视线的范围合理布置墙饰环境，使幼儿在自然状态下轻松捕捉到墙饰环境中的教育信息。一般墙饰环境创设的高度在1米左右。

#### 2. 常见的墙饰环境创设的板块

(1)天气预报栏

天气预报栏包括日期(年、月、日、周)，季节(春、夏、秋、冬)，天气(晴、阴、雨、雪、大风等)，温度(数字)等内容，要根据幼儿年龄段的特点呈现难易不同的信息。在此板块，教师要每天更新并带领幼儿进行解读，了解天气状况，保护自己的健康。图5-4为天气预报栏。

(2)主题墙

主题墙包括幼儿的照片、自我介绍等与幼儿日常生活相关的内容(或

最想说的一句话)。此板块整体展示幼儿的风采和面貌，让幼儿认识自己和本班的其他幼儿，培养幼儿的归属感。图 5-5 为主题墙。

**图 5-4　天气预报栏**

(沈阳市金摇篮双语幼儿园提供)

**图 5-5　主题墙**

(沈阳市铁西区千福金摇篮幼儿园提供)

(3)家园互动栏

家园互动栏包括月计划、周计划、请您关注、温馨提示等内容。这是为家长开创的一个空间，供家长每天了解幼儿在园的活动情况和活动内容，了解幼儿教育的最近动态，以方便家长与幼儿园的合作。图 5-6 为家园互动栏。

(4)幼儿出勤栏

幼儿出勤栏可利用笑脸、幼儿的姓名或者照片做出来的小插板形式，让幼儿每天早上晨检之后主动将自己的照片或者姓名翻过来，以表示“我今天出勤了”。这样的方式可以让幼儿认识到出勤的重要性，从而强化对自我的认识。图 5-7 为幼儿出勤栏。

**图 5-6　家园互动栏**

(沈阳市诺贝尔幼儿园提供)

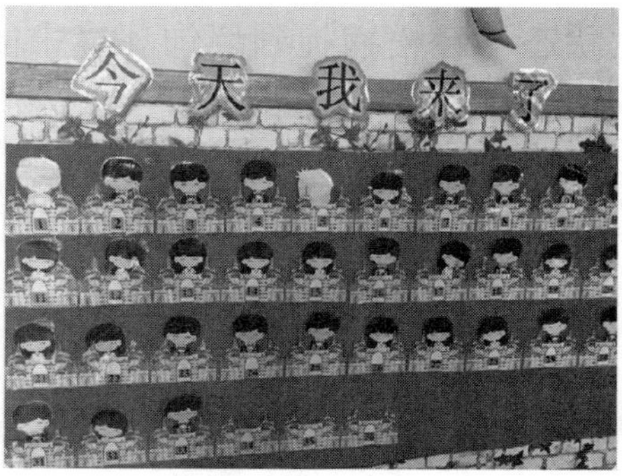


**图 5-7　幼儿出勤栏**

(沈阳市金星双语实验幼儿园提供)

(5)幼儿作品展示区

幼儿作品展示区包括幼儿每次的作品展。这个板块一般设置在墙面 1 米以下的位置，一周一更新，可让幼儿感受到自己的美术作品被重视，也方便幼儿间互相欣赏和学习；方便家长观察自己孩子的成长与进步。新的作品展示上来，旧的作品就可以累积存放到幼儿的成长档案袋中，连同幼儿每月的成长评价表、幼儿的活动照片以及对幼儿定期观察的记录表等一起构成幼儿的成长档案记录册。图 5-8 为幼儿作品展示区。

(6)主题活动墙

主题活动墙用与幼儿教材紧密联系的主题活动资料布置墙面或布置活动区。比如，“美丽的秋天”活动可创设主题墙，也可布置自然角。新闻主题墙也是很有必要开辟的，展示国内外发生的一些重大事件，提醒幼儿关注新闻，关心社会。此外，教师可根据班级的空间条件创设“班级公约”“特别关注”等栏目。图 5-9 为主题活动墙。

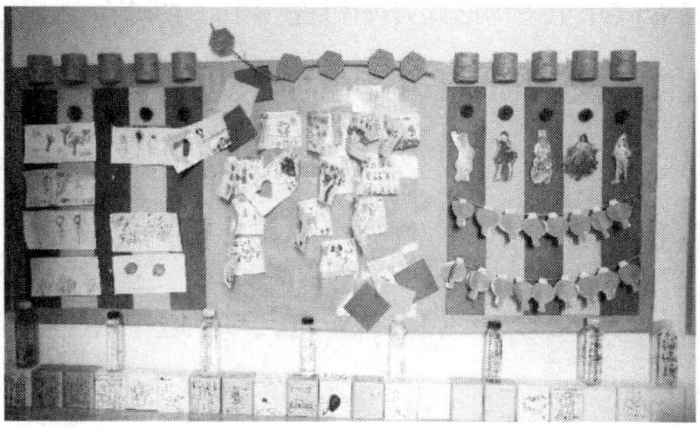

**图 5-8　幼儿作品展示区**
（沈阳市艺术幼儿师范学校幼儿园提供）

**图 5-9　主题活动墙**
（辽宁省军区幼儿园提供）

**3. 墙饰环境创设需要注意的问题**

①呈现的文字尽量要少，尤其是对于小班来说。文字建议用标准的书写体格式。

②有字的地方尽量要有图式解读，方便幼儿理解字意。

③每创设一处墙饰，都要第一时间引导幼儿观察、理解板块里的信息，并强调注意事项。

④每个板块要定期更新，以保证幼儿对墙饰的观察和参与兴趣。

⑤板块的大小要匀称，高低错落有致，体现美学观念。

⑥墙饰的布置要生动形象、富有美感。

## (二)活动区环境创设

### 1. 整体要求

①要保护活动区环境的整体性，采用半封闭分隔的方式。

②要科学划分各个活动区，保证动静结合、操作活动方便。比如，阅读区与科学观察区都属于安静的区域，都需要好的光线；美工区适合离水源较近的地方，方便幼儿随时洗手等。

③要充分考虑幼儿的兴趣与发展需要，来决定活动区的种类。一般来讲，小班幼儿比较注重简单的动手操作，喜欢生活服务区、娃娃家等；中班幼儿喜欢模仿和同伴交流，对娃娃医院、美工区和表演区比较感兴趣；大班幼儿的社会交往能力强了，视野也开阔了，创造力也增强了，对棋类区、建构区和超市、餐厅等感兴趣。

④要充分考虑班级幼儿的人数与活动室面积，来决定活动区的数量和规模。一般来说，每个活动区的最佳容纳量是5～7人。因此，在设计活动区时，教师必须考虑幼儿的人数及活动室可能提供的空间，确保不能过于拥挤。一般来说，在空间条件允许的情况下，小班适合创设5个活动区，中班适合创设6～7个活动区，大班适合创设8～9个活动区；每个年龄段幼儿需要的区域材料和活动内容均有差异。

⑤每个活动区都要建立好常规，以保证幼儿自由、有序地进行活动。

### 2. 活动区环境创设需要注意的问题

①要定期更新活动区的材料，提供必要的活动主题。比如，图书区提供“好书推荐”栏目，建构区提供“本周搭建主题”等，以保证幼儿的活动有目标意识。

② 每个活动区都要在教师的指导下、由师幼共同参与创建，以体现幼儿的需要和“幼儿是活动的主人”这一理念。

③每个活动区创建之后，教师要引导幼儿认识这个区域的名称和活动材料以及这个区域活动要遵守的规则和流程等，以保证幼儿区域活动的有序性。

④要定期对区域材料进行检查、清洗和消毒，以保证幼儿的安全和卫生。

⑤创设活动区的目的是给幼儿提供一个自由、宽松的学习环境。因

此，在创设时，教师就要尽量满足幼儿认知、情感、社会性、语言、动作技能等多方面发展的需要。

⑥在选择区域材料时，要尽量使用自然、低结构、环保型材料。

**3. 各种区域需要提供的材料及创设的具体要求**

(1)阅读区(语言区)

①提供适合幼儿年龄段的读物；可采取幼儿自带和幼儿园定期投放等方式来满足幼儿的阅读需要；幼儿可在每周一将读物带到幼儿园，每周五拿回家里，从而实现阅读分享。

②将阅读区安排在教室中比较安静的地方，且保证光线要适合阅读的需要。

③阅读区的人数一般控制在4人左右。图5-10、图5-11分别为宝贝书吧、语言区。

**图5-10 宝贝书吧**
(沈阳市朝阳一幼儿园提供)

**图5-11 语言区**
(沈阳市朝阳一幼儿园提供)

④经常翻看图书以检查是否需要修补。

⑤定期增加新书(至少每两周一次)，以保持幼儿的兴趣，把幼儿不感兴趣的书撤掉，把不经常使用的图书拿掉；增加一些幼儿自制的图书。

⑥把书的封面展示出来，最好编上序号或做好标记，以使幼儿记住图书，并增加他们对图书的兴趣。

⑦考虑在阅读区设置一个听力站；要有“好书推荐”的提示。

⑧在阅读区放几个靠垫和小的毛绒玩具，营造温馨的氛围。

教师资格考试

**考题模拟**

下列关于幼儿园阅读区活动的说法错误的是(　　)。

A. 阅读区应该选择班级里光线相对充足、比较安静的位置

B. 阅读区的图书要定期更换

C. 幼儿在阅读区活动的时候，教师不要打扰

D. 图书的选择必须符合本班幼儿的智力、语言等发展水平

答案：C　幼儿在阅读区活动的时候，教师应给予一定的指导。例如，培养幼儿的阅读兴趣，指导幼儿的阅读方法，引导幼儿互相谈话和讲述图书中的内容，以促进幼儿语言等方面的发展。

(2)美工区

①提供橡皮泥、印章、白纸及彩色纸、油画棒、水彩笔、模具、作品样本以及各种原材料、半成品材料等。

②将本区域安排在离水源较近且便于清洁的地方。

③区域内要配有“涂鸦墙”和“涂鸦笔”。

④为每个画画的幼儿提供一件工作衣。

⑤指导幼儿使用绘画材料和其他美工材料。

⑥为幼儿提供一个展示作品的地方。

⑦鼓励幼儿在美工活动结束后，把工作区域整理干净。图 5-12 为美工区。

**图 5-12　美工区**
(沈阳空军幼儿园提供)

(3)建构区

①提供各种拼插、摞高、拼搭所用的塑料、积木等材料以及瓶罐、纸壳等废旧物材料。

②人数控制在 5～6 人。

③定期检查操作材料，杜绝危险因素存在。

④建立规则，引导幼儿相互合作，共同完成主题搭建。

⑤记录幼儿搭建的成果，并提醒幼儿用适当的方式拆掉他们搭建的成果。

⑥定期拍下幼儿进行搭建的照片，并与家长分享或者张贴在公告板上。

(4)表演区

①人数控制在 4～5 人。

②为本区域提供表演的主题，尽量与课程内容相融合。比如，在本周幼儿学习故事“三只蝴蝶”后，教师便可将相应的材料和服饰放到本区域供幼儿使用。

③确保本区域的服装清洁并且完好，要随着表演主题的更换而更新服饰和道具。

④鼓励幼儿在美工区制作道具，在表演区使用。

⑤确保道具不会变成幼儿的武器伤害别人。图 5-13 为表演区。

**图 5-13　表演区**
(沈阳市铁西区凌空幼儿园提供)

(5)娃娃家

①提供小床及床上用品、家用电器、家用厨房用具、娃娃、娃娃的衣物、围裙等材料。

②人数控制在 4～5 人。

③经常变换道具，鼓励幼儿进行综合表演活动。

④确保道具清洁和完好。

⑤根据班级的学习内容增加道具。

⑥考虑能够发展幼儿语言的道具，如电话本、食谱、杂志、报纸等。

⑦如果道具是用布做的，应定期清洗。

⑧将娃娃家安排在表演区或其他社会角色活动区的旁边，鼓励幼儿扩展游戏经验。图 5-14 为娃娃家。

**图 5-14　娃娃家**
(沈阳市铁西区中法城中心幼儿园提供)

(6)益智区

①根据幼儿的年龄特点和需要，提供一些数学教具(如蒙台梭利数学

教具)、棋类、扑克、数字卡片、分类盒、图形找家、拼图、套娃等。

②人数控制在 3～4 人。

③选择适合本班幼儿年龄段的适宜材料。如果材料对幼儿来说太小了，就撤掉，否则可能发生危险。

④确保每幅拼图的完整，如有缺失，就撤掉整幅拼图。

⑤定期更换拼图或操作材料，确保对幼儿有一定的挑战性。图 5-15 为益智区。

**图 5-15　益智区**

（沈阳市朝阳一幼儿园提供）

**想一想**

你认为幼儿园班级墙饰环境创设需要展示哪些板块？每个板块对幼儿的发展有哪些影响？

**教师资格考试**

**考题模拟**

幼儿园环境创设的主要作用是(　　)。

A. 支持、引导幼儿的学习和活动　B. 装饰、美化环境

C. 向家长汇报幼儿的学习情况　　D. 展示幼儿的作品

答案：A　幼儿园环境创设主要是为幼儿提供发展保障，促进他们的身心健康，激发他们的创造潜能。同时，幼儿园环境创设也是为了支持教育活动，要体现环境与教育目标相一致的原则。

**知识拓展**

**幼儿园班级环境创设的重要性**

* * * * * * * *

## 本章小结

幼儿园环境和设备是幼儿在园生活、游戏和学习的保证，也是成人对幼儿进行教育的重要资源。

幼儿园环境的建筑要求包括幼儿园基地的选择原则、幼儿园建设的安全要求以及幼儿园用地的要求等。

幼儿园环境设备的配备要考虑到实用和经济、卫生和安全、全面和多样、动态性和参与性等原则，做好班级设备的配备、厨房设备的配备、办公设备以及户外体育器

械的配备。

幼儿园班级环境创设的原则包括适宜性原则、环境与教育目标相一致的原则、经济性原则、安全性原则、教育性原则、审美性原则和参与性原则。幼儿园班级环境创设要重视三维空间的充分利用、重视幼儿参与环境创设过程的体验、确保环境创设内容的全面性和系统性以及营造良好的班级氛围。幼儿园班级环境创设要充分考虑到幼儿的需要，做好墙饰环境和活动区环境的合理创设，满足幼儿的兴趣和发展需求。

## 关键术语

幼儿园环境　幼儿园的建筑要求　幼儿园环境设备　环境创设

## 思考题

1. 幼儿园基地的选择原则包括哪些？
2. 幼儿园建设的安全要求体现在哪些方面？
3. 幼儿园建筑包括哪些功能用房？每种功能用房有哪些要求？
4. 幼儿园每个班级应该配备哪些设备设施才能满足幼儿的发展需要？
5. 幼儿园户外需要配备哪些必要的活动设施？这些设施的配备可以满足幼儿哪些方面的发展需求？
6. 幼儿园设施设备的配备需要遵循哪些原则？
7. 幼儿园班级环境创设的要求体现在哪些方面？
8. 幼儿园班级环境创设的技巧和策略有哪些？

## 建议活动

1. 参观幼儿园的班级环境，列举出活动区可投放的 5 种材料，并通过讨论说出每种活动区材料的价值所在。

2. 通读本章，用多种美术手法设计 2～3 个主题墙面，并说出每一个主题墙面的教育价值。

## 拓展阅读

1. 住房和城乡建设部：《托儿所、幼儿园建筑设计规范》，2019。该文件清晰阐述了幼儿园在选址、建筑、设备配备等方面的各项要求和标准。

2. 梁志燊：《学前教育学》，北京，北京师范大学出版社，2013；朱宗顺、陈文华：《学前教育学》，北京，北京师范大学出版社，2012。这两本书都比较全面、系统地阐述了幼儿园公共环境创设和班级环境创设中需要遵循的原则及具体创设的方法，深入浅出，适合学生阅读。

# 第六章
# 幼儿园课程

## 学习目标

1. 明确幼儿园课程的定义和特点。

2. 掌握幼儿园课程的基本要素及各要素之间的关系。

3. 了解幼儿园课程的几大类型及每种课程类型的优势与弊端。

4. 了解我国幼儿园课程的变革。

5. 了解园本课程、幼儿园课程园本化的概念，理解园本课程的构建思路。

## 学习导图

幼儿园课程
- 幼儿园课程概述
- 幼儿园课程要素
- 幼儿园课程类型和课程模式
- 我国幼儿园课程的变革
- 幼儿园园本课程建设

## 案例导入

在一次幼儿园教学观摩现场的研讨中，大家纷纷表达着对所观摩到的活动的见解，由一节教学活动延伸至讨论当前的幼儿园课程改革。在激烈的讨论中，大家出现了一些观点的碰撞。比如，这里的教学活动与我们所说的课程是什么关系？有人认为课程就应该等同于教育活动，有人认为课程应该是计划，还有人认为课程应该是所有幼儿的学习经验……

思考：到底什么是课程？什么是幼儿园课程？幼儿园课程与幼儿园教育活动到底应该是什么关系？

# 第一节　幼儿园课程概述

## 一、幼儿园课程的定义

### (一)课　程

关于课程的定义有很多种，我们比较认同的定义为：课程是指在教育者的直接和间接指导下出现的受教育者与教育环境相互作用的一切学习活动的总和及其进程与安排。

从上述的定义中，我们发现课程包括以下几项内容。

课程是教与学的内容；课程是教与学的计划；课程是学习者的经验；课程是各种活动。

### (二)幼儿园课程涉及的基本问题

关于幼儿园课程也有很多不同的阐述，但综合来看，我们比较认同的定义为：幼儿园课程就是为实现幼儿园教育目标而编制的促进幼儿身心全面发展的各种活动的总和。这里所谓各种活动包括教师指导下的幼儿学习、生活、游戏、运动等各种正规和非正规活动的内容、方法和环境等。从这个角度来看，幼儿园课程包括如下几个基本问题。

**1. 教什么**

教师在设计教育活动的时候，在面对幼儿的时候，必须首先要考虑“教幼儿什么”，即对于幼儿来讲，什么知识是最有价值的。教师要能通过幼儿园课程让幼儿获得最有益的学习经验，让幼儿具有可持续发展的动力。因此，“教什么”就成为教师首先要考虑的问题。

### 2. 何时教

“何时教”就是要解决时机和进度的问题，关键是要解决最佳时机的问题，即幼儿应该在什么年龄段和时间段获得哪些有益的生活经验。这就需要教师准确观察并把握幼儿的年龄特点、心理状态以及接受水平等，要为幼儿创设有准备的环境，提供幼儿最需要的材料，给予幼儿最恰当的指导。教师“适合的教”既要满足幼儿的现实需要，又要满足幼儿长远发展的需要，为幼儿未来的生活、学习做准备。

### 3. 如何教

关于“如何教”的问题，其实是当代知识观和学习观的问题。在教育阶段，尤其是在学前教育阶段，幼儿应该是主动的学习者；幼儿的学习不是传递知识的过程，而是建构知识的过程。这一过程是幼儿通过教师创设有准备的环境，通过与环境的互动和教师的指导、示范、鼓励和肯定的影响，自己在解决问题的过程中逐步完成知识内化的过程。这就需要教师在“如何教”上下功夫，并进行合理设计。

**想一想**

幼儿园课程包含哪些基本的问题？

## 二、幼儿园课程的特点

幼儿园课程与小学课程相比有很大的不同。教师不以传授系统的知识、技能为主要目的，而是将促进幼儿身心的全面和谐发展作为最终目标。

### (一)幼儿园课程目标的全面性与启蒙性

首先，幼儿园课程目标是实现幼儿在德、智、体、美、劳诸方面的健康和谐发展，是追求幼儿的全面发展，而不是幼儿某一方面的特色发展。因此，幼儿园课程应包括健康、语言、社会、艺术和科学 5 个领域，促进幼儿的整体全面发展。

其次，幼儿园课程目标要符合幼儿的年龄特点和现实状况，满足幼儿的发展需求。因此，幼儿园课程的目标要求不能过高，要与幼儿的年龄特点和发展水平相适应；不宜追求过高的目标，尤其不应追求过高的认知目标；要选择那些具有启蒙性的、易于理解的、简单的目标，让幼儿获得有益的生活经验。

比如，对于小班幼儿来说，“认识五官”这个内容的目标应该界定为

“喜欢观察自己，能说出五官的名称；知道要保护好自己的五官；了解保护五官的简单方法”。根据这个目标，我们就知道在活动中如何组织幼儿进行活动了。比如，让幼儿知道看电视的时间不能太长；灯光暗的时候不能看书；不能用手抠耳朵；早晚要刷牙等生活常识。教师可以借这个机会让幼儿记住这些要求并在行动中表现出来。而“学习做眼保健操，保持正确的书写姿势”这些目标就不适合小班幼儿了。

**(二)幼儿园课程内容的整合性与生活性**

首先，幼儿身心发展的水平和特点决定了幼儿园课程应该是高度整合的课程。幼儿是整体向前发展的，所以虽然幼儿园课程相对划分为 5 个领域，但是各领域之间是有机联系、相互渗透的，从各个角度促进幼儿的全面发展。比如，幼儿的就餐环节既培养了幼儿文明就餐的健康生活习惯，同时大家一起就餐也体现了幼儿集体生活的规则。

其次，幼儿的思维以直觉行动性思维和具体形象性思维为主。这就决定了幼儿接受教育的最有效的方式不是专门的集体教育活动，而是幼儿的一日生活。课程内容越接近幼儿的真实生活，就越能引发幼儿积极参与，也就越能促进幼儿对有益经验的吸收。尤其是幼儿真实的生活环节对于培养幼儿的生活常规、良好的生活习惯和做事习惯都有很大的帮助。因此，幼儿园课程内容应来源于幼儿的真实生活。教师要选择那些真实发生在幼儿生活中的事件和现象，组织幼儿讨论，总结生活经验，从而使幼儿成长和成熟起来。

**(三)幼儿园课程组织方式的游戏性与活动性**

游戏是幼儿的天性，是满足幼儿各种身心发展需要的、唤起幼儿主动性活动的一种基本的学习方式，也是幼儿感兴趣的一种学习方式。

幼儿因为年龄的特点，不是像成人那样通过文字、书本、讲解和实验来学习，而是主要通过各种感官来认识客观世界，在自身的探索活动中，在与周围材料的互动中直接吸收有益的经验。因此，保证幼儿园课程组织方式的游戏性和活动性的特点至关重要。

**(四)幼儿园课程资源的潜在性**

幼儿模仿力强、自控能力差、无意注意占主导等特征，决定了幼儿园的每处环境创设、教师的一言一行等都深刻影响着幼儿的发展。因此，幼儿园课程不仅体现在有目的、有计划的教育活动中，而且体现在环境、生活、游戏及教师不经意的言行中。也就是说，从幼儿的角度来看，幼儿园课程总是蕴含在环境、材料、活动之中，潜移默化地影响着他们。因此，与其他学段课程相比，突出的潜在性是幼儿园课程的重要特性。

**想一想**

从课程的特点上看，你认为幼儿园课程与小学课程的不同表现在哪些方面？

# 第二节　幼儿园课程要素

教师在进行课程设计时需要考虑教什么、怎样教和为什么这样教等问题，这就涉及幼儿园课程要素。

## 一、幼儿园课程目标

幼儿园课程目标就是指幼儿园课程追求的最终结果，即通过教育活动使幼儿要达成什么样的发展目的。课程目标在幼儿园课程设计中具有非常重要的地位，它既是课程设计的起点，也是课程设计的终点；既为课程内容的选择、课程组织方式和教学策略的安排提供依据，同时也是课程评价的标准和依据。

### (一)幼儿园课程目标制定的依据

**1. 幼儿身心发展的规律和特点**

幼儿是幼儿园课程的主体。因此，幼儿园在制定课程目标时应首先研究幼儿的身心发展特点和发展需要，找准幼儿的“最近发展区”，为幼儿建立科学的、合理的期望值，并把这些期望值转化为可能的教育目标。

**2. 国家和社会的现实需要**

国家在不同时间段会有对人才培养的需求倾向，并通过政策法规和文件颁布的方式进行说明和引导。比如，教育部先后颁布的《幼儿园教育指导纲要(试行)》《3—6 岁儿童学习与发展指南》《幼儿园工作规程》等文件就鲜明地指出了学前阶段的教育目标及我们应该给予的指导策略等。党的二十大报告也明确指出“坚持为党育人、为国育才”。培养什么人、为谁培养人和怎样培养人是教育的根本问题。育人的根本在于立德。因此，幼儿园在制定课程目标时要遵循上述文件精神，落实立德树人根本任务，力求使课程目标做到与时俱进。

**3. 知识体系的内在价值**

哪些知识的获得对幼儿的现实发展和未来发展更具有价值？幼儿应该

吸收哪些知识，才更有利于幼儿未来知识的建构？这些一直都是幼儿教育工作者思考的问题。幼儿园从知识的角度考虑课程目标的设置，对于幼儿的发展具有积极的意义。例如，当把“艺术”作为幼儿园课程目标时，教师关注的不应该是让幼儿成为未来的音乐家和美术家，而是把幼儿看成一个普通人，使其具备音乐和美术的基本素质，挖掘其创造潜质；通过艺术熏陶帮助幼儿认识周围美的现象和事物，使他们成为懂得欣赏美、感受美、发现美和创造美的健康个体。

**(二)幼儿园课程目标的表述要求**

**1. 目标的表述要简洁、明了**

表述目标时要一针见血，直接告诉别人要达到一个什么标准即可，尽量避免用烦琐的复合句。比如，有的教师喜欢这样表述：“通过古诗欣赏，幼儿懂得故事的大致含义及故事中人物之间的关系……”这个表述就比较烦琐。“通过什么方式”在后边“活动过程”的步骤中就清晰明了了，不必在目标中阐述。因此，上述这个目标正确的表述应该是“能用自己的语言描述故事的大致内容，并理解故事中人物之间的关系”。

**2. 目标表述的角度要前后保持一致，避免混淆**

一般来讲，目标可以从教师和幼儿这两个角度进行表达。从教师行为的角度表达，通常会使用“培养幼儿”“使幼儿”“引导幼儿”“帮助幼儿”等词汇作为开头部分。比如，“引导幼儿从不同角度对动物进行分类”“培养幼儿的语言表达能力”“帮助幼儿理解10以内数的分解组成的含义”等。从幼儿行为的角度表达，一般会较多地使用“喜欢”“感受”“初步掌握”“了解”等词汇作为表述目标的开头部分。比如，“愿意与同伴分享自己的发现经验”“初步了解塑料制品和纸制品的特点”等。

从教师行为的角度表述的目标比较偏重考虑教师教什么、如何教，而忽略幼儿的主动学习；从幼儿行为的角度表述的目标比较偏重考虑幼儿学什么、如何学，突出强调幼儿的学习主体地位。正常情况下，总的课程目标或者年龄段课程目标多从教师行为的角度表述，而具体的课程活动方案的目标多从幼儿行为的角度表述。不过无论从哪种角度表述，都应做到前后一致，避免一会儿从幼儿角度表述，一会儿从教师角度表述，混淆不清。

**3. 具体活动目标的表述要尽可能做到具体，具有可操作性**

可操作性就是指从目标的表述中很快就能领略到如何操作、如何实现的方法。目标的表述要做到具体。比如，“培养幼儿对兔子的感情”“增加幼儿对兔子的认识”等，这样的目标是不清楚的、不具有可操作性的。我们并不清楚幼儿对兔子的感情到底是什么程度。“增加幼儿对兔子的认识”，到底是认识什么？是外形特征，还是内部构造？是生活习性，还是对人类的用途？这里都没有阐述清楚。因此，正确的阐述应该为：能描述出兔子的外形特征，说出兔子喜欢吃的食物；能做到每天轮流喂兔子。

**4. 目标的表述可以包含多方面的目标**

一般来讲，幼儿园中任何一种课程的目标都应该从认知、情感和技能等方面考虑，也可以有所侧重，即不一定每个活动都有这三个方面的目标。比如，“懂得小朋友之间要互相谦让，学说礼貌用语：请、你好、谢谢、对不起等”。这既包含认知目标，又包含技能目标。

## 二、幼儿园课程内容

幼儿园课程内容是指幼儿园教育活动的内容，即要选择什么样的内容，丰富幼儿哪方面的经验，如何加以编排等，说到底就是解决“教或学什么”的问题。

### (一)幼儿园课程内容的特点

《纲要》用新的知识观诠释了幼儿园课程内容，通过对教师提出“做什么、怎样做和追求什么”的要求，将幼儿园课程内容与教育环境、教师的任务、幼儿的活动、幼儿的发展融合在一起，突出了幼儿园课程内容的如下特点。

**1. 课程内容的情景化**

情景化是指“环境会说话”，会潜移默化地影响幼儿的发展。幼儿园应重视对环境的创设，重视幼儿与环境的互动，重视幼儿对环境创设的参与，重视环境承载的信息量。环境中要隐含一部分课程内容。

**2. 课程内容的活动化**

活动化是指活动既是教育内容的载体，又是教育内容的本身。我们所选择的课程内容一定是可以让幼儿通过自主活动或者在教师的指导下进行发现、交流和总结而获得相应的知识和信息的。

**3. 课程内容的过程化**

过程化强调活动过程与方式方法本身的教育功能。多种活动方式和方法的选择是实现课程内容过程化的有效途径。教师不仅要关注活动结果，而且要关注活动过程，关注幼儿是如何自主获得经验和成长的。

**4. 课程内容的经验化**

经验化强调注重幼儿的经历、感受、体验的教育价值。学前教育最重要的任务是帮助幼儿建立生活秩序，吸收生活经验，使之成为学会生活的人。因此，生活经验的习得、生活常规的建立以及良好生活习惯的养成是幼儿园课程的重要方面。

**(二)幼儿园课程内容的选择范围**

《纲要》明确指出，幼儿园一日生活的各个环节都可以作为幼儿园课程内容的来源。幼儿课程内容归纳起来为：有助于幼儿发展的基础知识、基本活动方式、情感态度等方面的内容。

**1. 关于客观世界粗浅的基础知识**

这类知识包括如下内容。

①生命活动必需的知识，如与幼儿的健康、安全有关的知识。

②有利于幼儿解决基本的生活、交往问题的知识，如基本的社会行为规则、交往的礼仪等。

③帮助幼儿认识自己生活环境的知识，如自然和社会环境中常见事物的名称、属性，幼儿能理解的事物之间的关系和联系等。

④为今后学习系统的学科知识打基础的知识，如基本的数、量、形、时间、空间等概念。

⑤为成长为未来社会的高素质公民奠基的知识，如简单的环保知识等。

**2. 关于基本的活动方式、方法的知识和经验**

幼儿的基本活动大体上包括生活、交往、学习等方面，具体表现为自我服务、身体锻炼、游戏、观察、探索、交流、表达等。各种活动都包含一些基本的方式方法、技能技巧。比如，如何正确处理与同伴的纠纷？如何与周围同伴进行讨论？如何做观察记录？如何表达自己的需要？面对伙伴对自己利益的侵犯，该怎么办？等等。这些都涉及幼儿对基本活动方式的掌握问题。

幼儿需要了解和掌握的基本活动方式往往存在于他们经常进行的活动中。比如，交往的方式既存在于他们与父母、教师、邻居、同伴甚至陌生人的交往中，同时也存在于游戏及其他活动中。

**3. 关于培养良好的情感态度的活动和经验**

这里的情感态度指的是对人、对事、对己的一种倾向性。它构成行为的动机，影响人的行为。情感态度伴随活动过程而产生体验，类似的体验积累得多了就形成了比较稳定的倾向性。

为了更好地培养幼儿对学习的积极态度，教师应做好以下几件事。

①保护幼儿的好奇心和求知欲，为他们提供感兴趣的事物，以便他们进行观察和探究。

②创设宽松的活动氛围，让幼儿在活动中获得愉快的、成功的体验，及时肯定他们的正确行为和发现结果。比如，让幼儿感到惊讶、兴奋，佩服他们的能干等。

③营造一种积极学习的氛围，让幼儿感到周围的人都喜欢探索、喜欢交流，对学习活动感兴趣。

## 三、幼儿园课程组织和实施

幼儿园课程的组织和实施是指为了达到预定的课程目标，组织者将课程内容进行合理编排，使其达到结构合理、前后衔接并有序，借助良好的环境创设使幼儿对所设置的课程内容感兴趣并获得适宜的学习经验，达到优化的教育效果。这一步是课程设计最具体的一环。这一环节教师需要弄清楚：教育活动采用什么方式方法进行？教育活动何时进行和怎样进行？教育活动的程序步骤如何？如何组织活动过程？等等。具体来讲，教师需要考虑如下几个问题。

### (一)幼儿园课程的组织原则

#### 1. 整体性原则

人本质上应该是身心各方面和谐统一的整体。幼儿教育的目的就是把幼儿培养成和谐发展的完整个体。因此，幼儿园课程需要把各种教育因素有机地组织起来，使它们相互支持、相互强化。只有按这样的原则组织起来的课程结构，才能转化为幼儿完整、系统的学习经验，以达到促进其身心全面和谐发展的目的。

整体性既是幼儿园课程组织的一个基本原则，又是一种指导思想。比如，根据这一原则，我们不应把幼儿园课程组织仅仅理解成集体教育活动的编制，还应把集体教育活动与生活活动、自由游戏等各种活动有机地结合起来；不应只考虑显性的教育影响，也应充分考虑幼儿可能获得的隐性经验；不应只重视直接教学，也应重视间接教学；不应把幼儿园课程仅仅看作幼儿园内部的教育工作，也应把家庭、社区的教育资源尽量发掘出来；等等。

#### 2. 生活化原则

生活化是幼儿园课程的基本特点。它既体现在课程内容的选择上，也体现在课程的组织上。在课程内容的选择上，生活化更多指的是课程内容要贴近幼儿的生活经验和生活实际，加强教育与生活的联系，使幼儿园教育生活化；在课程的组织上，生活化更多是指寓教育于一日生活中，使幼儿园的生活教育化。比如，幼儿园的生活中处处可能蕴含着有价值的教育内容。教师可以随机将这些内容纳入计划，生成课程。这既可以看作教育生活化，也可以看作生活教育化。

**3. 主体性原则**

主体性原则指的是要把课程组织成教师主动引导的、幼儿积极参与的教育教学过程。

幼儿是学习的主体。只有幼儿主动参与、主动建构，课程才能内化为他们的学习经验，从而促进其身心发展；也只有在主动学习的过程中，幼儿的主体性品质才能逐渐形成。幼儿的主动学习包括以下特质：内在的学习动机；对目标的直接行动，即动手操作，亲身体验；实际解决问题；表达和分享经验。因此，幼儿园课程组织要充分考虑如何让幼儿在与课程环境(教师、同伴、内容、情境等)的相互作用中主动学习。

幼儿的主动学习需要教师的积极引导，因为教育过程中有很多不确定性，很难准确预测，需要教师在与幼儿的教学交往中根据情况做出适当的反应。因此，无论他人还是教师自己制订的教学计划都应留有余地。一个缺乏弹性的计划不仅束缚了教师，而且束缚了幼儿。

### (二)幼儿园教育活动的指导方式

**1. 直接指导**

直接指导是指教师直接传递教育意图，即教师直接把教育信息传递给幼儿，使幼儿进行接受学习的教育指导方式。这种直接指导的方式的优点是幼儿获得信息的准确率较高，因为教师都是经过认真备课、思考和计划而有步骤实施教学的。缺点是以教师为中心进行讲解，使幼儿被动接受，缺乏积极主动性，因而学习效果比较差。

在幼儿园教育活动中，这种直接指导的方式不可或缺。比如，对幼儿进行优秀传统文化的教育——故事教学、儿歌教学以及优秀文学作品的介绍等；对幼儿进行良好的行为规范的讲解和要求——遵守交通规则、不能跟陌生人走、遇到危险怎么办等；对幼儿进行某些技能技巧的教授——讲解并示范天平的使用方法、画画涂色的技巧等；向幼儿传递必要的新闻信息等。

**2. 间接指导**

间接指导是指教师不直接将教育信息传递给幼儿，而是通过一定的媒介，如环境创设、玩具材料、提出问题等，引起幼儿的思考、操作和发现，进而让他们寻找到答案的指导过程。这种指导方式的优点是幼儿的参与性、积极性比较高，指导效果比较突出；缺点是因为教师不直接给出答案，幼儿在自主探索中获得的答案的准确率不一定很高，需要反复试误才能逐渐获得正确信息。

在幼儿园教育活动中，教师常常通过环境创设指导幼儿与环境互动、与材料互动。比如，从天气预报栏中，幼儿可以解读到今天的天气如何、温度如何、适合穿哪些衣物等，从而知道如何保护自己的健康；从娃娃家的游戏中，幼儿了解到家庭生活中的一些规则及活动内容，增强了作为家庭成员的责任感；从娃娃超市的游戏中，幼儿逐渐懂得了如何当好收银员、摆货员，如何按照流程进行购物，如何与不同角色的人进行友好相处等社会性发展的规则等。

**教师资格考试**

**考题模拟**

教师为幼儿提供丰富多彩的区域材料，供幼儿自由探究和游戏。这种指导方式是(　　)。

A. 直接指导　B. 间接指导　C. 自由发现　D. 自由探究

答案：B

## 四、幼儿园课程评价

幼儿园课程评价是指针对幼儿园课程的要素和特点进行合理分析，客观全面地进行评析的过程。课程的设计从确定目标、选择内容，到活动的设计以及计划的实施，不一定都能产生实际教育效果，达成预期目标。为此，课程评价是很必要的。它是督促教师不断提升业务能力，促进课程不断创新、完善的一种有效途径。教师通过评价检验课程设计是否合理，依据评价结果对课程加以调整和改进，逐渐完善课程设计，从而达到较好的教育效果。

### (一)幼儿园课程评价的目的

一是了解幼儿的实际发展状况，使教师能够针对幼儿的需要、特点及个体差异，决定教育活动的目标、内容及活动形式、指导方式等。

二是了解课程的目标、内容、实施过程以及幼儿整体的发展状况，从而评价课程是否符合教育目的，是否适合幼儿。

### (二)幼儿园课程评价的要素

#### 1. 对课程方案的评价

首先，检查课程方案的理论依据是否科学合理，是否符合《纲要》和《指南》的指导思想等。其次，检查课程方案的结构是否合理，是否兼顾了幼儿年龄段发展的需要和课程本身完整性的需要，以及课程的各个构成要素之间是否具有高度的一致性。比如，课程目标是否全面、合理，课程准备是否充分，材料是否丰富，场地的选择是否符合幼儿的需要，课程流程是否由浅入深、环环紧扣、抓住重点和难点等。

#### 2. 对课程实施过程的评价

对课程实施过程的评价，可以了解学习环境的创设情况、幼儿在课程活动中的反应、教师在组织环节中的态度和行为、师幼互动的质量等。因此，对课程实施过程的评价主要包括对幼儿发展的评价和对教师的工作评价两方面。

对幼儿发展的评价不仅要关注幼儿在活动中获得的知识经验，而且要关注幼儿在活动中建立的良好的情感、态度以及在活动中学习到的技能技巧等。

对教师的工作评价包括：教师对幼儿积极性的调动是否恰到好处；师幼互动的质量是否得到了保证；教学方法是否科学合理；组织方式是否既满足了全体幼儿的发展需要，又照顾到了幼儿间的个别差异；教师是否具备随机教育能力等。

#### 3. 对课程效果的评价

为了进一步优化课程方案，提高教师的教学技能技巧，幼儿园有必要对每次课程实施后的效果进行科学、合理的评价。对课程效果的评价包括：课程目标是否达到了预期值；幼儿的参与性是否在教师的合理预期内；教师驾驭课程的能力是否得到了提高；课程需要的环境创设是否促进了课程对幼儿的影响等。

### (三)幼儿园课程评价的注意事项

#### 1. 应坚持客观与真实的原则

在幼儿园课程评价中坚持客观、真实的原则，就是把通过观察、测量、访谈、调查等方法获得的资料真实地记录下来，然后根据《纲要》的教育思想和指导原则进行分析与判断，合理地做出评价。教师在进行教学评价时也一样，要如实地记录幼儿的行为表现，然后再做评价。

#### 2. 要有利于幼儿的发展

关注幼儿的发展态势始终是幼儿园课程实施和课程评价要遵循的原

则。《指南》明确指出："要关注幼儿学习与发展的整体性；尊重幼儿发展的个体差异；理解幼儿的学习方式和特点；重视幼儿的学习品质。"只有达到上述 4 项标准，课程评价才是真正做到了有利于幼儿的发展。

对幼儿的学习与发展的评价应注意以下几点。

①课程评价要尊重幼儿的个体差异，慎用横向比较。教师最好以幼儿自己的早期表现与现在的情况做比较，不要轻率地对幼儿进行相互比较。

②课程评价要充分考虑幼儿发展的全面性。教师不能只看重幼儿认知的发展，而忽略其情感、态度和社会性等方面的发展。

③课程评价要收集不同方面的资料，包括对幼儿连续的定期观察和记录、家长提供的资料、幼儿的学习作品等。教师要客观地加以整理和分析，不存偏见。

④评价结果要全面、客观。教师要与家长沟通评价结果，便于家长更好地了解自己的孩子，促进家园合作的进一步开展。当然，教师要以正面的方式将评价结果告知幼儿，以保护幼儿的自信心。比如，教师要以希望的口吻对幼儿不足的方面提出要求。

⑤课程评价要给予幼儿足够的参与机会。教师要接纳幼儿的看法，发展幼儿的自我评价能力，让幼儿看到自己的优点和进步，增强自信心。

**3. 要以教师自评为主，充分发挥教师的主体性**

课程评价主要是检测教师的教育行为是否达到了预期要求。只有让教师亲身参与课程评价的过程，评价才能起到改进、发展课程的作用。因此，在课程评价时，我们应遵循以教师自评为主，园长、其他教师参与评价为辅的基本原则，充分尊重教师的主体性，与教师充分交流沟通，避免使教师产生评价压力，应把评价过程看作一个平等研讨、共同交流、共同进步的过程。只有在这一原则的指导下，教师才能在每次活动结束之后自觉对自己的活动进行全面的分析和反思，并接受他人对自己活动的评价，以不断促进自身的专业发展。

总之，幼儿园课程评价的主要目的是促进课程改进和发展，为幼儿的学习与发展指明方向，为幼儿的全面和谐发展提供适宜的条件。

综上所述，一套完整的课程方案必须包括课程目标、课程内容、课程组织和实施、课程评价四个基本要素。这四个基本要素相辅相成，协调一致，在幼儿学习中共同发挥积极作用。

教师资格考试

**真题再现**

下列选项中不属于课程四要素的是（　　）。(2021 年上半年《保教知识与能力》真题)

A. 课程设计　　　　B. 课程目标

C. 课程组织与实施　　　　D. 课程内容

答案：A　课程四要素包括课程目标、课程内容、课程组织与实施、课程评价。

# 第三节　幼儿园课程类型和课程模式

## 一、幼儿园课程类型

根据不同的标准，幼儿园课程可以划分为不同的类别。

### (一)预设课程与生成课程

根据课程产生的来源，幼儿园课程可以分为预设课程与生成课程。预设课程是指按照预定的方案设计课程计划并付诸行动的课程。生成课程不是教师预先设计好的、在教育过程中不可改变的计划，也不是无目的地追随幼儿的随意的、自发的活动，而是在师幼互动的过程中形成的课程。生成课程是教师通过对幼儿的需要、兴趣的观察所做的价值判断，不断生成课程活动，不断调整原来的课程计划而实现的。

### (二)显性课程与隐性课程

根据课程的不同表现形式，幼儿园课程可以分为显性课程和隐性课程。显性课程即直接的、公开的、正式的课程。它包括学前教育工作者为实现教育目标精心设计的一切教育活动。隐性课程是隐蔽的、非正式的课程。它一般体现在托幼机构和班级的环境中，既包括建筑物、设备、器械、游戏材料等物质环境，也包括活动室的布置、活动区的设立、班级的规章制度和生活常规建设等文化环境，还包括保教人员之间的关系、教师与幼儿之间的关系、幼儿与同伴之间的关系等人际环境。

## 二、幼儿园课程模式

不同课程理念的指导下会产生不同的课程模式。随着幼儿园课程改革的开展，幼儿园课程模式先后出现了以下几种。

**（一）以学科（领域）为中心的课程模式**

学科课程是以知识本身的逻辑性和系统性为出发点来编制课程内容的。现在很多幼儿园采用的五大领域课程实际上就属于学科课程。这种课程模式有利于幼儿获得系统的学科知识，但是由于学科课程比较强调知识本身的系统性，因此容易忽略学科之间的联系和幼儿的生活经验。

例如，“有趣的磁铁”活动就是幼儿通过对磁铁的两大特性的探究来了解磁铁在日常生活中的用处，属于大班科学领域的探究活动。但是，有些教材在编写的过程中补充了一部分主题活动，即围绕一个大的主题来进行活动，让幼儿尽可能获得全面的经验，同时很多主题下的分支活动强调五大领域内容的平衡性。目前国内很多幼儿园都以五大领域为主线展开幼儿的学习活动，开始兼顾各领域内容的融合，也比较注意目标的整合性。

**（二）以问题为中心的课程模式**

这类课程是围绕有关问题来编制课程内容的，又称核心课程。教师在编制课程内容时，从幼儿周围的环境中选择一个重要课题作为核心，使其他各领域的活动都围绕该核心课题展开。这种课程打破了学科（领域）界限，强调幼儿的主动参与，让幼儿通过自己的探索来主动学习，因此有利于幼儿获得完整的生活经验，但不利于幼儿获得系统的知识。

比如，教师可以围绕“美丽的秋天”这一核心课题开展各个领域的活动。核心课程也可以成为综合主题活动，或者叫探究性的主题活动。在课程改革中，这一类型的课程通常会与领域活动结合实施。

**（三）以经验为中心的课程模式**

这类课程是以幼儿为中心的课程，又称活动课程。它强调幼儿的兴趣和需要，注重让幼儿在生活情境中学习。教师的主要任务是给幼儿创设学习环境，提供丰富的学习材料和平等的学习机会；教师扮演的是支持者、引导者和合作者的角色。

以经验为中心的课程注重幼儿在活动中的学习，它没有统一的内容，也没有统一的教学进度，让幼儿根据自己的兴趣、需要和能力自由选择活动任务，自主学习、探究。因此，幼儿的参与性和积极性很高，能促进直接经验的发展，但容易产生知识系统性差或者传统文化的价值被忽略的问题。瑞吉欧教育模式属于这一课程模式，我们通常称为方案教学或者项目教学。这种课程模式对教师的要求是极高的，在我国一直没有得到广泛的推行。

以上三种课程模式都各有利弊，不存在一种完美的模式。因此，在选择课程模式的时候，教师可以综合参考，汲取每种课程模式的优势，结合本地幼儿园的特点和现状，合理组织幼儿园课程，以期更好地促进幼儿的全方位发展。

## 三、几种经典的幼儿园课程方案

### (一)五指活动课程方案

五指活动课程是由我国幼儿教育家陈鹤琴先生创编的。1923 年，他创办了南京鼓楼幼稚园，并以鼓楼幼稚园的课程编制为实验，提出了五指活动课程。也因此开始了他探索中国化幼儿教育的改革之路。五指活动课程即课程内容由五个方面组成，如同人的五根手指头，是活的、可以伸缩的，但同时又是整体的、互相联系的，共同促进幼儿的全面发展。

#### 1. 五指活动课程的理论基础

(1)活教育的目的论

活教育的目的是做人。活教育的课程要以大自然、大社会为教材，重视直接经验，强调各科之间的联系，认为课程应该是整体的，对幼儿而言是有意义的；课程应该是幼儿自己做的等。活教育的主要方法就是做中学，让幼儿获得直接经验。

(2)活教育的课程论

针对传统教育中书本万能、课程固定、教材呆板的现象，再结合长期的实验研究，五指活动课程以自然、社会为中心。

(3)活教育的方法论

“做中教，做中学，做中求进步”是活教育的基本方法。活教育非常重视直接经验，强调以“做”为中心，主张幼儿在学校里的一切活动凡是幼儿自己能够做到的，就让他们自己做。因为做了就与事物发生直接的接触了，就能得到直接经验，就知道了做事的困难，就认识了事物的性质。

#### 2. 五指活动课程的目标

①做人：有合作的精神、同情心和服务的精神。

②身体：有健康的体格，养成卫生习惯，并有相当的运动技能。

③智力：有研究的态度、充分的知识和表意的能力。

④情绪：能欣赏自然和艺术美，养成快乐精神，打消惧怕的情绪。

**3. 五指活动课程的内容**

①健康活动：静养、饮食、睡眠、早操、游戏、健康检查、散步等。

②社会活动：升降国旗、朝夕会、周会、纪念日集会、每天的谈话及社会常识的认识等。

③科学活动：植物的培植、动物的饲养、自然现象的观察、研讨、计数、当地自然环境的认识等。

④艺术活动：音乐(唱歌、节奏、欣赏)，图画，手工等。

⑤语文活动：故事、儿歌、谜语、图画书、手工等。

上述内容的选择必须以幼儿的经验为依据。凡能使幼儿适应社会的素材都可以作为教材，凡幼儿能够学的东西就有可能作为幼儿园的教材，但有时在“能学”的标准之下还要有点限度。比如，幼儿虽然能学某些东西，但如果这会妨碍他们身心的发育，那就不必勉强他们学习。

**4. 五指活动课程的组织**

幼儿园课程可以从自然环境和社会环境中选择幼儿感兴趣的和适合幼儿的人、事、物作为中心，以单元主题来组织。各项活动都围绕单元进行，使各科之间构成内在联系，形成整体。这种课程内容组织的方法，被陈鹤琴先生称为“整个教学法”。即把幼儿应学的东西整个地、有系统地教给幼儿，后来被称为“单元教学法”。五指活动课程在实施过程当中要注意以下原则。

(1)计划性与灵活性相结合

活教育认为一切课程是幼儿自己的，是当时、当地的幼儿的自发活动。这就需要教师随时根据幼儿的兴趣与表现对原来的课程计划做出相应的调整，并在设计课程时考虑到当地的现实环境，充分利用物理环境。

(2)注意物质环境的创设和材料的提供

材料、设备是幼儿学习的媒介。设备如果充分并且适当的话，幼儿就不会厌倦，可以获得更多的知识。教师可以借助材料、设备的教学锻炼幼儿的动手能力。

(3)采用游戏式的教学法

因为幼儿的生活就是游戏，所以教师采用游戏式的教学方法有利于吸引幼儿的兴趣与注意力，提高教学效果。

(4)采取小组教学法

由于幼儿在年龄、智力、兴趣等方面的参差不齐，教师采取小组教学法更有利于因人施教。并且相同发展水平的幼儿一同学习，相互之间更有利于交流学习，也方便教师统一教学。

(5)提供户外活动的机会

户外活动不但可以让幼儿接触真实的环境，而且户外有更广阔的活动场地，也有利于幼儿的身体健康。

**5. 五指活动课程的评价**

陈鹤琴根据幼儿的发展状况编制了一整套《幼稚生应有的习惯和技能表》作为五指活动课程的评价标准，包括卫生习惯、做人的道理、生活的技能、游戏运动的技能、表达思想的技能、生活常识等185项指标。① 每项指标都很具体、明确。比如，卫生习惯中要求幼儿不吃手指、不随地吐痰；做人的道理中要求幼儿不说谎；生活的技能中要求幼儿会自己吃饭、会洗手；生活常识中要求幼儿能识别植物20种，会做10以内的加减，要知道日、月、时间等。陈鹤琴先生开辟了我国幼儿园课程评价的历史。

**6. 五指活动课程对我国学前教育课程改革的影响**

五指活动课程反映了陈鹤琴先生早期"做中学"的教育思想，开创了中国化、科学化的学前教育课程改革运动。五指活动课程的思想、观点和方法对我国现阶段学前教育课程改革和编制有很高的借鉴和指导价值。我国在学前教育课程改革中形成的"幼儿园综合主题课程"就是对陈鹤琴先生五指活动课程的继承与发扬。

当然，五指活动课程在实施时仍然比较关注教材，忽略幼儿的实际发展需要。另外，他在课程中提到的"五指"比较容易被误解为"五个学科"，因而课程编制过程中容易造成学科之间的割裂而变成独立的"五个学科"。尽管陈鹤琴先生再三强调要"整合成一个有机整体"进行编制，但是仍然会被误解。这是我们在借鉴时应该注意的。

---

① 陈鹤琴：《陈鹤琴全集》第2卷，124页，南京，江苏教育出版社，1989。

**考题模拟**

陈鹤琴先生提出的“五指活动课程”是指(　　)。

A. 健康活动、社会活动、科学活动、艺术活动、语言活动

B. 健康活动、社会活动、科学活动、艺术活动、语文活动

C. 健康活动、社会活动、艺术活动、常识活动、语言活动

D. 健康活动、社会活动、音乐活动、科学活动、美术活动

答案：B

### (二)蒙台梭利课程方案

蒙台梭利是意大利的女性学前教育家，她在研究智障幼儿的心理与教育问题中萌生了研究普通幼儿教育的想法。1907 年，她在罗马创办了第一所“儿童之家”，经过不断探索与总结，形成了自己独特的幼儿教育理论与方法，摸索出一套适合普通幼儿的教育方案，被称为“蒙氏教学法”。1946 年，蒙氏教学法遍及欧洲大陆进而传到全世界，至今影响着我国的学前教育改革。

**1. 蒙台梭利课程的理论基础**

(1)幼儿观

①幼儿的发展具有阶段性。

②幼儿具有发展的内在冲动力——吸收性心智。

③幼儿的发展存在敏感期。

④幼儿的发展是通过实际工作实现的。

(2)教育观

①主张自由教育——幼儿有权利选择自己做什么和做到什么程度。

②提供有准备的环境——充满爱与快乐的心理环境，有丰富的材料和教具的物质环境。

总之，在蒙台梭利的教育思想中，自由、工作、秩序是蒙台梭利为幼儿活动营造的主要支柱。她认为，自由不仅能满足幼儿的需要，而且能使进行的工作符合幼儿的兴趣，使幼儿专心于工作，从而达成良好的秩序。

**2. 蒙台梭利课程的目标**

蒙台梭利认为幼儿均具备自我成长并形成健全人格的生命力。因而其课程的主要目标为：协助幼儿开发自己内在的潜能，帮助幼儿发展自发性的人格和养成一种独立、自信、自律、自足及自我管理的活动习惯，为幼

儿进入成人世界做准备。

**3. 蒙台梭利课程的内容**

蒙台梭利课程的内容是以感官教育为核心，形成一整套系统化的读、写、算、文化科学等教育内容，涵盖七大方面，即感官教育、日常生活训练、语言教育、数学教育、美术教育、音乐教育及科学文化教育。

(1)感官教育

蒙台梭利认为，感官活动是一切智能发展的基础。因而感官教育是她的教育内容中最重要的也是最有特色的部分。她设计出了一系列感官材料，包括训练听觉、视觉、味觉、嗅觉、触觉等的丰富材料。每套材料训练一种感觉，突出一个具体的概念或感觉。例如，长柱子(突出长度)、彩色写字板(突出颜色)、触摸式写字板(突出结实光滑的质地)、声筒(突出音量)、嗅罐(突出特别的气味)等。

每套材料都是从简单变得复杂。例如，操作第三个大色板盒子的时候，幼儿只需匹配主要的颜色：红色、黄色、蓝色。这套材料最后的工作是度量每种颜色从深到浅的 7 种程度。操作完整套材料后，幼儿的判断力得到提高，在过去的课程中获得的感知经验得到改进。这些都成为幼儿对自身活动的内部指导。

(2)日常生活训练

日常生活训练通常被认为蒙台梭利课程中的必要内容。幼儿在参与生活实践的过程中获得一些技能，形成一些意愿。这有助于他们在其他活动中专注学习。通过经历熟悉的、类似家庭生活的体验，如打扫、做针线活、整理花园，幼儿开始学会把精力集中在一个活动上，并且学会按顺序从头至尾地做一件事，学会为实现特定的目标协调自己的肌肉运动。幼儿在接受一项任务后组织实施通过自我指导的活动获得独立性。所以，像切胡萝卜这样的活动，虽然直接目标是削、切、煮，但潜在的间接目标是培养独立性、秩序感、专注能力、手眼协调能力、集体生活能力(请别人吃胡萝卜)和树立自尊心(完成任务)。

在实际生活活动中，幼儿从事一些通常在家里做的、适合自身的事情，参与周围的文化生活，实现从家庭到教室的过渡。具体活动包括自理(刷牙、穿衣服、系各种扣子或带子、清洁鼻子、梳头)；看护教室的环境(摆放花、刷鞋、擦桌子、整理花园)；形成生活技能(做针线活、准备食物)；进行精细的肌肉运动(过渡性活动，如倒水等)；进行集体生活(摆桌子、说“请”或“谢谢”等)。

(3)语言教育

语言教育包括三个部分：一是听说的教育，包括口语经验的发展，如分类卡游戏、语言游戏等；口语表达与理解力的发展，如讲故事、背诵诗歌和故事等活动。二是写的教育，包括书写的预备与书写的练习。蒙台梭利为幼儿设计了符合他们书写活动的教具，如注音符号砂字板、金属嵌板、砂纸文字、书卡集等。三是读的教育，包括阅读练习与语言常识。

(4)数学教育

蒙台梭利为幼儿设计了计算方面的内容，包括数数、数字练习 、用书写符号表示数、数的记忆练习、从 1 到 20 的加减乘除法、10 以上的算术运算等。她主张通过数学教具帮助幼儿学习数学。

(5)美术教育

蒙台梭利认为环境中的审美质量和总体平衡对幼儿的发展起着重要作用。她还认为在幼儿成长的早期环境中用优美的、精心挑选的艺术作品来布置环境十分重要。她喜欢用间接的环境布置法来对幼儿实施美育。幼儿从教学材料和自然界中获得的广泛而丰富的感觉经验，会为以后创造性的发展提供丰富的素材。

现今的蒙台梭利环境中有大量的可供幼儿自我表达的艺术媒介，如油画、泥塑抽象派的拼贴画材料、各种不同的绘画颜料、制型纸等。

(6)音乐教育

蒙台梭利教学具有帮助幼儿感知、表达基本音乐成分并训练其音乐欣赏力的传统。像沉默游戏、传声筒、蒙台梭利铃(分辨音高之用)等这些训练耳朵分辨声音的活动，是蒙台梭利幼儿早期音乐训练的核心课程。蒙台梭利还描述过一些音乐活动，像韵律运动(跟着一连串不同的韵律做运动)，听经典音乐和其他类型的音乐，合唱，只用一种乐器演奏等。这些活动在现代蒙台梭利教室里也可以看到。

(7)科学文化教育

蒙台梭利认为，幼儿是需要了解眼前的大自然的，并且他们是通过直接观察来进行探索的。因为与自然界的日常接触可为幼儿提供积累经验、认识事物和把自然现象归类的机会，直接观察中他们对自然属性的感觉为其抽象思维的发展提供了基础。因此，在大多数蒙台梭利教室里，教师都会为幼儿提供关于地形的自然模型(如被水环抱的岛屿、碧波荡漾的湖泊)

以及大陆或地球上其他区域的拼图。

**4. 蒙台梭利课程的组织**

蒙台梭利课程以幼儿的需要为出发点，以教具为中心组织内容，以环境为基础组织教育过程，即为幼儿提供有准备的环境，让幼儿在不干扰他人的情况下进行自由的选择和活动。适合幼儿的有准备的环境具备如下特点。

①有规律、有秩序的生活环境。

②有吸引力的、美的、实用的设备和用具。

③允许幼儿独立活动、自然表现，使幼儿能意识到自己的力量。

④丰富幼儿的生活印象。

⑤促进幼儿智力的发展。

⑥培养幼儿的社会性行为。

**5. 蒙台梭利课程的优势与局限性**

(1)优势

①重视幼儿的内在需要。

②强调对幼儿的尊重和信任。

③强调幼儿个别化的学习。

④倡导教师耐心、细致地观察与指导。

⑤拥有一整套的教具材料，使幼儿在操作过程中主动学习、自我发展。

(2)局限性

①孤立的感官训练，不适合对整体事物的认识，因而无法满足幼儿的发展需要。

②强调幼儿秩序感的培养，忽视幼儿创造力的培养。

③强调幼儿个别化的学习，缺乏增进社会互动与发展语言的机会。

④过于强调读、写、算，忽视幼儿实际的生活经验的学习。

**(三)瑞吉欧课程方案**

瑞吉欧课程是继蒙台梭利后意大利兴起的又一种颇具世界影响力的课程模式。瑞吉欧是意大利北部的一个小城，具有良好的城市公共生活的传统与艺术、人文的精神氛围。在马拉古奇的领导下，依靠全体教师数十年的艰苦研究与实验探索，到20世纪80年代后期，瑞吉欧幼儿教育体系逐渐受到世人的关注。

**1. 瑞吉欧课程的教育理念**

(1)幼儿观

①幼儿是一个拥有充分的生存权和发展权的人。

②幼儿是主动的学习者。

③幼儿有巨大的潜能。

④幼儿具有一百种语言，用一百种语言表达自己对世界的认识。

(2)教育观

①教育要注重幼儿内在的品质。

②教育要为幼儿带来更多创新和发现的机会，给幼儿创设学习的情境。

③强调幼儿与同伴的相互作用及其价值。

④在教与学中更应尊重后者。

⑤教师不应过多干涉幼儿的活动。

⑥教育机构就是一种幼儿、教师、家庭及社区之间沟通、交流与互动的体系。

⑦环境是重要的教育因素。

**2. 瑞吉欧课程的目标**

瑞吉欧课程的目标是让儿童更健康、更聪明、更具潜力、更愿意学习、更好奇、更敏感、更具随机应变的适应能力、对象征语言更感兴趣、更能反省自己、更渴望友谊。[①]

**3. 瑞吉欧课程的内容**

瑞吉欧课程没有明确规定好的课程内容，更没有预先设计好的教育活动方案。瑞吉欧课程的内容来源于幼儿生活中感兴趣的事物、现象与问题，来自幼儿的经验及所进行的活动。

教育故事

**小鸟的乐园**

瑞吉欧一所幼儿园里有着一池清水，原本是给栖息的小鸟解渴用的。可是幼儿认为如果小鸟会口渴，也一定会肚子饿。如果它们又饿又渴的话，也许会疲惫不堪。于是，有的幼儿就建议在树上搭个鸟巢，建一个小鸟玩的秋千和老鸟搭乘的电梯；有的幼儿建

---

① [意]马拉古奇等：《孩子的一百种语言》，张红军、陈素月、叶秀香译，24页，台北，光佑文化事业股份有限公司，1998。

议安排音乐旋转木马；有的幼儿建议给小鸟准备滑水用的小木片，让它们滑水；有的幼儿提议做个喷泉。幼儿谈了自己的想法，也很兴奋。教师及时抓住幼儿的兴趣点。于是，一个具有想象力同时也鼓舞人心的主题就出现了：为小鸟建造一座真正的乐园。①

从这个案例中我们可以看出，瑞吉欧课程的内容源于发生在幼儿生活中的事例，是幼儿熟悉的感兴趣的话题。

**4. 瑞吉欧课程的组织与实施**

项目活动是瑞吉欧课程实施的主要方式，也是瑞吉欧课程与教学的主要特色。所谓项目活动就是指一群幼儿以小组的形式，运用多种接近客观事物与主观经验的方式方法，对真实的生活实践和日常情境中的现象所进行的长期而深入的探索活动。瑞吉欧课程的组织与实施突出以下几个特点。

第一，提倡多样化的教师角色。教师角色包括：①教师是幼儿的倾听者；②教师是幼儿的观察者和记录者；③教师是幼儿的伙伴和向导；④教师是幼儿行为的反思者。

第二，重视集体合作的力量。

第三，运用记录反思幼儿的行为。

**5. 瑞吉欧课程对我国学前教育改革的启示**

瑞吉欧为世人创造了一个与众不同的教育与课程框架，为世界学前教育提供了一个教育典范。我们在借鉴其先进的教育理念的同时，要结合我国的实际情况，合理吸收和完善我们的课程体系。

(1)转变教师的角色，增强角色意识

“以教师为中心”和“以儿童为中心”是教育中困扰教师已久的两极。瑞吉欧教育成功的要素之一，是在“以教师为中心”和“以儿童为中心”之间找到了一个平衡点。它摒弃绝对的“以教师为中心”和“以儿童为中心”，创建了以儿童、教师、家长、社区相关人员为主的团体中心。在我国学前教育中，若要改革传统的灌输式、填鸭式的教育模式，就要实现教师角色的三个转变，即从教到建构的转变；从强化到兴趣的转变——从外部动机到内部动机的转变；从服从到自主或从强制到合作的转变。

(2)提倡协商性课程，与幼儿共同建构

瑞吉欧学校提出的协商性课程是指课程的内容和实施要通过多个主体

---

① [意]马拉古奇等：《孩子的一百种语言》，张红军、陈素月、叶秀香译，122～127页，台北，光佑文化事业股份有限公司，1998。

(如家长、教师、幼儿)的协商来决定，而不是教师或幼儿单方面来决定的。这种协商性课程分为两个层次：一是在方案的选择上，教师和幼儿共同协商提出有待探索的问题；二是在每个方案的目标、内容和活动方式的确定上，家长、教师、幼儿共同协商来确定。方案的计划和实施由家长、教师、幼儿共同建构来完成。协商性课程的组织不是一个线性发展的过程，而是呈螺旋式的上升趋势。其中的经验是不断重复的，但又是不断提升的。这种组织方式打破了以往教师“满堂灌”和“一言堂”的局面。

(3)鼓励幼儿多样的学习和表现的方式

在瑞吉欧教育中，幼儿表现自己对世界的认识的方式是多种多样的。马拉古奇认为，幼儿有“一百种语言”，如语言、绘画、雕刻、泥塑、建造等。注重运用图像等艺术语言是瑞吉欧教育的又一特色。对于幼儿来讲，图像是一种比文字简单且清楚的沟通工具，运用它就可以使他们多样化的想法、意念得以形象化。幼儿在方案探究中运用绘画、拍照、泥塑和面团等方式记录他们看到的事实、事物和心中的想象。瑞吉欧教育倡导幼儿运用多种语言尤其是以图像为主的艺术语言，帮助幼儿回忆、解说、分享主题探索中的感受，促进幼儿的成长。

## 第四节　我国幼儿园课程的变革

自20世纪80年代初，我国开始进行幼儿园课程改革以来，学前教育理论工作者和实践工作者经历了艰难的探索和实践。幼儿园课程无论在理念上还是在实践上都发生了深刻的变革。

### 一、课程理念的变革

#### (一)对课程本质的理解

就课程本质而言，以前的课程被理解为科目，进而等同于知识，多强调幼儿必须在教师的讲解示范下对知识进行感知、理解和记忆。幼儿对知识的理解记忆越多，似乎智力越能得到发展。而经历过课程改革的现在，在新的知识观的指导下，课程被理解为活动，幼儿在活动中获取的是经验。幼儿对知识经验的获得并不是教师从外部灌输的，而是幼儿在认知冲突中不断调整自己的观点逐渐自我建构的。幼儿在获取知识的过程中不仅理解了知识，而且发展了智力，体验了乐趣，掌握了方法。

### （二）对儿童观和教师观的理解

就儿童观和教师观而言，以前在课程实施的过程中，儿童多是被动的，是接受知识的容器；教师的职责是对儿童进行详细的、清晰的、标准的讲解和示范，让儿童感知、理解并记忆知识。而经过几十年的课程改革后，在现在的课程实施中，儿童是主动的，是在活动的过程中建构知识；教师是问题情境的设置者、环境的提供者、儿童新旧经验冲突的激发者、儿童困惑的引导者、儿童探索的支持者。

## 二、课程目标的变革

在幼儿园课程改革的历程中，幼儿园课程目标的变化是明显的，即由重视"幼儿对基础知识、基本技能的掌握"到强调"幼儿认知、情感、动作技能的全面发展"。课程目标的这种变化正逐步在课程实践中得以体现。过去的课程目标比较注重系统知识的传授和掌握，对兴趣与态度、能力等的培养不太重视。而课程改革进行到现在，课程目标已经转变为对幼儿的兴趣与态度、方法与能力的培养，并已经在课程实践中得以落实。

## 三、课程内容的变革

在幼儿园课程改革的多年里，随着课程目标的变化，课程内容也发生了显著的变化。教师不再局限于只是让幼儿获得基础知识的内容，还要考虑幼儿在获取这些基础知识的过程中是否掌握了基本的活动方式，是否获得了智力和能力的发展，是否获得了情感、态度的培育等。

比如，在引导大班幼儿学习"斜坡与球"这一科学原理时，教师通常是通过示范操作让幼儿观察，然后总结"斜坡大小与球滚落速度的关系"，使幼儿知道并能说出"坡度越大，球的滚落速度越快；坡度越小，球的滚落速度就越小"这一科学道理。而课程改革进行到现在，我们已经不再特别关注幼儿能否掌握这个科学道理，而是更为关注幼儿自己的亲身操作、观察和讨论，并对这一科学现象感兴趣，有进一步探究的欲望。因此，我们在选择这一课程内容的时候，一定也会为这个活动做精心的准备。比如，为每组幼儿提供不同的积木，让幼儿合作搭建斜坡；为幼儿提供大小不同的球，让幼儿在操作活动中感受"斜坡与球"的关系。

综上所述，幼儿园在提供课程的同时，要考虑课程能否为幼儿提供全面发展的核心经验，能否给教师更多解读的空间，而不是规定教什么。

## 四、课程实施的变革

过去，在幼儿园课程实施中，教师采用的多是直接教学的方式，幼儿的学习多是一种接受学习。教师讲，幼儿听；教师演示，幼儿观察；教师提问，幼儿回答。教师是知识的传授者，幼儿在教师的讲解和演示下被动地接受、理解、记忆知识。而课程改革进行到现在，教师采用的多是支架式教学，即教师给幼儿搭建一个平台，设置一种问题情境，让幼儿在寻找答案的过程中进行发现式学习。教师并不将问题的答案直接给幼儿，而是通过一系列有价值的问题引导幼儿一步一步深入思考和操作，经过讨论形成自己的经验。在这个过程中，幼儿不仅深刻理解了知识，而且学会了思考和分析，习得了探究的方法，体验了探究和发现的乐趣。

在课程实施的过程中，教师运用的方法也发生了深刻的变化。教师已经不再局限于借助直观教具的演示给予幼儿清楚准确的讲解和示范，让幼儿在感知中理解和记忆知识，而是设置问题情境，引导幼儿去发现问题，鼓励幼儿运用自己的已有经验大胆做出假设，提供条件支持幼儿亲自验证假设。在整个教与学的过程中，幼儿的学好像一个不断建构着的建筑；而教师的教则像一个必要的脚手架，支持幼儿不断建构自己的心灵世界。幼儿的学习不再是一个被动接受的过程，而是一个主动建构的过程。幼儿的原有经验和发展水平是学习的基础，教师在幼儿原有经验和发展水平的基础上不断激发幼儿产生新旧经验之间的认知冲突。随着冲突的不断调和，幼儿的经验也提升到一个新的水平。

## 五、课程评价的变革

过去，我们对课程实施效果的评价往往停留在幼儿记住了什么和是否能说出我们教给他们的概念、原理、故事和做人的道理。也就是说，我们的评价标准停留在幼儿对知识点的掌握上。随着课程改革的深入和课程其他要素的变化，课程评价也在发生实质性的变化。幼儿对知识的理解和记忆不再是衡量教育活动效果的唯一指标，幼儿在整个活动过程中的情感、态度、方法和能力的展现也是衡量教育活动效果的重要指标。

**知识拓展**

拓展幼儿园课程的空间和可能

# 第五节　幼儿园园本课程建设

## 一、园本课程、幼儿园课程园本化的内涵

一般情况下，园本课程是指相对于国家课程和地方课程而言的以幼儿园为本位构建的课程体系。园本课程既可以是在国家课程和地方课程的基础上，经过整合、重组而成为适合本园开展的课程方案，也可以是立足本园实际，进行符合本园文化特色及幼儿发展需要而重新开发、构建的动态课程，还可以是根据幼儿园的特色发展需要，对各类课程进行选择、整合与园本开发相结合而形成的独特课程。

园本课程与幼儿园课程园本化有着本质的区别。一般来说，幼儿园课程园本化是指幼儿园组织及其成员根据国家、地方贯彻落实《纲要》《指南》等的精神与幼儿园自身发展的实际需要，充分利用园内外的各种教育资源所进行的课程选择、课程生成、课程重组的相关研究与管理过程。这个过程实际上就是幼儿园课程规范化、个性化和系统化的运作过程。幼儿园通过课程园本化的实践过程，逐步确立自主的课程系统，从而建立适合本园办园特色的园本课程体系，这是幼儿园课程园本化的实质。由此看来，幼儿园课程园本化是园本课程构建中必不可少的过程，园本课程体系的形成、成熟与完善是需要幼儿园在课程园本化中不断尝试和总结经验的。

## 二、园本课程的建设

### (一)园本课程建设中存在的主要问题

从全国范围来看，幼儿园在园本课程建设中还存在如下几类现象。

①园所特色繁多，课程庞杂多变，缺少鲜明的园本课程理念。

②教师预设的课程多，根据幼儿兴趣和经验生成的课程少。

③局部的、零星的园本活动多，整体的、持续性的园本课程少。

④由园长自上而下确定的园本课程多，由教师自下而上自主参与的园本课程少。

⑤关注园本课程的内容和形式比较多，对园本课程资源的开发和利用研究较少。

### (二)园本课程建设需遵守的原则

**1. 关注幼儿的整体性和差异性**

首先，由于幼儿有不同的生活感受和经历，教师在选择和构建课程中要关注幼儿的独特感受，开展的所有活动均以幼儿为出发点，保证教育内容要源于幼儿的兴趣和生活。

其次，课程构建要关注幼儿已有的经验和水平，活动中要从“我的问题”开始切入，开展“我的探究”，展示“我的作品”。

最后，课程实施中要关注幼儿的学习与发展，通过“活动导引”“观察与指导要点”等教研方式传递并掌握观察、了解、指导幼儿的方法和技能。

**2. 珍视游戏的独特价值**

游戏是幼儿的基本活动，也是幼儿最喜爱的活动方式。

首先，教师要了解游戏对幼儿发展的独特价值，并在此基础上力求在生活活动、集体教学活动中都体现出游戏的精神和理念，吸引幼儿不由自主地主动参与。

其次，教师要在一日活动中适当增加游戏活动的数量和比例。例如，保证每天户外 2 小时的活动中有 1 小时的自主游戏时间，每天至少保证 1 小时的室内游戏时间；重视传统游戏对幼儿发展的独特价值，并关注幼儿在游戏中的创新玩法。

**3. 聚焦教师和幼儿的双主体发展**

首先，课程内容与实施方式的选择要聚焦幼儿的全面发展。即要关注幼儿的已有经验水平和学习特点及发展规律，促进幼儿快乐而有意义地学习与发展。好的课程会成为幼儿自然成长的助力，从而促进幼儿全面而有个性地发展。

其次，园本课程的构建要聚焦教师的专业成长。即要给予教师发展的内驱力，要促进教师主动观察幼儿的成长和发现，主动记录幼儿的“哇”时刻，主动思考和分析幼儿行为背后的原因；要把课程建设的主动权交予教师，促使教师主动建构课程并积极实施。这样，在课程构建的过程中，教师的专业成长自然就实现了。

### (三)园本课程建设中需把握的要点

前面已经提到，园本课程的建设会有不同的园所文化作为背景，因而不同园所构建的园本课程在实施过程中也会有所区别。但总体来说，园本课程的建设要严格遵循《纲要》《指南》《规程》的精神，具体把握好如下几点。

①生活性——所有主题活动均来源于幼儿熟悉的生活。

②游戏性——将游戏的精神和理念融入各类活动中。

③体验性——倡导幼儿直接感知、亲身体验和实际操作。

④整合性——注重各领域融合及主题下各类活动的整合。

⑤建构性——强调预设与生成相结合、目标与兴趣相结合。

⑥民族性——增加传统游戏、传统节日、经典文学作品等内容。

总体而言，园本课程建设是一项长期而艰巨的任务，需要幼儿园教学管理者立足本园实际，深入思考园所的办园理念、发展目标，理性分析幼儿的发展状态及发展需要，在实践中构建出适合本园幼儿发展需要的园本课程。

**知识拓展**

**园本课程构建中本土资源的有效开发与整合**

我国幼儿园课程建设已经进入一个新的历史阶段。走进儿童的内心世界、建立儿童视角、促进儿童深度学习与长效发展等课程改革理念要求我们有明确的质量意识，不断提高课程建设的成效。虞永平教授指出，课程建设的核心任务包括确立课程理念、完善课程目标、充实课程内容、挖掘课程资源、丰富课程活动、实施课程评价、形成课程结构等。课程资源一定要蕴含教育价值，能支持课程活动，支持儿童深入探究、发现和表现；课程资源应相互联系，综合利用，分层提供，不断深化，促进儿童获得新的、综合化的经验；资源与空间、时间、规则等要素紧密相关，要深入研究有助于资源转化为儿童经验的有效方式。在园本课程构建的实践中，我们注重从文化资源、自然资源、社会资源、教材教法资源四个方面进行开发与整合。

**一、文化资源——丰厚课程的底蕴**

文化资源作为国家和民族最重要的底蕴和载体，融入幼儿园课程中，丰厚了课程的内涵和底蕴。

（一）传统节日中丰富的教育元素和中华传统民俗活动奠定了“做中国好娃娃”的民族情和爱国蕴

针对传统文化尤其是非物质文化遗产，结合学前教育领域的特点及幼儿的理解接受水平，我们统筹了一年中重要的传统节日、纪念日和主题日活动。我们通过这些重要时间节点的庆祝活动，让幼儿了解节日背后的故事、通过纪念来感受纪念日对我们生活的意义以及蕴含的文化寓意，给幼儿满满的生活仪式感，从而增加了生活的内涵和价值。

例如，幼儿园的美食节就引发了幼儿对多民族文化的探究热情。为此幼儿园开展了以“56个民族是一家”为主题的周活动，将丰富的剪纸、烧陶、扎染等民间工艺活动引进课堂，使幼儿兴趣盎然。

春节是我们国家最重要的节日。幼儿园通过“春节”这个主题，融入庆祝春节的民俗风情：大庙会、舞龙舞狮、做面人、写春联、做棉花糖、吃糖葫芦、扭秧歌、认识小人书等，再现了中华传统民俗活动，成为不可多得的园本课程内容。

（二）地域文化资源为了解家乡、热爱家园提供了丰富的素材

我们国家地大物博，东西南北地域差别巨大，生活习惯、风土人情各异。一方水土养育一方人。结合东北地区的特点，幼儿园充分挖掘了地域的文化资源，如东北地区的物产、气候特点、风土人情、建筑风格、饮食文化、节日风俗、历史事件及历史名人等，通过视频、图片等提供给幼儿，让他们感受到作为东北人的骄傲。

（三）幼儿园园所文化要素成为园本课程必不可少的内容

幼儿园根据园所文化特点设定了读书节、美食节、采摘节、艺术节、园庆等重要的纪念日，成为园本课程必不可少的一部分。丰富的纪念日活动、自由自主的庆祝方式，愉悦了幼儿的身心，也使幼儿对幼儿园文化更加熟悉和了解，增强了幼儿作为幼儿园一员的归属感和荣誉感，爱集体、爱家园的情感油然而生。

**二、自然资源——课程素材的发源地**

人类是大自然的孩子，自然环境对幼儿发展的影响至关重要。我们充分挖掘了园内和园外环境中的自然因素，激发幼儿与环境和材料的互动，丰富了课程内容，成为幼儿“取之不尽、用之不竭”的学习资源。

（一）四季分明的气候成为东北地区不可多得的课程资源

东北地区一年四季节气分明，每一个季节都有自身的特点。在春季，幼儿可以感受冰雪消融的过程，观察种子从种植到发芽的过程，感受生命的起点和发展，感受草长莺飞的力量。在夏季，幼儿可以感受一天中温差的变化，享受与大自然亲密互动的喜悦。在秋季，幼儿可以感受万物色彩的变化，观察农作物成熟和收获的过程，探究花鸟虫鱼的去处等。冬季是大自然赐予东北的独特礼物。幼儿在冰雪世界里尽情嬉戏玩耍，不仅锻炼了体能，还在冰雪的变化与互动中丰富了认知能力与创造能力。在与冰雪的嬉戏中，幼儿懂得了冰、雪、水之间的关系和变化。幼儿在玩冰雪滑梯中感受了刺激，在堆雪人、垒雪山、建山洞中懂得了如何创造美，也在与雪的嬉戏中懂得了如何保护自己。幼儿在亲身体验中感受到了“零度”这个词的含义。此外，幼儿观察到物业师傅给一些绿植做保暖，从而引发他们探究：哪些植物可以抗寒，哪些植物不能抗寒；哪些动物冬眠，哪些动物冬季南飞，哪些动物不怕寒冷等。东北蔬菜、鲜花、瓜果种植的大棚也是幼儿探究的资源；东北的雾凇、霜冻是怎么形成的等，都可以成为幼儿生成课程的素材。

(二)贴近自然的园区景致成为幼儿探究自然、感受规律、提升生活经验的重要场所

幼儿园生态园林式的户外像一座天然的大氧吧。在自然资源的挖掘过程中，我们为幼儿充分提供与大自然亲密接触的环境与材料，如水、泥、沙、土、石、花、鸟、虫、鱼、家禽、家畜、山坡、沟壑、草地、绿树、果林、鲜花、农作物等。幼儿在与环境的互动中自由选择材料和活动区域，进行创造性的自主游戏，在游戏中快乐成长。

园区内，教师充分利用山坡、小溪的地理环境与幼儿共同创建了喂鱼、运水、戏水、滑草、滑索、攀登等游戏设施。

一日生活皆课程，一切材料皆课程资源。大量低结构材料的投放激发了幼儿的想象力和创造力。一物多用、变化玩法，其乐无穷。变废为宝，节能环保，也让幼儿感受生活中的美是可以通过双手进行创造的。

**三、社会资源——课程构建的能量包**

幼儿园中的员工力量、家长力量和社会力量的注入，丰富了幼儿对不同岗位和不同领域的认识，也在主题活动中拓展了课程资源。

(一)根据需要，不同力量走进课堂，满足幼儿对于各种资源的需求

不同社会角色的人员走进课堂，带来精彩的“社会故事”，丰富了幼儿关于社会的认识，提升了幼儿关于社会生活的经验。比如，警察、律师、医生、护士、消防战士进课堂，给幼儿讲解精彩的行业经历和从业规则。现场的表演展示出来军人的素养、医护人员的大爱等职业情怀，感人的事迹成为鞭策幼儿积极向上的力量。

(二)根据需要，各种力量无偿支持幼儿走出去，拓宽幼儿的视野，增进幼儿的生活经验

幼儿通过走出去感受生活的不同空间和场所，感受生活的丰富多彩，感受不同社会角色对于生活的影响和帮助。

例如，对于社区图书馆、敬老院、孤儿院、小学、超市、养殖场、葡萄园、农场、科学博物馆等，幼儿可定期进行参观、体验和交流活动，拓宽了视野，丰富了社会认识，升华了社会情感，巩固了亲社会行为。

**四、教材教法资源——课程构建的指南针**

我们依托了省编教材中关于五大领域教育内容的界定，根据本园本班幼儿的现状和需求创造性使用教材教法资源。此外，我们还引进了品格教育课程的理念，借鉴安吉游戏、利津游戏、蒙氏混龄等教法上的思路。这样园本课程理念的构建有了这些专业、系统课程理念的引领，如同站在了巨人的肩膀上。

丰富的本土教育资源成就了幼儿丰富多彩的活动。根据幼儿的年龄特点和兴趣倾向，我们追随幼儿的脚步，感受幼儿的发展，坚持幼儿在前、教师在后，用丰富多彩的教育资源成就不同层面幼儿的活动，促进了幼儿的深度学习与长效发展。园级层面的混龄活动、年级层面的混班活动、班级层面的自主活动，成为他们乐此不

疲的成长资源。随着时间的推移，我们也惊喜地发现：视角的转变让我们发现了幼儿巨大的潜力和惊人的表现。自主游戏的增加让幼儿更加自主和自信，教师的低控和放手让我们看到了更加独立和能干的幼儿。在这样的课程支持中，教师也似乎没有原来那么累了。

（本文摘自胡显伟：《园本课程构建中本土资源的开发与整合》，载《辽宁教育》，2022(6)，有改动。）

* * * * * * * *

## 本章小结

本章从课程的定义开始，详细阐述了幼儿园课程的特点、要素、类型、模式及内容，并对幼儿园课程组织与实施、评价等方面进行了具体剖析。

幼儿园课程是为实现幼儿园教育目标而编制的促进幼儿身心全面发展的各种活动的总和。幼儿园课程的特点表现在：幼儿园课程目标的全面性与启蒙性；幼儿园课程内容的整合性与生活性；幼儿园课程组织方式的游戏性与活动性；幼儿园课程资源的潜在性等。

幼儿园课程要素包括幼儿园课程目标、幼儿园课程内容、幼儿园课程组织和实施、幼儿园课程评价四个方面。

根据不同的标准，幼儿园课程可划分为不同的类型。不同课程理念的指导下会产生不同的课程模式，如以学科(领域)为中心的课程模式、以问题为中心的课程模式、以经验为中心的课程模式。比较有影响的课程方案包括五指活动课程方案、蒙台梭利课程方案、瑞吉欧课程方案等，对我国幼儿园课程改革具有深远影响。

幼儿园园本课程建设是一个长期而艰巨的过程，需要关注幼儿的整体性和差异性、珍视游戏的独特价值、聚焦教师和幼儿的双主体发展，体现出生活性、游戏性、体验性、整合性、建构性和民族性。

## 关键术语

课程　幼儿园课程　园本课程　幼儿园课程的特点　幼儿园课程要素　幼儿园课程组织与实施　幼儿园课程类型　幼儿园课程模式　幼儿园课程的变革

## 思考题

1. 幼儿园课程包含哪些重要的因素？
2. 什么是幼儿园课程？幼儿园课程有哪些特点？

3. 幼儿园课程目标的表述有哪些要求？

4. 幼儿园课程目标制定的依据是什么？

5. 幼儿园课程评价的目的和评价的注意事项有哪些？

6. 幼儿园课程模式分为哪几种？

7. 蒙台梭利课程方案给我们带来哪些启示？

8. 瑞吉欧课程方案对我国幼儿园课程改革有哪些启示？

9. 联系幼儿园课程的实际，阐述五指活动课程方案与我们现在的五大领域课程的区别和联系。

10. 园本课程构建中需遵循的原则有哪些？

## 建议活动

通读本章后，到幼儿园了解现行使用的课程方案，回来讨论目前幼儿园课程的优势与存在的不足。

## 拓展阅读

1. 虞永平：《幼儿园课程指导丛书》，南京，南京师范大学出版社，2000。该书从五大领域的角度对课程进行了系统阐述，案例生动，便于学生理解课程的内涵，有助于学生对本章内容的掌握。

2. 但菲、赵小华、刘晓娟：《幼儿园说课、听课与评课》，北京，北京师范大学出版社，2012。该书的评课部分有助于读者理解本章“幼儿园课程评价”的内容。该书的案例分析比较经典、细致，深入浅出，具有较强的可操作性、实用性。

# 第七章 幼儿园教育活动

## 学习目标

1. 了解幼儿园教育活动的类型及内涵。
2. 把握幼儿园教育活动各类型的组织策略。

## 学习导图

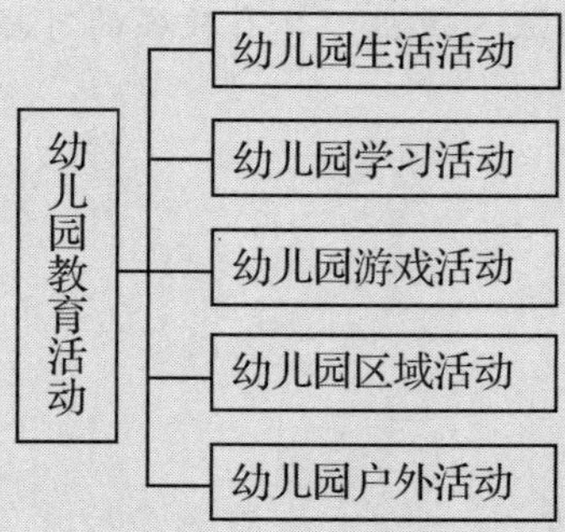

## 案例导入

入秋了，幼儿穿上了长袖的衣服。小班的王老师看见幼儿洗手时经常弄湿衣袖，设计了分组培养幼儿正确洗手的生活活动环节。看见幼儿学会了正确的洗手方法，衣袖也干干爽爽，王老师很自豪、很满足。离园时听见两位家长的对话后，王老师的心情却很低落。宝宝妈问：“今天上课学什么了?”宝宝说：“学洗手了。”贝贝妈问贝贝也得到相同的答案。两位家长议论说，今天王老师怎么没上课啊，什么也没教。

思考：幼儿学习洗手真的就像家长所说的“什么也没教”吗？怎样正确理解这个问题？

# 第一节　幼儿园生活活动

《纲要》明确指出：“幼儿园应为幼儿提供健康、丰富的生活和活动环境，满足他们多方面发展的需要，使他们在快乐的童年生活中获得有益于身心发展的经验。”很显然，只有源自幼儿生活的幼儿教育才可能真正促进幼儿的发展。生活活动在幼儿一日环节中占有重要的地位。幼儿身体各个器官的生理机能尚未发育成熟，各个组织都比较柔嫩，其身体素质还相当薄弱；同时，幼儿期又是幼儿生长发育十分迅速、新陈代谢极为旺盛的时期。由于幼儿的知识经验匮乏，他们缺乏独立生活能力和自我保护能力，因此他们需要成人悉心的照顾，更需要成人反复的指导帮助、训练培养，才能独立自理，并养成良好的生活习惯，建立良好的生活秩序。

幼儿园生活活动是指幼儿园满足幼儿一天基本生活需要的活动。按照幼儿的一日生活程序，幼儿园的生活活动包括来园活动、晨间活动、饮水活动、盥洗活动、进餐活动、睡眠活动、如厕活动、离园活动等。教师要充分重视幼儿的一日生活，将保育和教育相结合，帮助幼儿学习和养成良好的生活习惯，提高自理能力。这对他们今后的发展起着至关重要的作用，也对他们自信心的树立有一定的影响。

## 一、幼儿园生活活动的目标

①让幼儿养成良好的作息习惯、睡眠习惯、排泄习惯、盥洗习惯、整理习惯等。

②让幼儿了解初步的卫生常识和遵守有规律的生活秩序的重要性。

③让幼儿学会多种讲究卫生的技能，逐步提高生活自理的能力。

④让幼儿学会用餐的方法，培养良好的饮食习惯。

## 二、幼儿园生活活动的组织原则

### (一)保教结合，积极培养幼儿独立生活的能力

由于幼儿独立生活的能力尚处于较低水平，为保证幼儿安全、健康和全面的发展，教师要对他们的生活给予全面、细心的照顾。但是，全面、细心的照顾并不等于包办代替，过分全面的照顾会影响幼儿独立能力的养成。因此，凡是幼儿力所能及的事情，教师不要代替幼儿去做，而是要鼓励并指导幼儿自己去完成。因此，在设计指导幼儿生活活动时，教师一定要保教结合，保中有教，教中有保，保教并重。

### (二)充分挖掘生活活动中潜在的教育功能

生活活动是教师观察、发现和教育幼儿最经常、最自然、最容易的活动。以进餐活动为例，其蕴含着丰富的教育功能。进餐前，教师可以播放舒缓的音乐，向幼儿介绍食物的名称、材料、颜色、制作方法以及对身体的益处，有利于幼儿养成不挑食的好习惯，还可以潜移默化地培养幼儿的语言表达能力，进一步提升幼儿对食物的认知能力。进餐时，教师教育幼儿一口菜一口饭，使幼儿养成细嚼慢咽、独立进餐的良好进餐习惯，并学会正确使用餐具的方法。

### (三)从幼儿的特点出发，设计指导生活活动

教师在设计指导幼儿生活活动时一定要从幼儿的实际水平出发，逐渐培养他们自理自立的能力，不能急于求成。在指导方法的设计上，教师要从幼儿的年龄特点出发。

对于小班幼儿，在培养他们良好的生活习惯和独立生活能力时，教师主要通过示范加讲解的方法，设计情境表演或教学活动，让幼儿在活动中通过看、听、练逐渐强化他们自身的技能。对于中班幼儿，教师侧重于让幼儿将小班学习的生活技能继续巩固、内化，最终使其形成良好的行为习惯。其指导的方法也从具体的示范讲解转为以语言为主的提醒、检查、表扬等。对于大班幼儿，教师要求他们能做到自觉，形成稳固的、良好的行为习惯。

幼儿与幼儿之间因为身体状况、家庭环境、性格、个性等方面的不同

存在能力等方面的差异。教师应该重视幼儿的个体差异，在培养幼儿自理能力和生活习惯的时候注意区别对待、个别照顾。

**(四)家庭教育与幼儿园教育互相配合，保持教育的一致性**

教师通过家长会、家访、个别谈话等方式，向家长介绍幼儿园生活活动的目标、内容和方法，让家长了解应如何教育、帮助、指导幼儿养成良好的生活习惯。幼儿园应积极主动争取家长的配合，使幼儿在生活活动中的良好行为得到巩固和强化。

## 三、幼儿园生活活动的组织与实施

### (一)来园活动

对于幼儿来说，来园活动就是一日生活的开始。合理安排幼儿的来园活动，不仅可以调节幼儿的情绪，激发他们的活力，而且可以促使幼儿心情愉快、精神百倍地去迎接一天的新生活。可见，来园活动的安排在很大程度上影响着幼儿一整天的生活和学习。因此，教师要从保健、教育等方面为幼儿营造舒适的生活环境，使幼儿能在园中安全、健康、愉快地生活、游戏和学习。

**1. 来园活动需要教师掌握的要点**

①在幼儿来园前做好环境及清洁消毒的工作。

②了解、掌握幼儿来园情绪的重要作用，对幼儿进行礼仪教育。

③掌握晨检的步骤。

**2. 来园活动的组织与实施要求**

①保育员应在幼儿来园前的 10～15 分钟进班，开窗通风。教师要按比例稀释消毒水，对桌椅、门把手、玩具柜、小便器、地面等幼儿能触摸到的地方进行消毒后，用清水擦洗干净，保证地面干燥，防止幼儿滑倒。毛巾、水杯等物品摆放整齐。在秋冬季节，班级有饮水机的，事先将饮水机的电源插好，设定适宜幼儿饮用的水温；若无饮水机，事先将热水打好，倒到保温桶中。

②教师应在幼儿来园前的 5～10 分钟进班，更换好适宜带班的服装。教师还要准备幼儿用品及教案、教具；检查班级环境，保证环境的清洁与安全。

③教师要仪表整洁，主动、热情、礼貌地接待幼儿和家长。教师要用

热情的微笑去带动幼儿，使他们在温馨的氛围中开始一天的生活。教师要主动问候幼儿，并对幼儿的文明礼仪行为进行肯定，促进幼儿良好行为习惯的形成。

新入园幼儿或小班幼儿，常有不适应集体生活而出现哭闹、烦躁的现象。此时，教师要让幼儿充分感受到教师像家人一样爱他；可以组织小游戏来转移幼儿的注意力，对幼儿微小的进步要及时表扬、鼓励，促使他们积极主动地上幼儿园。

④教师要清点幼儿的出勤情况，并做好记录。教师要执行幼儿保健晨检制度，做到“一摸、二看、三问、四查”。

⑤教师要做好晨检记录，对有症状的幼儿做好全日观察，做到心中有数。

⑥教师要组织值日生工作，随时清点幼儿的人数。

⑦教师要组织幼儿餐前洗手，检查幼儿的洗手情况。

⑧教师要协助保育员开早餐。教师应用优美且简单易懂的语言介绍餐点及其营养价值，鼓励幼儿细嚼慢咽、安静地进餐。在幼儿就餐期间，教师应根据幼儿及班级的实际情况有针对性地对幼儿的进餐行为进行重点指导，如指导幼儿正确地使用勺子、进餐的坐姿等，循序渐进地培养幼儿良好的进餐习惯。

**温馨提示**

幼儿园晨检要做到如下几点。

一摸：额头、手心、颈部是否发热，腮腺及扁桃体是否肿大。

二看：幼儿的精神状态，面部有无外伤及其他疾病（询问并记录），眼睑有无充血红肿，双手的手心手背是否有疱疹，用手电筒照看咽部、口腔上颚、嘴唇内壁有无疱疹。如果幼儿出现传染病症状，教师应立即隔离，通知家长，报告相关人员和部门，带幼儿去医院对症治疗。

三问：向病后返园的幼儿家长询问幼儿病后的身体状况，了解治疗经过和注意事项，对不同幼儿的各种症状进行询问记录。

四查：查看幼儿是否携带不安全物品。教师要查看传染病治愈后返园幼儿的病历，了解其治疗经过，计算隔离日期以确认是否可以解除隔离。

## 教育故事

美美入园快一个月了，每天一进幼儿园大门就开始哭。妈妈走时她都会抱住妈妈不放，需要妈妈强行把她送到教师的怀里。对于这样的幼儿，教师应采取什么策略比较合适？

**指导要点**

设计有趣的游戏、有趣的情境，采用激励法、延迟满足法等。

### (二)晨间活动

晨间活动时间短暂，很容易被忽视。教师应关注这段时间的工作安排，以便为一天的工作打下基础。教师可以对晨间活动进行合理的组织与安排，如组织幼儿开展劳动、值日游戏、谈话等活动。这样不仅能促进幼儿的身心发展，而且有利于幼儿个性、兴趣、爱好、运动能力等的发展。

**1. 晨间活动需要教师掌握的要点**

①掌握晨间活动中教师的主要工作内容。

②了解幼儿晨间活动的内容。

**2. 晨间活动的组织与实施要求**

①热情接待家长及幼儿，并对幼儿的情况进行了解，听取家长的意见及要求，对有情绪的幼儿进行安抚。

②培养幼儿的良好行为习惯。教师要组织幼儿将外衣、书包、帽子等物品放在指定位置，并摆放整齐。(托班、小班幼儿可以在家长的帮助下完成；中班、大班幼儿学习独立完成)。

③鼓励值日生认真完成自己的值日项目。比如，为植物浇水、做好天气记录、摆放毛巾和水杯、分发餐具等。

④组织幼儿自主游戏，认真填写区域调控表。在幼儿自主游戏的过程中，教师要培养幼儿的观察能力、动手能力，帮助幼儿树立规则意识，鼓励幼儿和同伴之间进行交流与合作。

### (三)饮水活动

水是人类生命的源泉，水是机体物质代谢不可缺少的媒介，是维持生命的最基本的营养素，是构成机体的重要原料。幼儿需要的水除了营养素在体内代谢生成的一部分以及膳食食物所含的水分(特别是奶类、汤汁类食物含水较多)外，大约有一半需要通过直接饮用来满足。根据科学计算，一个幼儿一天单纯饮水量应为：3 岁幼儿为 500～800 毫升，4 岁以上幼儿是 400～700 毫升。饮水过少，满足不了身体的需要；饮水过多，会增加有关器官的负担，可能引起不良后果；如果水质不佳，更对身体有危害。因此，教师指导幼儿科学饮水，培养幼儿正确的饮水习惯也是幼儿生活活动的重要内容。

**1. 饮水活动需要教师掌握的要点**

①知道如何组织幼儿科学饮水，保证幼儿的饮水量。

②了解如何培养幼儿正确喝水的习惯，让幼儿不浪费水。

**2. 饮水活动的组织与实施要求**

(1)指导幼儿安静有序地喝水

教师可以通过故事或者儿歌的形式，和幼儿共同了解喝水的重要性以及为什么要喝水，并为幼儿创设喝水的环境。比如，教师在地上贴点点，提示幼儿有序地排队喝水；把饮水机或者保温箱装饰成可爱的小象，出水口是象鼻子，让幼儿喜欢上喝水。

(2)上下午各组织一次集体饮水，允许并提醒幼儿随时喝水

教师要观察幼儿的饮水量，保证幼儿的日饮水量达 400～700 毫升，指导幼儿不浪费水，将水杯用后放回原处。

(3)让幼儿认识不正确饮水的危害

教师可以在教育活动时，通过故事、课件等形式让幼儿了解不正确饮水造成的危害。此外，教师要在饮水时对幼儿提出要求：喝水时不说笑、不边走边喝；剧烈运动后不马上喝水，稍微休息后再喝水；饭前、饭后半小时内少饮水等。

**温馨提示**

幼儿科学饮水的注意事项及建议如下。

①要多次少量，不要暴饮。

②要定时，勿只口渴时饮水。

③喝开水，不喝生水。

④生病的情况下要酌量饮水或根据医生的指导饮水。

⑤饮水量要根据天气、运动量适当调整。

⑥在每次饮水时都要给予充足的时间。

⑦在特定情况下口渴时一定要及时饮水。

⑧在有空调的环境中，尤其需要补充水分。

⑨发烧时水分流失大，多喝水可以及时补充水分。

## 教育故事

随着天气逐渐变热，赵老师加大了幼儿的饮水量。轮到柳柳接水了，赵老师发现柳柳每次在接水的时候眼睛就一直盯着自己看。只要赵老师看她，她就假装接水，喝一口，然后迅速地把杯子放到杯架上。这次也不例外。

赵老师问道："柳柳，告诉老师，你喝水了吗？"柳柳看着赵老师，眼睛转来转去，不说话。赵老师又问她："平时在家喜欢喝什么？"柳柳大声说道："喜欢喝饮料。"这时，赵老师问："为什么不喜欢喝水呢？"柳柳告诉赵老师："水不好喝，我咽不下去。"

**分析**

平时喝惯了饮料的柳柳，不爱喝水怎么办？发现这样的问题时，教师要正确地引导。教师要与家长沟通，共同解决。首先，要逐渐淡化幼儿对甜味饮料的需求。在家里，家长可以试着给孩子冲蜂蜜水。在班级，教师可以鼓励幼儿。看见幼儿喝水了，教师就及时表扬或为幼儿贴一个小红花。或者幼儿喜欢哪个卡通人物，教师就给幼儿讲这个卡通人物喝水的故事等。这样合理地引导幼儿，才能保证幼儿的健康成长。

## 教育故事

集中喝水的时间到了，幼儿都拿到了自己的水杯，有序地排队接水。亮亮拿着杯子装了满满一杯水，艰难地移动自己的脚步。没走几步，水开始从杯子里溢出来，弄得地上、衣服上都是水。鹏鹏站到饮水机前面，刚按下按钮就松开了，喝了一口，就将杯子放回杯架上，去区域活动了……

有的幼儿喝得多，有的幼儿喝得少，幼儿的饮水量如何掌握？

**分析**

制作美观且方便幼儿操作的饮水记录有助于问题的解决。教师可以培养幼儿喝水后填写饮水记录的习惯。教师可以通过饮水记录判断幼儿的饮水量，这样就可以及时提醒喝水少的幼儿多喝水了。

## 教育故事

教学活动结束了，进入自由活动的环节。幼儿自由结对进行区域游戏活动。此时，盥洗室一个个不和谐的声音传来："老师，阳阳拿我杯子！""老师，西西把我的水弄洒了！""老师，聪聪挤我，他踩到我的脚了！"……

**分析**

幼儿喝水的时候不守秩序，总是你推我挤。有的幼儿存在从众心理，喜欢凑热闹。当听到喝水的指令时，幼儿就一窝蜂地去喝水，秩序非常混乱。虽然教师每次都在旁边看着，强调有秩序地排队，但是幼儿仍然无动于衷。针对这种情况，教师可以采取用不同的符号和数字，将喝水的区域分为等待区、接水区、喝水区，在地面上粘贴小脚印提示幼儿排队等待。这样可以培养幼儿的秩序感。

### (四)盥洗活动

在幼儿一日生活的各环节中，盥洗是幼儿每天必不可少的、需要重复多次的生活环节。在餐前、便后以及玩沙、玩泥等活动之后，教师都要组织幼儿进行盥洗活动。

幼儿还没有建立起关于洗手对身体健康的重要性的认识，没有养成良好的洗手习惯。随着年龄的增长，幼儿的活动空间扩大，各方面的能力在逐渐提高。洗手对他们而言是乏味、重复又缺乏挑战性的活动，他们的兴趣早就被洗手之外的活动取代。所以有时会有幼儿沾沾水就走，或洗手变成了玩水。这需要教师帮助幼儿养成良好的盥洗习惯，掌握正确的盥洗技能。

**1. 盥洗活动需要教师掌握的要点**

①了解盥洗活动的组织与实施要点。

②掌握正确的盥洗方法。

**2. 盥洗活动的组织与实施要求**

①托班、小班教师要指导幼儿辨认自己的毛巾，用自己的毛巾擦干手。

②采用生动有趣的教育形式指导幼儿正确盥洗，运用儿歌、故事、图片等形式讲解洗手的方法。比如，挽袖子洗手。

③组织幼儿有序地盥洗，分组去盥洗室洗手。教师可以在地面上贴标记(圆点或脚印)，以便幼儿有序地洗手，不在盥洗室打闹。

④创设卫生间的文化环境。教师可以发挥榜样的力量，通过“大带小教弟弟妹妹洗手”的活动，为小班幼儿起到示范作用。

⑤家园共育。幼儿教育不是幼儿园单方面的教育，每一项工作都需要得到家长的支持与配合。教师应经常与家长沟通，了解幼儿在家中的盥洗情况，使幼儿园的教育更具针对性；同时也让家长了解幼儿园盥洗习惯培养的要求及方法，使家园教育保持同步，形成合力。

⑥用流水洗手，随时保证手、脸的清洁。教师要指导幼儿洗手后把水甩到水池内，然后用毛巾将手擦干，保持地面、衣服干净。

**知识拓展**

**盥洗的方法**

## 教育故事

幼儿经常在洗手时马虎、不专心。小班幼儿不知道洗手前要把衣袖卷起来再打开水龙头，而是直接就把手放到水龙头下冲洗；中班、大班不卷衣袖的幼儿不多，但很多幼儿会打开水龙头直接淋一下手就算完成任务了。

**分析**

对幼儿来说，洗手是件“大事”。教师要经常提醒，不但要教幼儿正确的洗手方法，而且要关注他们在日常生活中洗手的情况。教师可以创设一个洗手的环境，让幼儿喜欢上洗手，提醒幼儿用正确的方法洗手。比如，小班可以在“洗手处”张贴本班幼儿洗手的示范照片或图片，用简单的图示标出洗手液、香皂、毛巾等物品的摆放处；中班、大班可以请幼儿自己创造一些标识，标记洗手的规则和物品的摆放处。教师也可以把洗手程序编成一些朗朗上口的儿歌，让幼儿边念儿歌边洗手，有自我提醒的作用。

## 教育故事

经常有幼儿趁教师不注意在盥洗室里边洗边玩水，要么弄湿了衣袖，要么把水洒在了地上。

**分析**

爱玩水是每个幼儿的天性。首先，教师在来园活动时可适当地给幼儿提供玩水的机会和条件。比如，为植物换水、浇水，清洗小盘子；用抹布擦洗自己的小椅子等。其次，教师要不断扩大幼儿的知识面，增加幼儿的信息收集量，让幼儿了解水资源在我们生活中的广泛应用。比如，我们的生活离不开水，而我国又是水资源缺乏的国家。这让幼儿从小培养节约用水的意识，养成随手关紧水龙头的好习惯。

### (五)进餐活动

进餐活动是一日生活的重要一环，“教育即生活”。幼儿通过吃饭这一活动能获得和增加经验，并能亲自体验解决问题的过程。在入园之前，幼儿都是在家进餐，不想吃的可以不吃，不喜欢吃的可以不吃，可以一边吃一边玩。还有的幼儿是爸爸妈妈、爷爷奶奶端着碗，跟在他们后面追着喂。到了幼儿园，每个幼儿一人一份饭菜，由被照顾者变为主动者。如何让幼儿在幼儿园里吃得好、吃得卫生、吃得愉快？这就要求教师适时给予指导。教师之间协调一致、相互配合，制定进餐各环节的程序要求，统一执行，帮助幼儿形成良好的进餐习惯。

**1. 进餐活动需要教师掌握的要点**

①了解幼儿进餐的各个环节。

②掌握培养幼儿良好进餐习惯的方式方法。

**2. 进餐活动的组织与实施要求**

(1)进餐的准备

幼儿的进餐活动应在整洁、轻松、愉快的氛围下进行，这就要求教师做好餐前准备。餐前准备可以分成以下两个方面。

①物质准备。首先，进餐前半小时左右结束角色和区域游戏，请幼儿收拾玩具，整理活动室。教师安排餐桌，用消毒水擦餐桌，分发碗筷、餐巾。碗筷的摆放要统一要求：饭碗靠近桌沿，菜碗放在饭碗的前面，筷子放在碗的右边，餐巾放在碗的左边。中班、大班可以安排值日生协助教师分发餐具。

其次，组织幼儿如厕、洗手。对于小班幼儿，教师应帮助他们卷衣袖，并认真仔细地组织、指导他们如厕、洗手；可以请他们一边唱儿歌一边洗手。这样有利于他们掌握洗手的正确顺序和方法，帮助他们把手洗干净，避免玩水和洗不干净的情况出现。对于中班、大班幼儿，教师应要求他们相互帮助卷袖子，并在洗手后擦干手上的水，不要胡乱抓一把毛巾就跑掉，并着重对他们进行提示和检查。教师要提醒幼儿洗手后要保持手的清洁，不能乱摸其他东西。

②心理准备。首先，在等待进餐的时间里，教师可以放一些优美、轻松的音乐或故事，也可以进行一些语言或手指的安静游戏，安抚幼儿的情绪，培养他们安静等待同伴一起进餐的习惯。对于那些吃饭较慢的幼儿，教师可以让他们提前进餐；盛第一碗饭的时候，给他们盛得略少些，鼓励他们来添饭。

其次，在进餐前，教师还可以向幼儿介绍当天的食物，以此来引起他们的食欲，帮助他们克服挑食和偏食的毛病，培养他们良好的饮食习惯。

(2)进餐的过程

首先，环境应是安静、愉快、轻松的，而不是令幼儿感到紧张、压抑的。

其次，教师应认真细致地观察幼儿进餐的情况。比如，餐具的使用方法(特别是中班、大班幼儿对筷子的使用方法和握法)，进餐时的坐姿，幼儿嚼、咽食物的方法及进餐时的情绪状态，等等。教师需要关注如下几种情况。第一，对于进餐情况不佳的幼儿，教师应先弄清楚原因，确定幼儿是否因为身体状况不好或者进餐方法不对。然后教师针对幼儿的实际情况给予照顾或指导、帮助，切勿大声呵斥幼儿。教师不要随意催促幼儿“快吃、快吃”，也不要不问原因任意批评吃得慢的幼儿，更不要举行类似“比一比谁吃得快”的竞赛。第二，幼儿来添饭的时候，教师要求他们把碗里的饭吃干净、嘴里的饭咽干净，不要拿着勺子和筷子来添饭。第三，对于吃得太快的和体型较肥胖、饭量大的幼儿，教师要提醒他们细嚼慢咽。对于饭量小、吃饭慢的幼儿，教师要注意个别照顾。对于身体弱、有特殊需要的幼儿（如生病、对某种食物过敏等的幼儿），教师要告知厨房做病号饭。

最后，教师应注意培养小班幼儿独立进餐的习惯和进餐的技能，注重中班、大班幼儿文明进餐习惯的养成。

(3)进餐的结束

首先，幼儿要收拾自己的餐具，放在指定的地方，然后有礼貌地、轻轻地搬椅子归位。小班幼儿可以先吃完先离开，中班、大班幼儿可以请值日生专门在指定地点收拾整理餐具。

其次，教师可以举行“谁的小碗最干净”“比比哪桌最干净”“谁是爱惜粮食的好娃娃”之类的比赛，培养幼儿爱惜粮食、珍惜成人劳动成果的良好品质。

最后，教师要让幼儿养成饭后洗手、漱口、擦嘴的好习惯。先吃完的幼儿可以看看图书和到自然角等。若班上有生病的幼儿，教师还应协助保健教师按时定量给他们服药。

**教师资格考试**

**真题再现**

1. 婴幼儿应多吃蛋、奶等食物，保证维生素D的摄入，防止因维生素缺乏而引起(　　)。(2014年上半年《保教知识与能力》真题)

A. 呆小症　　B. 异食癖　　C. 佝偻病　　D. 坏血病

2.《幼儿园工作规程》指出，幼儿园应制定合理的幼儿一日生活作息制度，两餐间隔时间不少于(　　)。(2021年上半年《综合素质》真题)

A. 2.5小时　　B. 3小时　　C. 2小时　　D. 3.5小时

答案：1. C　2. D

### (六)睡眠活动

从医学保健的角度分析，幼儿睡眠时身体各部位、脑及神经系统都在进行调节，氧和能量的消耗最少，利于消除疲劳，内分泌系统释放的生长激素比平时增加 3 倍。所以，睡眠的好坏直接影响幼儿的生长发育、身体健康、学习状况。根据幼儿的生理特点，在幼儿园长达 8～9 小时的学习、游戏过程中，给幼儿安排 2 小时左右的午睡时间是非常必要的。各地区可根据本地区的实际情况，冬季适当缩短午睡时间为 1.5～2 小时，夏季可适当延长午睡时间为 2～2.5 小时。

**1. 睡眠活动需要教师掌握的要点**

①了解幼儿睡眠活动的环节。

②了解幼儿睡眠活动前后需要注意的问题。

③掌握让幼儿正确睡眠的方法。

**2. 睡眠活动的组织与实施要求**

(1)睡眠的准备

在幼儿睡觉前，教师应做好准备工作，开窗通风换气、拉好窗帘、铺好床铺等，为幼儿创设一个舒适、安静、温馨的睡眠环境。具体来说，睡眠的准备活动分以下两个部分。

①物质准备。第一，室温的调节。冬天和夏天可以打开空调适当调节室内的温度，但一定要注意室内空气的流通。夏天若打开窗户或电扇，要注意风量适度，不可以让风直接对着幼儿的头部吹。

第二，床铺的要求。在为幼儿准备床铺的时候，教师应根据季节及气温的变化适当调节被褥的厚薄，并及时通知家长为幼儿调换被褥。

第三，安全检查。教师要在幼儿睡前检查床铺上有无杂物。教师要禁止幼儿将小绳、橡皮筋、串珠、纽扣等物品带进寝室，以免幼儿玩弄，将之塞入鼻子、耳朵造成危险。

第四，幼儿穿着的要求。教师要提醒幼儿根据季节穿合适的衣服入睡。比如，夏季穿短裤背心；春季、秋季穿一条棉毛裤和一件棉毛衫；冬季可以穿一件薄毛衣和一条薄毛裤。

第五，衣物的整理。教师应要求中班、大班幼儿自己脱衣服和鞋袜，并折叠整齐，摆放在指定的地方。小班幼儿需要教师的帮助和个别指导。在睡前，教师要提醒幼儿先大小便。

②心理准备。睡前教师可组织幼儿散步或进行安静的游戏活动，要保持他们情绪的稳定和安静。新入园的小班幼儿会有恋家、恋床、恋物等表现。比如，有的幼儿要抱着家中的枕头或需要摸着大人的脸、耳朵、头发等才能入睡。对于这样的幼儿，教师可给予特殊关照，允许他们一开始保持自己的入睡习惯，并陪伴他们入睡，慢慢帮助他们改变和克服这样的习惯。对于全托的幼儿，教师更应帮助他们顺利渡过睡眠这一难关。教师应坚持正面教育，可以为幼儿讲述睡前故事来安抚幼儿的情绪。

(2)睡眠的过程

首先，在幼儿的整个睡眠过程中，教师要时刻关注他们的睡眠情况，如睡姿是否正确，是否盖好被子等。其次，对于入睡晚和入睡困难的幼儿，教师应坐在他们身边小声督促他们尽快入睡。对于爱做小动作的幼儿，教师可以帮助他们入睡，注意不要让他们影响其他幼儿。再次，对于生病的幼儿，教师尤其要细心照顾。对于他们体温的变化、是否咳嗽、是否呕吐等情况，教师要时刻关注，细心护理。最后，对于幼儿的晚间睡眠，教师要了解幼儿夜间小便的习惯和时间，提醒他们起来小便。对于尿床的幼儿，教师要细心照顾，并找出原因，如是否睡前太兴奋或身体不适等，不可因此斥责幼儿或表现出不耐烦等情绪。

(3)睡眠的结束

首先，睡眠结束后，小班幼儿可以逐个起床，让身体弱、需要睡眠的幼儿和入睡晚的幼儿多睡一会儿。中班、大班幼儿可以在规定时间内共同起床，并学习自己整理床铺。其次，教师要提醒幼儿根据天气变化增减衣物。再次，教师要鼓励先整理完床铺的幼儿帮助其他幼儿整理床铺，也可以请幼儿相互帮助整理衣物，如扣纽扣、拉拉链、系鞋带等。最后，起床后，教师应先让幼儿小便、喝水，稍做调整后再组织幼儿进行户外活动。

**(七)如厕活动**

如厕是幼儿园一日活动中的重要生活环节，它能反映一个人最基本的生活自理能力和卫生习惯。幼儿期是人生的起点，是幼儿生理、心理迅速、连续发展的时期，具有巨大的潜力和可塑性。因此，早期对幼儿进行如厕能力的培养，有益于增进其生活自理能力，对发展幼儿的智力、情感、独立性及克服困难的能力等都有重要作用。从小培养幼儿的如厕能力，不仅是社会发展的需要，而且是幼儿自身发展的需要。

**1. 如厕活动需要教师掌握的要点**

①掌握幼儿如厕活动的要求。

②掌握组织幼儿如厕活动的要求，能指导保育员工作。

**2. 幼儿如厕的要求**

①自觉有序地如厕，逐渐学会自理大小便。

②解小便时不弄湿自己和同伴的衣裤，便后会整理服装。

③知道大便后要擦屁股，会正确使用手纸，并用肥皂(洗手液)流水洗手。

④如厕时不要玩耍，要注意安全，不在厕所逗留。

⑤大小便有异常情况能主动告诉教师和保育员。

**3. 如厕活动的组织与实施要求**

①提醒幼儿用语言表达要大小便，指导幼儿正确使用卫生纸，提醒或帮助幼儿整理好衣裤，便后洗手。

②照顾幼儿解便。一般情况下，幼儿应自理大小便，在出现异常情况时及时告诉教师；对于个别自理有困难的幼儿，保育员应加以协助。保育员应观察幼儿大便的情况，有异常时应及时与家长联系并做好记录。

③正常情况下，幼儿每天大便 1～2 次，教师要根据具体情况灵活掌握，不限制幼儿如厕次数。

④提醒容易遗尿的幼儿大小便。保育员及时为遗尿的幼儿更换和清洗衣裤。

⑤保持厕所清洁通风，随时清洗、消毒，做到清洁、无异味。

### 教育故事

张老师刚接手小班，幼儿常常出现各种各样的问题，如尿裤子等。为什么会出现这样的现象？如何才能培养幼儿主动如厕的好习惯？张老师感到很困惑。

**分析**

出现上述情况的原因有很多：一是因为小班幼儿和教师之间存在一定的距离感，即使有大小便也不敢告诉教师，时间一长，大小便就解在裤子里了。二是因为小班幼儿的自控能力差，常常全身心投入当前的游戏而忘了生理需要，结果就会产生大小便失禁的现象。三是家园大小便的姿势的差异。如果幼儿没有掌握大小便的技能的话，就会造成紧张的心理，导致大小便失禁。

鉴于这些原因，首先，教师应该尽量像家人一样关心爱护幼儿，增进与幼儿之间的感情，消除幼儿的恐惧感；其次，教师应加强随机教育，让幼儿学会正确的大小便姿势；最后，教师要合理安排幼儿的一日生活，科学安排幼儿大小便的次数及时间。对于一时贪玩忘记大小便的幼儿，教师应及时提醒他们大小便。

### （八）离园活动

与来园接待类似，这是教师与幼儿及其家长进行个别交往、建立积极关系的机会，可以对家长早上交代的事情给予反馈。但是离园活动是一个比较难组织的环节。幼儿离园前是他们一天中最兴奋的时候。特别是幼儿园大门打开，家长来接的时候，幼儿更加活跃，教师很难控制幼儿的情绪。与来园接待不同，教师要特别注意幼儿的安全监护，也可以利用这一环节培养幼儿做事情有始有终的好习惯。

#### 1. 离园活动需要教师掌握的要点

①掌握离园活动的组织程序和要领。

②指导幼儿有礼貌地同教师、小朋友告别。

③指导幼儿带好回家用品，愉快地离园回家。

#### 2. 离园活动的内容

（1）离园前的谈话活动

教师通过谈话使幼儿对一天的活动进行愉快的回顾，对需要重点巩固的内容进行强化。比如，对一些规则的理解和遵守，对故事的理解和巩固，对一些愉快的事件的回忆，以便回家后与家长分享等。

（2）区域活动

离园前，教师可以向幼儿开放班级的美工区、建构区、生活区等，让幼儿进行一些简单的制作活动。在离园时，教师应提醒幼儿把物品整理好放回原处，以培养幼儿整理物品的好习惯。

（3）同伴合作式的桌面游戏

幼儿可以自由结伴玩接龙游戏、拼图、手指游戏等。这些游戏可以增长幼儿的学识，让幼儿体验同伴间合作游戏的乐趣。

（4）对个别幼儿的教育指导

在离园这段时间，教师可以有针对性地找个别幼儿谈话，进行指导教育。这样既不会耽误大多数幼儿的时间，也保护了个别幼儿的自尊心。

#### 3. 离园活动对幼儿的要求

①洗漱完毕的幼儿可以到比较安静的区域，选择容易收拾的文具进行活动。

②在家长到来时，幼儿要及时把玩具放回玩具柜中。

③值日生帮助教师把水杯放到消毒柜中。

④幼儿要与教师主动说再见，不在走廊内逗留打闹。

**4. 离园活动的组织与实施要求**

①提醒幼儿晚餐后洗手、喝水、小便，帮助幼儿整理衣裤。

②在多数幼儿进餐完毕后，指导幼儿的区域活动。

③向家长简单介绍个别幼儿的在园情况。

④提醒幼儿整理好玩具后再离园。

⑤与幼儿主动说再见。

⑥做好交班记录。

⑦幼儿都离园后，关掉电源，关好门窗，进行紫外线消毒工作，离开幼儿园。

### 教育故事

离园时间到了，家长一拥而上来到教室时，整个活动室就像炸开了锅。家长来接的和家长没来接的幼儿都站了起来。家长来接的幼儿跟教师说再见；家长没来接的幼儿聚集在门口焦急地等待家长的到来。教师在一旁说："小朋友，请回到自己的位置上安静地等待爸爸妈妈。""小朋友不要跑，小心撞倒……"

**分析**

离园环节中最让教师感到难以控制的环节是，教师一方面要组织好幼儿的活动，杜绝安全事故的发生；另一方面又要做好与家长的交流沟通工作。其实离园活动有多种形式。比如，根据组织方式可分为集体式和分散式离园活动；根据内容安排可分为学习性的和游戏性的离园活动；根据来源可分为教师预设的和幼儿自发的离园活动等。

面对离园环节，我们可以这样做：整理幼儿的穿戴，将幼儿穿戴整齐、干干净净地交给家长；和幼儿共同回忆一天的生活，结合幼儿的表现进行表扬，给予幼儿鼓励，并提出明天的希望，这同时也培养了幼儿归纳、整理的良好思维习惯和语言表达能力；也可以根据幼儿提出的要求给他们讲故事，讲完故事后可以对好人好事做出积极的评价，进行随机教育；等等。

总之，幼儿园科学合理地安排幼儿的一日生活，能够促进幼儿身心的健康发展，有助于幼儿形成良好的生活习惯。这是全面完成幼儿园教育任务的保证。

## 活动设计案例

### 小班生活活动——午睡

一、设计意图

近期媒体报道了幼儿在幼儿园午睡猝死的案例，因此午睡的安全对幼儿的身心健康尤为重要。这些幼儿午睡猝死的案例说明部分幼儿园及教师对幼儿的午睡没有足够的重视并且没能关注细节，教师并不真正熟悉看管幼儿午睡时的行为标准。

幼儿午睡看似简单，但午睡时的表征却能客观反映幼儿的身心状况，方便教师观察幼儿午睡的习惯。幼儿午睡也直接影响着幼儿的身体健康和生长发育。

小班建立良好的行为规范将为幼儿日后的习惯培养奠定基础。

对幼儿午睡的观察、指导及睡前习惯的培养至关重要，因此教师需要一直关注并重视幼儿的午睡环节。

二、活动目标

①愿意记录自己的盥洗情况。

②能够积极、主动地做好睡前准备。

③养成良好的睡眠习惯，促进自身的健康成长。

三、活动重点

养成幼儿良好的睡眠习惯，促进其健康成长。

四、活动难点

让幼儿能够积极、主动地做好睡前准备。

五、活动准备

饭后引导幼儿主动漱口；睡前提醒幼儿如厕；组织幼儿做好睡前整理工作。

六、活动的观察要点

①观察幼儿记录盥洗的情况。

②观察幼儿午睡时的无意行为(吮吸手指、蹬被子、睡姿、出汗、咳嗽、发烧、尿床等)。

③观察幼儿的有意行为(躁动、打扰他人、恋物、晚睡、尿频、抚摸生殖器等)。

④观察幼儿整理衣物的情况。

七、活动的指导要点

①指导幼儿记录盥洗的情况。

②纠正幼儿午睡时的无意行为。

③正确处理幼儿的有意行为。

④指导幼儿将衣物摆放整齐。

八、活动过程

(一)饭后洗手

教师借助儿歌引导幼儿用“六步洗手法”洗手。

（二）漱口

教师引导幼儿清理口腔残留的食物，让幼儿漱口后及时在健康记录表上进行插管记录。

导语：手拿小水杯，喝口清清水，抬起头，闭上嘴，咕噜咕噜吐出水。

幼儿有序地排队漱口，擦嘴并将杯子整理完毕后摆放整齐。

指导要点：以插管的方式指导幼儿记录盥洗的情况。

（三）如厕

女孩自主撕手纸，男孩小便。教师记录幼儿小便的情况。

指导要点：指导幼儿撕手纸，记录小便的频次及颜色，以记录单的方式促进家园共育。

（四）睡前散步

①天气晴朗时户外散步。

②天气不好时室内区域走迷宫。

指导要点：组织幼儿放松、愉悦并平静有序地散步。

（五）睡前整理

1. 借助儿歌整理衣物

导语：关上大门抱一抱，弯弯腰，我的衣服整理好。我是小小魔术师，两条腿变成一条腿，裤腰裤腿碰一碰，我的裤子整理好。

指导要点：规范幼儿个人物品的归放；让幼儿将小夹子、橡皮筋、头绳等物品放在固定的地方。

2. 铺床

教师检查床体、床品有无异样；重点观察床上有无异物或玩具；指导幼儿扶好床栏爬上床。

指导要点：检查幼儿床铺周边的电器物品是否安全。

3. 睡前故事

教师营造午睡氛围。

（六）午睡

①巡查。

②细心观察幼儿的身心状况（是否情绪安定、出汗、尿床、蹬被子、咳嗽、发烧和如厕次数），发现异常及时处理。

配套视频

小班生活活动——午睡

指导要点：检查幼儿是否带危险物品上床，指导幼儿保持正确且舒适的睡姿，不蒙头、仰卧，干预幼儿咬被角、吮吸手指、玩弄生殖器等不良习惯。

（七）记录

①插管记录幼儿午睡的情况，填写记录表并分析评价幼儿午睡的状况。

②汇总幼儿午睡的情况，将全部纸条插入记录袋，让幼儿自主记录一日生活的情况。

③幼儿取管、插管、数管，教师与之交流大便干燥、午睡磨牙等情况。

指导要点：指导幼儿点数记录管，分享一日生活记录。

（沈阳市艺术幼儿师范学校幼儿园　张瑞）

**幼儿园幼儿午睡情况记录表**

值班教师：张瑞　　　　　　日期：2018年5月14日—18日

| 无意行为 | 周一 | 周二 | 周三 | 周四 | 周五 | 总计 | 备注 |
|---|---|---|---|---|---|---|---|
| 吮吸手指 | | | | | 17号 | 1人 | 连续4天未吮吸手指 |
| 打鼾 | | 12号 | 12号 | | | | 今天第一个整理好衣物 |
| 惊梦 | 15号 | | | | | 1人 | 病愈后来园 |
| 出汗 | 15号<br>16号 | | | | | | 16号盗汗严重 |
| 咳嗽 | | | | | | | |
| 发烧 | | | | | | | |
| 睡姿 | | | 3号、5号 | | | 2人 | 需要教师辅助右侧卧 |
| 尿床 | | | | | | | |
| 蹬被子 | | | | | | | |
| 有意行为 | 周一 | 周二 | 周三 | 周四 | 周五 | 总计 | 备注 |
| 打扰他人 | | | | 28号 | | 1人 | 来园迟到 |
| 恋物 | | | | | | | |
| 晚睡 | 14号 | 14号 | | 14号 | | 1人 | 精力旺盛，关注运动量 |
| 尿频 | | | | | | | |
| 抚摸生殖器 | | | | | | | |
| 躁动 | | | 25号 | | | | |
| 出勤人数 | 25人 | 22人 | 24人 | 25人 | 25人 | 25人 | |
| 进步 | 16号情绪稳定，能够独立入睡 | 23号睡前主动帮助其他小朋友脱衣服，把所有小朋友的鞋子摆放整齐后，心满意足地上床入睡 | 24号排队上床，入睡前主动小便 | 1号第一个入睡，希望继续保持良好的午睡习惯 | 10号连续一周脱离对毛毯的依恋；19号睡前安静倾听故事，不在床上翻滚 | | |

**小二班幼儿午睡情况记录表**

日期：2018 年 5 月 14 日　　　　　　观察教师：张瑞

| | |
|---|---|
| 姓名 | 政航 |
| 午睡情况 | 入睡一小时后有惊梦、盗汗现象 |
| 进步情况 | 再次来园后，情绪稳定，能够独立入睡 |
| 其他 | 关注幼儿的盗汗现象 |

**小二班幼儿午睡情况记录表**

日期：2018 年 5 月 14 日　　　　　　观察教师：张瑞

| | |
|---|---|
| 姓名 | 译丹 |
| 午睡情况 | 盗汗现象严重 |
| 进步情况 | 再次来园后，情绪稳定，能够独立入睡 |
| 其他 | 关注幼儿的盗汗现象，查询盗汗的原因 |

**小二班幼儿午睡情况记录表**

日期：2018 年 5 月 14 日　　　　　　观察教师：张瑞

| | |
|---|---|
| 姓名 | 可洺 |
| 午睡情况 | 晚睡 |
| 进步情况 | 能安静地平躺着听故事 |
| 其他 | 幼儿今日入睡较晚，睡眠时间约 40 分钟；建议家长保证幼儿在家和在园的作息时间尽量一致 |

**小二班幼儿午睡情况记录表**

日期：2018 年 5 月 18 日　　　　　　观察教师：张瑞

| | |
|---|---|
| 姓名 | 贞慧 |
| 午睡情况 | 入睡后吮吸手指，需要教师介入 |
| 进步情况 | 本周连续 4 天未吮吸手指 |
| 其他 | 可以为幼儿讲绘本《我不再吃手了》；家园一起帮助幼儿改掉吮吸手指的习惯 |

**小二班幼儿午睡情况记录表**

日期：2018 年 5 月 18 日　　　　　　观察教师：张瑞

| | |
|---|---|
| 姓名 | 宸宸 |
| 午睡情况 | 入睡安静 |
| 进步情况 | 连续一周脱离对毛毯的依恋 |
| 其他 | 可以为幼儿讲绘本《我喜欢的小毯子》；家园一起帮助幼儿改正午睡恋物的习惯 |

小二班幼儿午睡情况记录表

日期：2018 年 5 月 18 日　　　　　　　　观察教师：张瑞

| | |
|---|---|
| 姓名 | 奕鸣 |
| 午睡情况 | 入睡后吮吸手指，需要教师介入 |
| 进步情况 | 能安静倾听故事，睡前不在床上翻滚 |
| 其他 | |

# 第二节　幼儿园学习活动

幼儿园学习活动是教师根据幼儿的发展目标设计并组织的专门活动。它是一个师幼双向互动的活动过程，这个过程中既体现出教师的“教”，又体现出幼儿的“学”。作为幼儿园教育的基本形式以及幼儿园课程的实施载体，幼儿园学习活动旨在促进幼儿全面、健康、和谐、整体的发展。本节重点阐述了幼儿园学习活动的含义、分类、组织形式等，为教师掌握设计学习活动的方案提供了基础理论和实践引导。

随着《纲要》精神的贯彻落实，人们逐步认识到，幼儿教育应淡化知识教学，注重幼儿的情绪、情感、态度、习惯的体验与养成。关于幼儿发展的评价也由关注幼儿学会了什么知识，转向看幼儿发展了什么能力，锻炼了什么技能，获得了什么情感，形成了什么态度。这一转变既是对幼儿的高度尊重，又是幼儿教育改革的重要导向。教师对学习活动有了正确的认识，才能规范教育行为，杜绝幼儿教育小学化的倾向。

## 一、幼儿园学习活动的分类

幼儿学习与发展的目标(合理期望)、幼儿学习的内容与途径共同组成幼儿园学习活动的整体方案。幼儿园学习活动大体可以分成三类。

### (一)分科式教育活动

分科式教育活动是从各门学科中选择出适合一定年龄阶段幼儿的发展水平的知识，按照其逻辑顺序组成各种不同的教学科目来开展的教育活动。分科课程随着人类社会和科学本身的发展而产生，从古代萌芽、近代形成到现代应用，是人类社会千百年来教育智慧的结晶，有着自身独特的优势。受苏联幼儿园教育的影响，按学科划分的课程成为我国普遍采用的一种课程模式，一般开设计算、语言、常识、音乐、体育、美术等学科。教学形式以集体教学、分组教学为主，教学过程以教师的教为主。随着我国学前教育课程改革的发展，这种分科式教育逐步被领域教育及主题教育取代。

**(二)领域教育活动**

幼儿园的教育内容是全面的、启蒙性的，可以相对划分为健康、语言、社会、科学、艺术五个领域，也可进行其他不同种类的划分。各领域的内容相互渗透，从不同的角度促进幼儿的情感、态度、能力、知识、技能等方面的发展。五大领域的教育活动在本书的第三章中有具体阐述。

**(三)主题教育活动**

主题教育活动是指以主题为线索展开的一系列教育活动，是一种整合性的活动，具有开放性、综合性、整体性的特点。往往一个主题的内容涉及生活、科学、数学、音乐、美术、语言、运动、游戏等多个方面，是一个有机的网络化的结构。主题教育活动是以主题的形式统领各领域的教育内容，有明确的目标指向和发展进程。它要求教师选择和整合相关的教育内容，关注幼儿的生活和经验，以活动为载体，以环境为依托，以游戏为手段，充分利用周边资源，将预设和生成相结合；引导幼儿围绕主题的核心内容亲历过程、整体感知、主体体验、表现表达，促进其认知、情感、能力多方面的发展。

在主题教育活动中，各年龄段的内容以核心主题的形式呈现。由于以主题呈现，并整合了学习内容与学习方法，主题教育活动会依赖情境脉络涉及各领域的内容，而非分割化地建构知识。它能够充分调动幼儿的多种感官，并形成多种体验方式。这种复合式活动在促进幼儿全面发展的教育中具有十分重要的意义。

## 二、幼儿园学习活动的组织形式

①集体活动：以交流、分享各自的经验，解决共同的问题为主，让幼儿通过教师的引导，整合经验，引起新的认知冲突，在挑战中体验共同探索的快乐。

②小组活动：以探索小组中多人共同感兴趣的问题为主，让幼儿通过分工、协作，在合作中学习交往，形成初步的集体意识、规则意识。

③个别化学习：让幼儿通过与环境材料的互动 ，充分满足自身的学习需要，积累个体经验，适应自身的认知风格，并对自我的学习方式进行探索。

在幼儿的学习活动中，上述三种组织形式是相互交替进行的。这样既照顾到了全体幼儿，又尊重了幼儿个体的差异，满足了幼儿个性化发展的需要，同时也关注了幼儿之间的讨论、交流与相互学习，从而使教育效果最大化。常规教育活动一般以集体活动的方式进行，自由活动及来园、离园活动中可以开展个别化学习，区域活动中可以开展小组活动。

## 三、幼儿园学习活动需要教师关注的要点

### (一)学习活动目标的设计要科学、合理，并有一定的挑战性

学习活动目标的设计要科学、合理，目标应落在幼儿的“最近发展区”上，要符合幼儿的已有经验和兴趣，并对幼儿的原有经验进行提升，但并不是一味地拔高知识技能的要求。

### (二) 学习活动的准备要充分

教师要根据学习活动目标及幼儿的参与兴趣，做好活动的各项准备工作，包括幼儿学习经验的合理铺垫、教具材料的准备等，尽可能做到幼儿与材料的充分互动，使幼儿在已有经验的基础上得到适当提升。

### (三)学习活动的实施要找到恰当的切入点

教师要关注幼儿的已有经验和兴趣，把握好切入的时机，从而使学习活动与幼儿的当前经验吻合，并促进幼儿的认知、情感态度、能力等方面的有效发展。

### (四)学习活动过程要有一定的开放性和灵活性

教师要时刻关注幼儿的兴趣需要、接受水平、参与程度等因素，要给予幼儿生成和发展的空间。同时，教师要根据幼儿的需要和当前的情境，及时调整预设的学习活动计划，灵活地反馈，应对活动中可能发生的各种问题，合理调节活动的节奏和方向，将活动目标与幼儿的兴趣合理结合，最大限度地促进幼儿的发展。

## 四、幼儿园学习活动的实施过程

### (一)领域教育活动的实施

#### 1. 各环节之间的活动结构与流程

领域教育活动从结构上可以分为开始部分、基本部分、结束部分三个环节。

(1)开始部分

此环节的目的在于激发幼儿的学习兴趣，集中幼儿的注意力。教师可

采用猜谜语、讲故事、思考生活中的问题、出示教具、设置情境等方式，引导幼儿发现问题，引发幼儿思考，为下一步的活动做准备。

(2)基本部分

此环节的目的在于完成活动任务，实现活动目标，突出活动的重点，突破活动的难点。因此，此环节是整个活动的重中之重。多种活动方式方法的运用一般都集中在此环节，师幼互动质量的高低也可以在此环节中凸显出来。因此，教师在此环节中要考虑如何设计各个环节，做到环环紧扣，既要抓住幼儿的兴趣，也要考虑活动目标的层层落实；既要考虑重点目标如何突出，运用什么方式方法，也要考虑难点目标如何突破，采用什么方式方法；既要考虑各环节之间的过渡方式，也要考虑每个环节的时间分配；等等。可见，此环节对教师的要求是很高的。

(3)结束部分

此环节是一个完整的教育教学活动必不可少的组成部分。一个好的结束是下一个活动的开始，此环节可以根据活动的需要设置不同的结束方式。比如，归纳和整理活动内容、评价和展示活动成果，或合理设计和组织活动的延伸。

**2. 领域教育活动的设计思路**

领域教育活动的设计一般包括如下几个要素，并在活动教案中体现出来。

①活动名称：要写明活动领域、班次及活动内容。

②设计意图：根据幼儿园及班级的实际情况，结合活动内容，概括说明活动设计的理论支撑、活动对幼儿发展的重要性以及幼儿的发展水平与兴趣需要等几方面的要素。

③活动目标：依据课程理念，从情感与态度、能力与技能、知识与经验等方面对教学目标进行描述，注意将情感与态度、能力与技能、知识与经验三维目标有机地联系在一起。

④活动准备：要写明教育教学活动正常进行所必需的知识经验与物质上的准备。

⑤活动过程：要写清楚活动开始部分的导入方式、必要的导语，基本部分各环节做什么、如何做、解决什么问题、实现哪一个目标、用了什么方式方法、以什么方式结束等。要多采用叙述性的语言，而不是将每句话都附上。此环节要体现幼儿是学习的主体，教师是有效的指导者。内容的安排要合理、有序。

⑥活动延伸：根据幼儿的兴趣需要及活动的需要合理设置恰当的活动

延伸。活动延伸可以是活动地点的延伸，也可以是活动内容的延伸等。

活动设计案例

大班健康活动

——保护鱼宝宝

活动设计案例

小班社会活动

——我会整理

## 活动设计案例

### 中班集体教育活动——影子变变变

一、设计意图

中班是幼儿园教育中承上启下的时期，也是幼儿身心发展的重要时期。中班的幼儿喜欢涂涂画画，能用黏土或橡皮泥捏出一些形状。他们喜欢想象，常常在游戏、制作、观察活动中突发奇想。他们在户外活动中偶然发现了物体的影子，产生了对影子的多种想象和探究欲望。于是，教师设计此活动，目的是激发幼儿的创作灵感，使他们大胆运用剪、贴、画等多种创作手法完成作品并创编故事。

二、活动目标

①愿意结伴创作，乐于发现大自然中影子的美。

②能根据影子的轮廓借形联想，创编故事并大胆添画。

三、活动重难点

①活动重点：能根据影子的轮廓借形联想，完成影子画。

②活动难点：通过添画，创编出自己的故事。

四、活动准备

①胶棒若干个。

②画笔人手一支。

③淡绿色彩纸若干张。

④动植物的剪影若干个。

⑤有关影子的视频一个。

五、活动过程

(一)通过师幼谈话导入主题

导语1：昨天我们一起玩了影子游戏，你们知道影子藏在哪里吗？

导语2：一会儿我们要去户外找影子，把你们找到的影子剪下来，用剪影创作一个影子画。

导语3：什么是剪影呢？这是老师剪好的剪影。我是这样做的——用笔在刮画纸上刮出一个轮廓，按照轮廓的边把剪影剪下来。

导语4：影子是什么颜色的？

(二)户外采集影子

①幼儿自由选择两种材料采集影子。

②教师适时对幼儿进行引导和指导，帮助幼儿采集影子。

(三)幼儿剪影子，教师巡回指导

①提示幼儿安全使用剪刀。

②帮助个别能力较弱的幼儿剪影子。

(四)创编故事

导语：老师给小朋友提供了一些动植物的剪影。一会儿我们两个小朋友一组，看看自己手中的剪影遇到你伙伴手中的剪影会发生哪些故事。两个人共同来创编一个故事，最后不要忘记给你们的故事起一个好听的名字。

幼儿两两一组，探讨、创编影子故事。

(五)粘贴剪影并添画

①幼儿尝试两两一组添画，教师提示引导幼儿将自己的内容与故事内容相联系。

②教师引导幼儿用线描画的方式填充影子画的画面。

(六)讲故事

①幼儿尝试分组讲述故事。

②教师与幼儿共同总结讲故事的要素——时间、地点、人物、事件。

六、活动延伸

教师让幼儿观看有关影子绘画的视频，引导幼儿巧妙利用废纸的影子轮廓进行创意绘画，发挥幼儿的想象力，使幼儿运用多种方式方法和形式进行有关影子的绘画。

**配套视频**

**中班集体教育活动——影子变变变**

(沈阳市艺术幼儿师范学校幼儿园　许苹)

### (二)主题教育活动的实施

#### 1. 确定主题的来源

一般来讲，主题教育活动来自学科或领域、社会生活事件、幼儿自身的生活事件、幼儿感兴趣的事、当地现成的资源、意外或突发事件、幼儿生活中的矛盾与冲突、幼儿需要了解和掌握的一些原理和规律、优秀的儿童文学作品等。

#### 2. 构建主题网络

主题网络可依据不同年龄段幼儿的生理、心理特征及其螺旋式的发展特点来编制。主题网络通常包含三个层次：一级主题、二级主题(单元主题)、三级主题(活动名称)。

**3. 确定主题网络图的种类**

①树状结构示例见图 7-1。

②网状拓扑结构示例见图 7-2。

③标题层级结构示例见图 7-3。

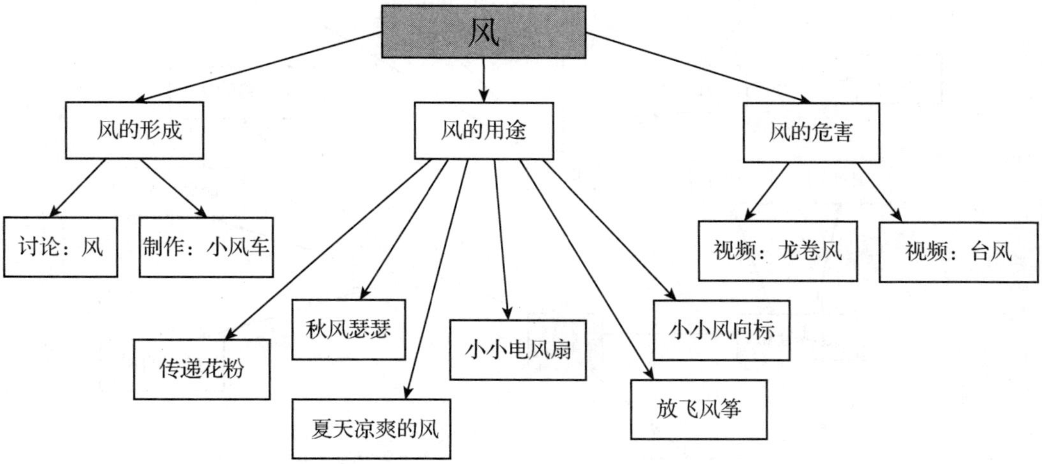


**图 7-1　风的用途**

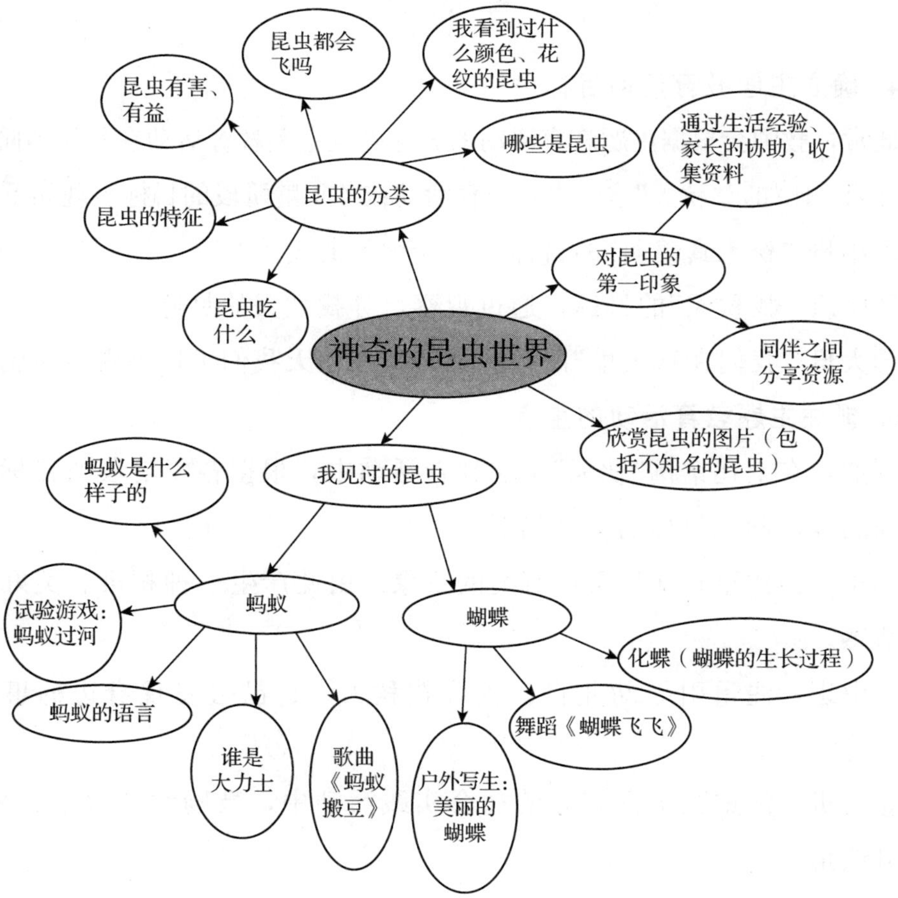


**图 7-2　神奇的昆虫世界**

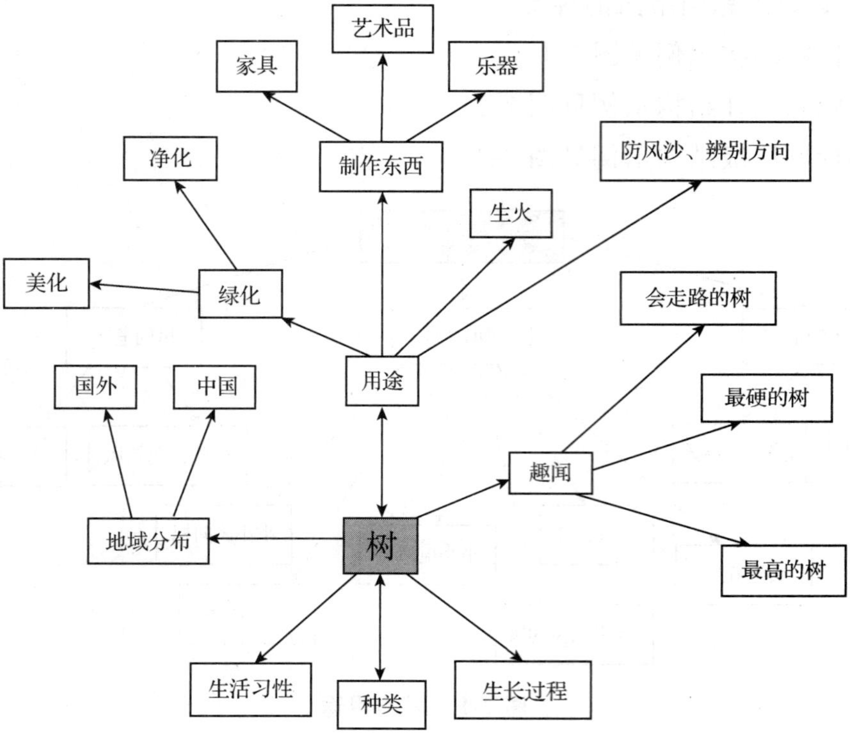


图 7-3　树

**4. 确立主题教育活动目标**

通常，教师会根据主题教育活动的名称确定主题教育活动在各年龄阶段的发展目标。比如，“秋天”这一主题教育活动在各年龄阶段的目标表现如下。

①小班“秋天真美丽”的目标：感受秋天的美。

②中班“找秋天”的目标：通过观察，寻找秋天的足迹。

③大班“我们在秋天里”的目标：知道在秋天我们可以做哪些事情。

**5. 抓住主题教育活动的重点**

例如，在上述案例“秋天”主题教育活动中，根据各年龄段的目标，教师仔细品读，确立目标的重点如下。

①小班：注重感知秋天所有美的景象，由此产生一种积极、美好的情绪、情感。

②中班：注重引导幼儿自己去寻找秋天，自己去发现身边的事物的变化。

③大班：注重在丰富多彩的社会实践活动中，鼓励幼儿收集、采摘，管理自然角。

#### 6. 创设主题环境

主题环境的创设应该紧紧围绕主题教育活动的内容。以“秋”主题教育活动为例，教师可以在室内布置主题墙，展示一段时间的各类活动的部分剪影，包括活动中幼儿的一些绘画作品、手工作品等，如赛诗会剪影、中秋歌会剪影、“中秋月儿圆”绘画作品、菊花制作作品等。教师在语言区中可适当投放一部分关于中秋节的故事书、幼儿绘本诗歌集；在操作区中可设置月饼坊，让幼儿学习制作月饼；在娃娃家中可设置“美味月饼超市”等。在创设走廊环境时，教师可在家园联系栏做好和家长沟通的工作，让家长知道并配合教师的工作。比如，“中秋节致家长的一封信”活动让幼儿和家长一起收集关于中秋节的资料。在走廊中，教师还可分设“美丽的传说故事”“各式各样的月饼”“中秋习俗”“古诗佳句”等栏目。

### 活动设计案例

**大班主题活动——神奇的京剧脸谱**

一、活动目标

①了解京剧脸谱图案的对称性。

②鼓励幼儿大胆尝试在脸上运用对称的方法画京剧脸谱。

③在画脸谱的过程中，感受中国文化的博大精深。

二、活动重点

按照正确的步骤画脸谱。

三、活动难点

能够运用对称的方法画脸谱。

四、活动准备

多媒体课件、镜子、油彩、画笔、罩衣等。

五、活动过程

(一)请幼儿欣赏《神奇的京剧脸谱》短片，了解京剧是我国的国粹，导入活动主题

(二)通过多媒体课件的演示，让幼儿了解脸谱的对称性

教师引导幼儿通过自己的观察寻找京剧脸谱的奥秘——对称性。

(三)给幼儿示范脸谱的绘画过程

①运用多媒体课件出示不同底色的脸谱。

②请幼儿选择喜欢的底色，为幼儿示范画脸谱。(可以让幼儿参与示范过程。)

③打底油—上底色—画油彩。

④让幼儿利用图片总结出画脸谱的步骤。

（四）让幼儿画脸谱

①鼓励幼儿大胆尝试，提醒幼儿注意脸谱两边的图案是对称的。

②提醒幼儿注意使用油彩的卫生与安全。

（五）通过京剧脸谱的表演，让幼儿感受中国文化的博大精深

（沈阳市铁西区熊家岗教工幼儿园　龙琳琳）

配套视频

大班主题活动——神奇的京剧脸谱

## 第三节　幼儿园游戏活动

游戏是幼儿的基本活动。苏联儿童教育专家克鲁普斯卡娅曾强调过游戏的重要性，她指出：游戏对儿童有着特殊的意义。游戏对于他们是学习，游戏对于他们是劳动，游戏对于他们是严肃的教育形式。我国教育家陈鹤琴曾说过："游戏是儿童的生命。"可见，游戏是幼儿最喜爱的活动，是幼儿生活和成长中不可缺少的伙伴；幼儿可以根据自己的需要和兴趣选择游戏，可以利用已有经验充分发挥想象进行游戏。

本节就从游戏活动的基本特征、基本原则、分类、指导与实施出发进行阐述，结合典型游戏活动的案例帮助教师掌握游戏活动的主要内容和指导方式。

### 一、幼儿游戏的基本理论

《纲要》的总则明确指出："幼儿园教育应充分尊重幼儿的人格和权利，尊重幼儿身心发展的规律和学习特点，以游戏为基本活动，保教并重，关注个别差异，促进每个幼儿富有个性的发展。"游戏是幼儿的权利。幼儿在游戏的过程中可以充分发挥主观能动性，自愿参与游戏活动，主动发表自己的看法，成为游戏的主人。幼儿游戏需要教育，幼儿教育需要游戏，二者密不可分。在组织游戏活动时，教师应该充分发挥幼儿的主动性和创造性，引导幼儿参与多种游戏，鼓励幼儿在游戏中反映生活，为幼儿在游戏中运用知识及提高能力提供机会和条件，从而让幼儿在愉快、自主中获得全面健康发展。

知识拓展

有关游戏的理论

幼儿游戏是幼儿为了寻求快乐而自愿参加的促进幼儿身心发展的一种社会活动。因此，教师要把握以下几个特点：①游戏是幼儿自愿的活动；②游戏是幼儿感兴趣的、愉快的活动；③游戏是现实与虚构的统一；④游戏具有具体性和社会性；⑤游戏具有积极的约束力。

教师资格考试

**真题再现**

认为“游戏是为未来生活做准备”的游戏理论是（　　）。（2012 年下半年《保教知识与能力》真题）

A. 预演说　　B. 剩余精力说　　C. 复演说　　D. 松弛消遣说

答案：A

**考题模拟**

游戏理论的“生长说”的代表人物是（　　）。

A. 阿普利登　　B. 格罗斯　　C. 霍尔　　D. 拜敦代克

答案：A

## 二、幼儿游戏活动的基本特征

### (一)幼儿的游戏受兴趣的支配

幼儿是天生的兴趣主义者。游戏之所以受到幼儿的喜爱，是因为其符合幼儿身心发展的特点。幼儿通过不同区域兴奋的迁移来缓解疲劳。幼儿活泼好动，喜欢灵活多变的游戏，并在游戏中经常迁移游戏行为。

### (二)幼儿在游戏过程中重过程、轻结果

对于游戏活动，玩什么、怎么玩、和谁一起玩、是否好玩等常常是幼儿最关注的。一种活动是不是游戏，关键在于幼儿能否从这种活动中体验到快乐与满足。由于游戏活动的目标不是由别人强加的，而是幼儿自己生成的，因此在游戏过程中幼儿更多地体现出随意性的游戏行为，其游戏目标也会随着游戏的迁移而改变。幼儿关注的只是游戏本身，而不是游戏的结果。

### (三)幼儿游戏是幼儿自主自发的行为

由于兴趣的支配，幼儿会产生自发的游戏行为。在游戏过程中，幼儿会由于情感冲动表现出“我要玩”的特点，并在自己的能力和兴趣基础上来选择和决定做什么游戏。这体现出游戏是幼儿自我掌握、自由自主的活动。

## 三、幼儿园游戏活动的基本原则

**(一)娱乐性与认知性相结合的原则**

游戏活动的目的在于借助游戏的娱乐性以改变幼儿对某些枯燥、乏味的传统教学方式的厌倦心理，消除幼儿的生理与心理的疲劳，使他们积极地投身于教学活动。能带给游戏者愉悦的情绪是任何一种真正游戏的基本特征。

**(二)具体活动和反省抽象相结合的原则**

教师在组织游戏活动时既要让幼儿有具体实际的游戏活动，又要引导幼儿对游戏过程和游戏结果进行总结与评价，从而帮助幼儿从具体的活动对象及活动过程中抽象出概念、定义、原理和解决问题的办法及规律。

**(三)自由选择和全面参与相结合的原则**

教师在组织游戏活动时既要使幼儿能自由选择游戏，又要引导和组织全体幼儿参与到规定的游戏之中，并成为游戏活动的主体。

**(四)主体互动原则**

幼儿园的游戏教学是教师和幼儿的双边活动，两个主体是相互依存的共同体。

## 四、幼儿园游戏活动的分类

幼儿园游戏活动的基本任务是让幼儿通过集体和个别的游戏过程实现一定的身心成长目标。我国幼儿教育界在学习和借鉴国外游戏理论的基础上，在实践中形成了幼儿园实用的游戏类型，即创造性游戏(角色游戏、结构游戏、表演游戏)和规则性游戏(智力游戏、体育游戏、音乐游戏)。

知识拓展
皮亚杰关于游戏的分类

**(一)创造性游戏**

创造性游戏是指幼儿以想象为中心，主动地、创造性地反映现实生活的游戏，是幼儿典型的、特有的游戏。

**1. 角色游戏**

角色游戏是幼儿按照自己的意愿模仿和想象，借助真实或替代的材料，通过扮演角色，用语言、动作、表情等创造性地再现周围社会生活的游戏。

**2. 结构游戏**

结构游戏又称“建筑游戏”，是幼儿利用各种结构材料(如积木、积塑、沙石、泥、雪、金属材料等)以及与结构活动有关的各种动作(堆砌、排列和组合)来反映周围生活的游戏。结构游戏是一种非常有意义的活动，对发展幼儿的想象力、审美能力、体力、情商等，促进幼儿的全面发展有着重要的作用。幼儿在活动中认识各种材料的性能，区别形体，学习空间关系的整体、部分的概念，发展感知觉、目测力、操作能力及创造力，磨炼意志，培养做事认真、克服困难、坚持到底的品质。因此，结构游戏也被称为“塑造工程师的游戏”。

**3. 表演游戏**

表演游戏是指幼儿根据故事或童话等文学作品的内容和情节，通过扮演角色，运用语言、动作和表情进行表演的游戏。它是幼儿以故事为线索展开的一种创造性表演的游戏。

**(二)规则性游戏**

规则性游戏是指以教师组织和创编为主的游戏。在游戏中，幼儿的行为必须受到规则的限制，幼儿要按照规则所要求的步骤、玩法进行活动。

**1. 智力游戏**

智力游戏是以完成一定的智力活动任务为目的的规则游戏。幼儿园中常玩的智力游戏有：接龙游戏、配对游戏、拼图、搭火柴棒、感官游戏以及各种棋类游戏等。这类游戏一般都有一定的难度，需要教师的指导和幼儿的努力。这类游戏可以调动幼儿的学习兴趣，培养他们动脑筋的习惯，让他们巩固学到的知识。

**2. 体育游戏**

体育游戏是以增强幼儿的体质为目的，以发展走、跑、跳、投、钻、爬、攀登、平衡等基本动作为活动方式的游戏，也可称为活动性游戏。体育游戏大都是有规则的游戏，也有一些是器械游戏，如球类、绳类、环类、童车等。体育游戏的内容非常广泛，形式活泼有趣，符合幼儿爱好活动的需要，能培养幼儿的勇敢、坚毅、守纪律等优良品质。

**3. 音乐游戏**

音乐游戏是幼儿最喜欢的游戏。在游戏中，幼儿一边唱一边跳，根据歌曲或乐曲的节奏做出相应的舞蹈动作。游戏的设计要富有童趣，适合幼儿的年龄特点。在游戏中，幼儿的参与性强，游戏热情很高。他们在游戏的过程中不仅学会了歌曲，而且培养了合作交往的能力，同时也提高了节奏感。

**真题再现**

1. 幼儿反复敲打桌子，在房间里跑来跑去，在椅子上摇来摇去。这类游戏属于(　　)。(2014 年上半年《保教知识与能力》真题)

A. 结构性游戏　B. 象征性游戏　C. 规则游戏　D. 机能游戏

2. 幼儿最早玩的游戏类型是(　　)。(2015 年上半年《保教知识与能力》真题)

A. 练习性游戏　B. 规则游戏　C. 象征性游戏　D. 建构游戏

3. 幼儿以积木、沙、雪等材料为道具来模仿周围现实生活的游戏是(　　)。(2015 年下半年《保教知识与能力》真题)

A. 表演游戏　B. 结构游戏　C. 角色游戏　D. 规则游戏

答案：1. D　机能游戏是指幼儿反复做某个动作或活动以示快乐和满足。这类游戏能够自然地锻炼幼儿的感觉运动器官，有效地发展其身心机能。

2. A　在感知运动阶段，幼儿的游戏以练习性游戏为主。这也是幼儿最早出现的一种游戏形式。这种游戏是为了取得机能性快乐而重复练习的活动。

3. B　结构游戏是指幼儿运用积木、积塑、金属材料、泥、沙等各种材料进行建构或创造，从而创造性地反映现实生活的游戏。

## 五、幼儿园游戏活动的指导与实施

幼儿园游戏活动的最终目的是培养幼儿的游戏意识、游戏能力、游戏习惯和良好的个性品质。通过参与游戏活动，幼儿将获得举重若轻的心性、处变不惊的心态、灵活机巧的心智、幽默坦然的心境和乐观向上的志趣。

### (一)创造性游戏的指导与评价

#### 1. 角色游戏的指导与评价

(1)角色游戏的意义

①角色游戏有利于满足幼儿模仿成人世界的愿望。角色游戏的开展是为了满足幼儿模仿成人生活中的行为的需求，让他们获得现实生活中无法达到的体验。

②角色游戏有利于培养幼儿的社会交往能力。我们在活动室设立娃娃家、小小医院、美容院、宝贝餐厅等，让幼儿在扮演不同角色的过程中不仅能掌握社会行为规范，逐渐摆脱自我中心的意识，而且能学习不同角色间的交往方式。

③角色游戏有利于培养幼儿的积极情感。游戏的内容和形式是灵活多

样的，幼儿在游戏中体验着各种情绪情感。尤其是角色游戏为幼儿提供了表达自己情绪的机会。例如，幼儿的愤怒、厌烦、紧张等不愉快情绪，在游戏中得以发泄、缓和。它是幼儿消除生活情境产生的忧虑和紧张感，向自信和愉快的情绪过渡的方法。

④角色游戏有利于培养幼儿自己解决问题的能力。幼儿在游戏的过程中常会出现一些问题。教师要鼓励他们自己解决、处理，使他们从小就形成遇到问题不害怕、遇到问题肯动脑筋解决的心态，从而为他们将来步入社会做充分有效的准备。

⑤角色游戏有利于促进幼儿的想象力与思维能力的发展。在角色游戏中，幼儿经常会将一些事物假想成另外的道具。比如，对于我们平时常用的笔、纸杯、纸盒等物体，幼儿会在游戏中把它们变成针、手术刀、小刀(笔)，听筒、装满饮料的杯子(纸杯)，保险箱、肥皂(纸盒)等。幼儿会在游戏中逐渐发现问题，发挥他们的想象力、创造力，去解决游戏中的各种问题。

(2)角色游戏的构成要素

①主题：主题的来源——幼儿的生活经验。

②角色扮演：角色扮演的手段(角色的行动、语言、表情)；角色扮演的类型(单一角色、同一角色、互补角色、支配性角色)；角色扮演的心理结构(模仿、角色意识、角色认知)。

③角色游戏的动作：一种象征性的动作。

④角色游戏的物品：玩具和各种游戏材料。

⑤角色游戏的规则。

(3)角色游戏的指导

由于幼儿的年龄段及游戏发展的层次水平各不相同，教师针对各年龄段幼儿进行指导的侧重点及方式也各不相同。

①小班幼儿的角色游戏的特点和指导要点。游戏的特点为：第一，小班幼儿在进行角色游戏时对玩具的依赖性较强，通常是有什么玩具就玩什么游戏，玩具没有了，游戏也就停止了；第二，小班幼儿喜欢模仿，看到别人玩玩具，产生了兴趣，就扔掉自己的玩具，转而玩别人的玩具；第三，在游戏过程中，小班幼儿无目的地玩重复性的游戏；第四，小班幼儿的角色意识不强。

指导要点为：第一，教师应根据小班幼儿的生活经验为他们提供种类少、数量多、形状相似的玩具，确保他们都能玩到玩具；第二，教师要从游戏的角度帮助小班幼儿明确主题，引导他们逐步稳定游戏的主题，培养他们独立游戏的能力。

②中班幼儿的角色游戏的特点和指导要点。游戏的特点为：第一，中班幼儿的认知能力有了进一步增强，角色游戏的内容逐渐丰富起来；第二，中班幼儿的角色意识较强，他们会选择自己感兴趣的角色，然后根据已有经验来进行游戏；第三，中班幼儿正处于联合游戏阶段，有了与同伴交往的愿望。

指导要点为：第一，教师应帮助中班幼儿拓展游戏主题，设计游戏情节，学会分配角色；第二，在提供玩具的基础上，教师应增加半成品和废旧物品材料，以满足和促进中班幼儿的想象力和创造力的发展；第三，由于中班幼儿的交往技能还比较欠缺，容易在与同伴交往的过程中出现矛盾，因此教师可以就游戏中出现的问题引导他们展开讨论，进一步解决问题。

③大班幼儿的角色游戏的特点和指导要点。游戏的特点为：第一，大班幼儿的游戏内容丰富，主题新颖多样，角色增多并能反映出较复杂的人际关系；第二，游戏的独立性、计划性、合作性较强，能让大班幼儿按照自己的意愿主动选择游戏，并树立规则意识；第三，大班幼儿处于合作游戏阶段，喜欢与同伴一同游戏、共同解决问题。

指导要点为：第一，教师应注重培养大班幼儿独立开展游戏的能力；第二，教师在指导游戏时多对大班幼儿的游戏提供建议，多为他们提供自己解决问题的空间。

(4)角色游戏的评价

①学会观察幼儿，抓住新创意进行评价。观察幼儿在游戏中的情况，是组织角色游戏的重要环节，也是发现幼儿游戏情况的窗口。在游戏过程中，教师不可能完美地设计角色游戏的全过程，总有这样或那样的突发情况。这就需要教师在游戏中仔细观察，抓住游戏中有意义的小事，及时地加以肯定；学会观察，抓住机会，变点滴小事为有意义的事，从而给幼儿积极的影响。

②引导幼儿以角色的身份参与游戏讲评，感受游戏的乐趣。幼儿在游戏中认认真真地扮演角色，认认真真地模仿角色；游戏讲评时，幼儿能走上前来以角色的身份把自己如何扮演角色的经验告诉大家。这样，幼儿可以与大家一起分享游戏的快乐和不开心，他们所说的快乐或不开心的事情

都是同伴间进行游戏时产生的。通过分享游戏的经验，幼儿对角色身份的职责有了更明确的认识。同时，通过讲评，幼儿既能发展口语表达能力，又能达到相互启发、交流的目的。

③引导幼儿充分讨论，积极回应，让游戏讲评成为应对矛盾、提高游戏水平的阶梯。随着经验的积累，幼儿的是非观念、主体意识都得到逐步增强。教师应充分利用游戏讲评组织幼儿对游戏中出现的问题进行讨论，让幼儿在讨论和争执中寻求答案。

活动设计案例
小班角色游戏
——小超市

**2. 结构游戏的指导与评价**

(1)结构游戏的意义

①促进幼儿感知和动作的发展，培养幼儿动作的准确性和手眼协调的能力。

②帮助幼儿获得有关结构材料的大小、颜色、性质、形状和重量等方面的知识，并获得一些空间概念(上下、里外、前后、左右)和数量概念，提升幼儿的认知水平。

③发展幼儿的想象力、创造力。

④培养幼儿做事认真、克服困难、坚持到底的品质。

⑤增强幼儿的自信心，发挥幼儿自身潜在的创造力，发展幼儿健全的人格。

⑥培养幼儿的审美能力和表现美、创造美的能力。结构游戏是一种艺术造型活动，在颜色、形状、各部分比例中均要体现对称、协调和美观的要求。

(2)结构游戏的分类

结构游戏的种类多样，根据材料和结构的不同可分为七大类。

①积木建筑游戏：小型、中型和大型的普通积木，主题建筑积木，拼插积木，榫头积木。

②积塑构造游戏：主题积塑、素材积塑。

③积竹游戏：将竹子制成各种竹片、竹筒等，然后用它们进行构造物体的游戏。我国南方盛产竹子，开展积竹游戏前景广阔，大有可为。

④金属结构游戏：以带孔眼的金属片为主要的建造材料，用螺丝固定，建造成各种车辆及建筑物的模型。

⑤拼图游戏：图像组合拼图游戏、拼棒游戏、拼板游戏、几何图形拼图游戏、自然物拼图游戏、美术拼图游戏。

⑥穿珠、串线、编织结构游戏。

⑦玩沙、玩水、玩雪等结构游戏。沙土是一种不定型的结构材料，幼儿可以随意操作。幼儿也可利用水、雪玩划船、堆雪人、打雪仗等游戏。玩沙、玩水、玩雪都是一种简便易行的结构游戏，在城市、农村都可以广泛开展。

(3)结构游戏的构成要素

①兴趣——解决为什么要游戏的问题。幼儿参加结构游戏往往是从兴趣开始的。利用一堆不起眼的积木能搭出各种各样的房子，这一切在幼儿的眼中是多么新鲜、有趣和不可思议。他们对拼、插、搭产生了强烈的好奇心，个个跃跃欲试。因此，教师应该注意利用多种方法吸引幼儿的好奇心，激发幼儿对构造活动的浓厚兴趣和创作的欲望。

②技能——解决怎样游戏的问题。幼儿建构的技能技巧往往影响着游戏内容的扩展和游戏水平的提高。当幼儿对结构游戏有了一定的兴趣时，他们就会积极主动地去学习建构技能。建构技能发展得越好，他们的兴趣也就越浓厚。教师需要做好如下两点。

第一，教师帮助幼儿发展建构技能，遵循由浅入深、循序渐进的原则。

第二，教师指导幼儿学习建构技能，在观察、了解幼儿的基础上恰到好处地引导、点拨。幼儿掌握了熟练的建构技能之后，游戏起来得心应手，又产生了建构更完美、更复杂的主题的愿望。

③题材——解决玩什么游戏的问题。教师要引导幼儿对周围生活中的物体和建筑物有较细致的了解，并有较丰富而深刻的印象。社会环境、美丽的大自然、独特的风景名胜都是幼儿开展结构游戏的题材。教师可采用带幼儿参观、游览、观看电视节目、欣赏建筑图片等形式，引导他们有目的、有计划地观察、积累，丰富表象，向生活要主题，向大自然要内容。

④材料——解决用什么来游戏的问题。玩具材料是幼儿游戏的物质支柱，是幼儿游戏的工具。幼儿是通过使用玩具材料来摸索、学习的。教育家乌申斯基曾说过："最好的玩具是那些他们能够随意地用以变更的玩具。"可见，玩具材料的选择和运用在游戏中特别重要。教师需要做好如下三点。

第一，教师应有目的、有计划、有针对性地投放、变更和调整结构游戏材料，科学指导幼儿的使用和操作。在材料的提供上，教师还应注意幼儿的能力差异。对于能力强的幼儿，教师可引导他们用辅助材料进行建构；对于能力弱的幼儿，教师可提供结构简单、易于操作的材料。

第二，教师应深入探究已有材料的玩法，做到物尽其用，实现一物多用、一物多玩。

第三，教师应指导幼儿自制玩具材料，满足游戏发展的需要。教师不能被动地局限于购置材料，因为购置的材料往往满足不了游戏进一步发展的需要。教师应指导幼儿充分利用自然物、无毒无害废旧物品、半成品和一物多用的成品，让幼儿在游戏中能独立构思，创造性地运用；可以让幼儿自己动手制作需要的游戏材料。这既满足了游戏的需要，又发展了幼儿的动手、动脑能力，可谓一举两得。

(4)结构游戏的指导

第一，以幼儿的发展为本，突出培养创造力、自主能力的目标。

第二，丰富幼儿对周围环境的印象，引导他们走出幼儿园观察多种事物，关注并注意收集周围环境变化的信息。同时，家长要注意丰富幼儿的经验。

第三，帮助幼儿认识结构材料，学习操作的技能。结构游戏复杂，对幼儿的智力和动作技能的要求较高。如果没有指导，幼儿可能会因缺乏操作技巧而丧失信心，放弃构造活动或长时间停留在敲敲打打、推来扔去的低水平游戏状态上。为此，教师要帮助幼儿做好如下三点：一是帮助幼儿识别材料的特征，如识别材料的大小、形状、凹凸、颜色等特征；二是帮助幼儿掌握结构操作的技能，如掌握排列组合、接插镶嵌、拼搭连接、穿套、编织、黏合等造型方式；三是帮助幼儿掌握结构分析的技能，如学会看平面图形、分析结构范例等。

第四，有顺序地提供结构游戏的材料，遵循由浅到深、由简单到复杂的原则。比如，由提供可摆弄的实物及材料到投放可拼排有形物的分割材料，由提供拼图、镶嵌板等材料到投放几何形板块的任意组合材料，由提供积木、七巧板等材料到投放低结构材料等。当然，在提供低结构材料的同时，教师要指导幼儿进行结构操作。

第五，引导幼儿自主进行游戏，注意培养幼儿游戏的目的性和坚持性。

(5)结构游戏的评价

①评价与指导相结合。评价与指导对幼儿的发展具有重要的意义。评价是对幼儿游戏成果的肯定，而指导则是要对幼儿未来的游戏活动起到重要的帮助作用。在结构游戏的最后，教师不仅应对幼儿进行表扬，而且应对其作品进行认真的分析和指导，以便促进幼儿更好地进步，使幼儿更加明确地知道自己好在哪里，促进幼儿更好地创作，提高幼儿的游戏兴趣。

②结果评价与过程评价相结合。结果评价与过程评价主要是教师分别针对整个结构游戏的结果与过程，进行概括性和总结性的评价。这两种评价相互促进、相互配合，不仅可以使教师在游戏过程中总结经验，防止意外发生，而且能对幼儿集体与幼儿个体进行评价，从而把握幼儿的整体水平，实施、调整教育方案和教育方式，对幼儿进行更好的教育和指导。

③教师评价与幼儿自我评价相结合。教师评价主要是指教师对幼儿在游戏活动中的表现进行的评价。这种评价不单是表扬，还要对幼儿在活动中出现的问题进行批评和教育，对于幼儿来说具有较大的教育意义。幼儿自我评价主要是指在教师的引导下，幼儿自己对游戏活动进行论述和分析。教师评价与幼儿自我评价相结合，不仅能发挥教师的主导作用，而且能让幼儿自主总结经验，增强与他人的交流和配合能力，从而提高整体素质。

活动设计案例

**大班结构游戏**

**——各式各样的桥**

**3. 表演游戏的指导与评价**

(1)表演游戏的意义

①加深幼儿对文学作品的理解和记忆，养成对周围事物的正确的态度和良好的行为习惯。

②促进幼儿想象力的发展。角色游戏进行的过程也是幼儿进行想象的过程。

③促进幼儿语言的发展。表演游戏对幼儿语言的发展有突出的作用。文艺作品中生动、优美的语言特别能吸引幼儿。幼儿在表演过程中要熟记作品中的语言，掌握正确的语音，富有创造性地表现符合角色性格特征的语调和表情。这些都有利于提高幼儿的语言表达能力。

④促进幼儿集体观念的形成。表演游戏能使幼儿增强集体观念，感受到团队的力量，同时还有利于培养他们的自信心和独立性。

(2)表演游戏的构成要素

①内容的选择。内容的选择是表演游戏中的一个必要环节。内容是否适合幼儿的年龄、心理特点直接影响幼儿参与游戏的积极性。

②环境的创设。为幼儿创设必要的游戏环境，是幼儿顺利开展表演游戏的先决条件。对于日常进行的表演游戏，教师可以在活动室中用小椅子、小桌子或大的积木围起来设置小舞台。角色相对少的表演游戏也可以有一个较固定的表演区。

(3)表演游戏的指导

①游戏初期。在游戏初期，幼儿可能对故事发展的线索把握得不是很清楚，对游戏的串联也有些困难，常常有脱节和游戏中断的现象。此时，教师可以充当旁白的角色或者请能力强的幼儿担当这个角色，提示幼儿故事发展的线索或相关情节，让幼儿根据旁白的提示做出相应的肢体动作并进行对白。

②游戏中期。在游戏中期，教师可引导幼儿表现特定的情境。教师需要做如下三点。

第一，教师有重点地观察。表演游戏进行一段时间后，幼儿对情节的发展和对白已经熟悉，表演自如了许多，不再需要教师进行旁白。

第二，教师引导幼儿合作、协商并有创意地进行表演。

第三，教师帮助幼儿提高表演技能。幼儿需要凭借一定的表现技能对文艺作品中的内容和情节进行再现和展示。因此，培养和提高幼儿的表演技能是完成表演游戏的一个重要前提。

③游戏后期。在游戏后期，教师可鼓励幼儿展示自己的表演。在每个表演活动结束时，教师都要给幼儿提供更多的展示自己的机会。在活动中，幼儿获得了成功的体验，提高了参与表演游戏的兴趣；在观看他人表演的同时，幼儿也学到了他人的长处，拓宽了自己的思路，丰富了经验；游戏结束时的交流分享尤其是成功的体验增强了幼儿表演的自信心。

(4)表演游戏的评价

①对幼儿在游戏中是否具有模仿能力进行评价。

②对幼儿在游戏中的语言和动作表现进行评价。

③对幼儿在游戏中的角色性格特点的表现情况进行评价。

④对幼儿在游戏中所表现出的想象力进行评价。

⑤对幼儿在游戏中的独立性的表现进行评价。

⑥对幼儿设计、制作布景道具和场面布局的能力加以评价。

⑦对幼儿在游戏中表现出的计划性和组织性进行评价。

活动设计案例

小班表演游戏

——拔萝卜

### (二)规则性游戏的指导与评价

#### 1. 规则性游戏的意义

(1)规则性游戏有利于促进幼儿的智力发展

幼儿在规则性游戏中能理解并遵守规则，其价值不仅在于幼儿学会了某一规则，还在于他们认识了规则的社会意义和价值。这有助于幼儿认识并了解社会适应中规则的调控作用及其必要性，从而使幼儿在遵守规则的基础上尊重规则，并把社会规范转化为一种自觉的行动，促进自身社会化的发展。

(2)规则性游戏有利于促进幼儿的情感发展

一方面，规则性游戏有利于幼儿积极情感的发展。在游戏中，幼儿有充分的自由，没有过多外来的压力。所以，幼儿更能表现出真挚、自然的情感，情绪也会相对积极、愉快和稳定。另一方面，规则性游戏有利于幼儿消极情绪的疏导。一般来说，幼儿在轻松、愉快的气氛中容易自由地抒发情感。

(3)规则性游戏有利于促进幼儿的道德发展

道德的社会化过程是一个自觉地接受道德法则约束的过程，任何外界的显性要求都可能导致幼儿的逆反心理。在游戏中，道德法则以隐性的游戏规则的方式产生作用，游戏主题及其角色关系本身对幼儿的社会认同具有暗示功能。对游戏内容的理解、角色规范的执行实际上已转化为一种隐性的道德行为的练习过程，对幼儿来说自然更易于接受和内化。

#### 2. 规则性游戏的构成要素

①目的：在游戏中传递知识、培养技能、发展动作和智力的具体任务。

②玩法：为实现游戏的目的，对幼儿的动作和活动提出的要求。

③规则：活动中必须遵守的规则，以确保游戏顺利进行。

④结果与评价：参加游戏的幼儿经过努力最后达成的目标和出现的问题。

**3. 规则性游戏的指导**

(1)智力游戏的指导

第一，要合理选编游戏内容。游戏内容要符合以下几点要求：首先，游戏内容必须与幼儿已有的认知结构接近，否则无法产生游戏，只能是一种纯粹的智力教育活动。其次，将同一发展目标分解为若干个小型游戏活动目标，从而降低游戏在智力要求上的难度。教师要用“滚雪球”的方式扩展幼儿的知识量，循序渐进，提高幼儿的智能水平。最后，游戏的教育性和趣味性要有机统一。

第二，要做好充分的游戏准备，包括丰富幼儿的知识经验和了解智力玩具或学习材料。

第三，要做好游戏过程的指导。首先，充分利用智力玩具的操作价值，引导幼儿积极投入游戏。在许多智力游戏中，幼儿学会了操作玩具，表明已经达成了游戏目标。其次，讲解与示范尽量与幼儿的尝试过程同步进行。教师采用描述性语言讲解游戏的玩法和规则；先让幼儿尝试，根据幼儿尝试中的错误再有针对性地讲解和示范；参与游戏过程，以合作游戏的方式指导幼儿。再次，兼顾幼儿的年龄差异与个体差异，采取异步指导策略。异步指导的核心是教师根据幼儿智力水平的年龄差异提出共同的要求，然后在同一年龄的幼儿中根据其实际水平分别提出不同的要求。最后，组织性游戏与自发性游戏并重，采取开放性的随机指导策略。智力游戏是一个严谨的智力活动，不是一个封闭的孤立的活动，它与其他活动密切联系。因此，教师必须采取开放性指导方法。采取开放性指导方法意味着教师的指导必须随幼儿的活动变化而相应地变化，主动适应幼儿的需要，而非一成不变、机械重复。智力游戏的指导是一个动态的发展过程，是一种师幼之间的互动过程。

活动设计案例

**小班智力游戏**

**——点点虫**

(2)体育游戏的指导

第一，合理选编游戏内容。选择的内容要符合幼儿健康教育的要求和幼儿生理、心理发展的特点，要具备教育性和趣味性。

第二，做好充分的游戏准备，包括场地与器材(安全因素)，幼儿的衣着、鞋帽等。

第三，体育游戏指导。首先是导入。教师要激发幼儿的兴趣，帮助幼儿了解游戏的玩法和规则，学习新技能，学习游戏的玩法。其次是游戏展开。教师应注意以下几个问题。

一是角色分配，即尽可能让每个幼儿都有练习动作的机会。

二是个别指导，即根据幼儿的参与情况合理进行个别薄弱幼儿的动作指导。

三是游戏时间，即取决于游戏的活动量和幼儿的兴趣。

在游戏过程中，教师的指导主要是调节游戏的气氛、节奏、幼儿的活动量等。由于幼儿天性好动，自控能力较差，一旦完全放任，幼儿易于走极端，甚至冒险或蛮干。这时，教师既要鼓励幼儿克服困难，勇敢排除障碍，又要适当预防幼儿的某些过激行为。教师要为幼儿游戏创造适宜的气氛：激烈而不紧张，欢快而不压抑。

活动设计案例

中班体育游戏

——快乐的木头人

第四，游戏结束。游戏结束的方式一般是直接进入安静轻松的活动或者总结体育游戏之间的衔接问题。

(3)音乐游戏的指导

第一，合理选择音乐游戏的题材。正确选材是开展音乐游戏的良好开端。音乐游戏的形式多样，种类很多，有易有难。教师应该结合幼儿的年龄特点及本班的实际水平，根据教育目标和要求进行挑选或改编；应着重从合理的情节、合适的动作、鲜明的形象、富有趣味的音乐等几方面进行选材。

第二，有效指导音乐游戏的开展。有效指导是开展音乐游戏的关键。因此教师要为幼儿创设宽松、和谐的游戏环境，因人而异提出合理要求。

幼儿生来就对音乐有特殊的感情。在优美的旋律中，在音乐带来的宽松的氛围中，幼儿用自己独特的方式来表现他们内心的感受。正是这种宽松、和谐的氛围，这份积极愉悦的心情，使幼儿有可能大胆尝试，勇于表现；同时也为教师培养幼儿主动参加音乐游戏的意识提供了机会。比如，当幼儿大胆拍出第一个节奏，勇敢做出第一个动作时，教师赞许的目光、鼓励的微笑、肯定的口吻(如“你真棒”“我喜欢你这个节奏”“你肯定能行”)等积极评价都会令幼儿对自己的能力充满信心，从中获得强大的动力，更加积极主动地参与音乐游戏。

成功的体验对培养幼儿的主动性、积极性是非常重要的，它能使幼儿由此相信自己的能力，对自己做出积极的评价；同时还能提高幼儿在同伴中的地位，帮助幼儿建立自信。由于幼儿之间存在个体差异，因此对于不同层次的幼儿来说，教师对他们的要求应有所不同，使他们经过努力后都能在力所能及的范围内体验成功的快乐。

**活动设计案例**
**大班音乐游戏**
**——拍一拍**

## 活动设计案例

### 大班音乐表演活动——海底世界

一、设计意图

根据《幼儿园教育指导纲要(试行)》中艺术领域的目标，教师要在支持、鼓励幼儿积极参加各种艺术活动并大胆表现的同时，帮助他们提高表现的技能和能力，还要避免仅仅重视技能或艺术活动的结果而忽视幼儿在活动过程中的情感体验和态度的倾向。大班幼儿对表演游戏的目的比较明确，对游戏的兴趣比较浓厚，知道自主选择自己喜欢的角色，对扮演有极强的兴趣。本活动选择的乐曲是法国圣桑的《水族馆》，旋律优美，结构简单，既贴近幼儿的生活，为幼儿所理解，又能让幼儿感受到旋律的美，能够激发幼儿的想象力、创造力。而且，海底世界与幼儿密切相关，幼儿对海底世界充满了好奇和想象。本活动开展的目的是启发幼儿在优美的旋律中感受有趣的海底世界，充分发挥幼儿的想象力和表现力。

二、活动目标

①能通过乐曲的快慢感受曲式的变化。

②熟悉乐曲的曲调，会用身体动作表现对乐曲内容的理解。

③喜欢在同伴面前大胆表演。

三、活动准备

①将活动室布置成海底世界。

②为幼儿准备彩带、彩绘笔、镜子、纱巾、皱纹纸。

③乐曲《水族馆》。

四、活动过程

(一)情境导入

导语1：今天老师要带小朋友去参观海底世界，我们出发吧！

导语2：好漂亮的海底世界！老师给小朋友准备了一首关于海底世界的乐曲，请小朋友闭上眼睛，静静地用耳朵听一听。乐曲的节奏有变化吗？有什么变化？乐曲中讲述了什么事？

导语3：谁来说一说乐曲中讲了什么事？谁还有不同的答案？

(二)听音乐进行表演

导语1：我们一边听音乐，一边来表演这个故事吧！(播放音乐，让幼儿自由表演。)

导语2：小朋友表演得非常好。我们想一想，除了可以用身体动作表现音乐外，还可以怎样表演？

小结：我们可以用肢体动作、语言、舞蹈来表现音乐。

(三)分组讨论表演

①幼儿分成三组，每组若干人。

幼儿讨论之后选择角色，进行表演。

导语1：商量得怎么样了？老师这里有一些彩绘笔、纱巾，请小朋友打扮自己吧！

导语2：哪一组的小朋友愿意先来表演？

导语3：你喜欢他们的表演吗？谁来说一说他们哪里表演得最精彩？

②教师对幼儿的表现进行小结。

配套视频

大班音乐表演活动

——海底世界

(沈阳市铁西区熊家岗教工幼儿园　郭欣)

视频案例

自主游戏初探

## 第四节　幼儿园区域活动

幼儿园区域活动又称为幼儿园区域游戏。教师根据教育目标以及幼儿的发展水平和兴趣，有目的地将活动室、睡眠室、走廊等相对划分为不同的区域，设置各种区角，如美工区、建构区、表演区、科学区等，依据主题活动的发展进程投放相应的活动材料，通过创设支持性的活动与游戏区域，引导幼儿在与区域环境互动的过程中主动探索，由幼儿按照自己的意愿和能力，以操作、摆弄为主要方式，进行个别化的自主学习。

区域活动是一种开放、自由、自主的活动。在活动中，幼儿轻松愉快、没有心理压力，并能体验到战胜环境的成功感，能建构新经验并满足游戏与活动的需求。区域活动实际上就是为每个幼儿开出的优良教育处方，是一种个性化、个别化的教育方案。区域活动改变了幼儿被动学习、教师统一教授的单一教学模式。因而它受到幼儿园的普遍关注，已成为幼儿园开展教育活动的重要途径之一。

## 一、幼儿园活动区的分类

幼儿园按照五大领域可将活动区域分为如下几个方面。

①健康领域：生活服务区，体育活动区(包括玩沙区、玩水区等)。

②语言领域：语言区(图书区、阅读区)，表演区等。

③艺术领域：表演区、美工区、音乐区、建构区等。

④社会领域：角色扮演区，如娃娃家、超市、医院、餐厅、理发店等。

⑤科学领域：科学探索区、益智区(数学区)、自然角等。

活动区域的分类并不要求名称的整齐划一，教师可以依据幼儿的年龄特点和实际需要进行设置。区域活动的内容应当与主题活动的发展目标相联系。一般来说，如果条件允许，空间足够，小班适合建5～6个活动区域，中班适合建7～8个活动区域，大班以建9～10个活动区域为宜，以满足幼儿自由活动的需要。

## 二、幼儿园活动区的教育作用

### (一)语言区的教育作用

①练习听、说、读、写的基本技能，养成听、说、读、写的良好态度和习惯。

②培养阅读兴趣，掌握正确的阅读方法，形成良好的阅读习惯。

③在看、听、读的过程中，通过对图书中的故事情节的感受、模仿、学习和欣赏，培养语言表达能力和审美能力。

④学习运用语言表达自己的情感、需求、意愿和观点。

⑤促进幼儿之间的相互沟通、相互影响、相互学习、相互了解。

**（二）音乐区、表演区的教育作用**

①学习用动作来表现音乐，按照音乐的内容、节拍进行有趣的游戏，加深对音乐的理解能力和感受能力。

②在演唱和表演的过程中，培养辨别声音的高低、强弱、快慢变化的能力以及倾听、跟从节奏指令的能力。

③发展动作，使动作准确、优美、富有节奏感和表现力。

④加深对文学作品的理解和记忆，养成对周围事物的正确态度和良好的行为习惯，发展想象力和创造力。

⑤培养活泼乐观的情绪，陶冶情操，以利于感受能力、理解能力、表现能力、审美能力、创造力的发展。

⑥增强自信心和独立性，培养集体观念。

**（三）美工区的教育作用**

①学习观察和感受周围的事物，并用美工材料表达自己的情感和思想。

②获得接触各种材料的机会，了解各种材料的特性，学习利用工具进行立体造型活动。

③发展创造力、想象力、表现力，体验成功。

④训练小肌肉，促进手眼协调，发展操作及解决问题能力。

**（四）建构区的教育作用**

①发展建构能力，学习建构技法。

②发展空间知觉，认识基本的形状，感受数量关系。

③学习尝试各种不同的建构方法、设计，激发想象力、创造力。

④培养分工合作的能力，在共同设计、共同建构、共同游戏中体验成功的愉悦。

⑤培养社会性，发展人际交往能力、表达能力以及掌握自行解决问题的方法。

**（五）角色扮演区的教育作用**

①通过学习扮演不同的角色，了解人际关系，发展社会性。

②学习友好交往的技能，如分享、协商、互助、合作等技能。

③培养大胆表达自己的意愿、情感、见解的意识，发展语言交流能力，实践和尝试自己解决问题的方法。

④发展表征能力，如以物代物，激发想象力以及创造性地反映现实的能力。

⑤学习适度地表达自己的情绪，了解他人的情感，能自我控制，调整与伙伴间的相互行为关系。

**(六)科学探索区的教育作用**

①激发对科学现象的兴趣，学习运用多种感官感知事物的现象，发展观察力。

②活跃思维，培养分析、判断和推理的能力。

③提供尝试、探究和实验的机会，实地操作，认真解决问题，获得知识，形成概念。

**(七)益智区的教育作用**

①在摆弄、操作的过程中发展感知觉，充分运用五官进行观察比较，感受物体的形状，识别物体的颜色，比较物体的大小、长短、高矮、粗细，理解形体的等分等。

②在拼摆游戏、造型游戏中，充分发挥思维能力、想象力、创造力。

③在棋类游戏中，发展分析能力、综合能力、推理能力、概括能力。

④激发探究兴趣和求知欲望，培养细心和专心做事的能力、独立解决问题的能力。

**(八)自然角的教育作用**

①有选择地、集中地、分层次地认识周围环境和广泛的自然物，丰富认知经验。

②培养细致观察的能力，能够自由地操作和探索，弥补集体活动时观察探索的不足。

③开阔眼界，培养对大自然的积极情感和态度以及爱护自然、保护环境的意识。

## 三、幼儿园区域活动计划的制订

区域活动并不是独立的教育活动。为避免区域活动的随意性，教师在制订活动计划时要按照《纲要》中的具体要求，根据本园的实际情况，结合幼儿的发展需要和水平制订实施计划。

区域活动是班级整体教育的有机组成部分。教师可以将区域活动的设置与班级的领域教育活动或主题教育活动进行有机结合，根据本周开展的领域教育活动或主题教育活动、本班幼儿的特点安排相应的区域，提出适宜的要求。

## 活动设计案例

**中班区域活动月计划**

| 周次 | 主题活动 | 教育活动 | 区域设置 |
|---|---|---|---|
| 第一周 | 能干的我 | ①别说我小<br>②有趣的我<br>③表情歌<br>④孔融让梨<br>⑤数数有多少 | ①在益智区投放练习系鞋带、扣纽扣等活动用的各种材料<br>②在阅读区投放多种图书，让幼儿学会共同阅读、分享<br>③在表演区将各种情绪表情的图片或照片投放在“情绪袋”中，让幼儿抽取图片自由表达观察到的各种情绪表情<br>④在美工区投放人物表情的拼图，请幼儿在脸谱上拼摆出不同的表情<br>⑤在科学区投放实物卡片及 4 以内的数字卡，让幼儿练习点数，并学习将数字卡片与实物卡片对应起来 |
| 第二周 | 我爱老师 | ①教师的节日<br>②亲爱的老师，谢谢您<br>③祝福的花<br>④哪些是 5 个 | ①在美工区为幼儿准备可以制作小礼物和祝愿卡片的各种材料，供幼儿继续创意制作<br>②在表演区提供一些“歌颂教师”的歌曲供幼儿欣赏，使其进一步体验其中蕴含的情感<br>③在阅读区投放诗歌挂图，鼓励幼儿练习朗诵或创编<br>④在益智区投放数字卡片 1～5 和实物卡片，并混放在一起，请幼儿进行匹配练习 |
| 第三周 | 多样的色彩 | ①颜色变变变<br>②漂亮的颜色<br>③漂亮的花<br>④制作陀螺<br>⑤粉刷匠 | ①在科学区投放调色材料，引导幼儿用不同的两种颜色调出新颜色<br>②在语言区投放挂图、故事光盘和动物手偶，让幼儿继续看图讲述和表演<br>③在益智区投放不同颜色、不同形状的卡片，引导幼儿从不同角度分类<br>④在美工区投放废旧纸盒，引导幼儿用调好的颜色给纸盒涂上不同的颜色<br>⑤在建构区指导幼儿利用胶粒、积塑等建构美丽的“花园”<br>⑥在表演区准备粉刷匠的服饰及工具，指导幼儿根据歌曲内容创编动作并进行表演 |
| 第四周 | 多样的色彩 | ①排序装饰<br>②吹泡泡<br>③爱护花草<br>④花环舞<br>⑤彩虹车 | ①在益智区利用若干小动物的图片进行摆图片排序<br>②在建构区利用插塑、大型积木进行规律排序，建构围栏<br>③在科学区投放各种吹泡泡的工具，引导幼儿观察泡泡的形状及颜色并进行记录<br>④在表演区提供歌曲让幼儿欣赏，并根据情节自由表演<br>⑤在美工区投放各种大小不同、材质不同的材料，让幼儿自主选择，制作彩虹<br>⑥在阅读区投放有关彩虹的图片、图书、儿歌，鼓励幼儿阅读讲述 |

（沈阳市铁西区凌空幼儿园　孙佳欢）

教师可以引导幼儿选择活动区域，帮助幼儿协调各活动区域的人数，并以语言调控幼儿的行为。教师可以先介绍活动区域、材料，提示或建议活动方法，调动幼儿已有的知识经验，并提出行为要求，提醒他们游戏的规则，引导他们积极参与活动。

教师要以游戏伙伴的身份与幼儿共同游戏。教师要依据计划和目标指导幼儿的游戏，同时要随时抓住教育契机，及时有效地处理偶发事件，将指导的计划性与随机性、灵活性结合起来。在游戏中，教师要能依据幼儿的不同需要给予适当的帮助，同时还要注意激发幼儿之间的积极相互作用。

教师要引导幼儿对游戏进行评价，可以对幼儿执行游戏规则的情况做小结，表扬肯定积极的行为，也应注意对游戏活动的质量予以评价鼓励。另外，对幼儿游戏中的一些问题，教师可以引导幼儿加以讨论，明确认识，并共同寻求改进的措施等。教师应以正面引导为主，注意树立榜样，发挥激励作用。

活动设计案例

小班角色区计划

活动设计案例

大班益智区

——百变图形

活动设计案例

小班图书区

——宝贝书吧

活动设计案例

科学探索区

——做宝宝奶昔

## 四、幼儿园区域活动的指导策略

### (一)建立常规

适宜的活动规则具有内在、隐性、动态和多样等特点。活动规则不仅可以培养幼儿的积极性、主动性，而且能培养幼儿的自律行为和责任意识。在制定活动规则时，教师要考虑三个方面的内容：一是道德规则(爱惜区域的材料和玩具，学会与同伴友好合作、交往等)；二是行为规则(使用过的材料、玩具、器械要放回原处，会轻拿轻放等)；三是安全规则(自己寻找空间进行活动和游戏，会按次序活动，不冲撞、奔跑，会保护自己)。教师应根据幼儿的不同年龄特点及班级幼儿的实际水平来制定规则，潜移默化地鼓励幼儿树立规则意识。

**1. 限定人数的规则**

活动区域建立后，教师要根据活动区域的大小、材料投放的多少来限定人数。例如，图书区如果最多可容纳 3 人，那么就可以在地上粘贴 3 双小脚印。幼儿进入区域活动时将鞋子脱到地上按脚印摆放好，若无脚印即说明区域人员已满；出区域时穿好鞋子。

**2. 取放、使用、收拾材料物品的规则**

①在进行活动区域物品取放时要根据自己游戏的需要取拿物品，不抢占他人的操作材料。

②爱护物品，轻拿轻放。

③区域活动结束后，将物品进行整理、归位，将垃圾扔进垃圾桶。

**3. 相互交往的规则**

①活动时不打扰和影响他人。

②学会协商、谦让、轮流、等待。

③爱护自己及他人的作品。

**(二)观察幼儿的区域活动**

观察是教育科研的基本方法。教育家陶行知先生说："教育为本，观察先行。"没有细致的观察，就谈不上是正确有效的教育方法。目前幼儿园的一些教师在观察幼儿的区域活动时存在一些共性的问题，如观察的随意性大、不细致、不深入，观察的形式单一等。究其原因有两个：一是观察分析幼儿行为的目的不明确；二是没有认识到观察分析幼儿的行为对实际工作的指导意义。

观察的方式多种多样，常用的有分析性观察和扫描式观察。

**1. 分析性观察**

这是一种对幼儿在整个区域中的行为表现做详尽的观察记录的方式。这种观察方式着重通过纪实性语言描述幼儿的行为特点和活动类型，记录幼儿在特定活动中的具体行为和典型表现，是分析、判断和评价幼儿活动的重要依据。

**2. 扫描式观察**

这是一种要求教师不仅限于观察活动区域中幼儿一时的行为表现，而且在幼儿一天或一段时间内的活动中观察幼儿的表现，分析幼儿的特点，记录、了解幼儿的活动情况，动态把握幼儿的活动情况的方式。

区域活动是幼儿以个别化学习为前提的活动，意义在于鼓励幼儿自主活动，并给幼儿提供个别化学习的机会。在活动中，教师应充分把握自己的角色，关注幼儿的情绪、行为，把握好介入和退出的尺度，给予幼儿适时、适宜、适度的指导；在指导时，教师要注意保护、激发幼儿游戏的兴趣，尊重幼儿的意愿，促进幼儿的发展。在活动结束时，教师要提出值得大家讨论的问题，帮助幼儿整理、归纳，并让幼儿在已有感知经验的基础上提升新经验，获得新知识。

### （三）保证幼儿区域活动的安全

由于活动区域采取个别或小组的形式，活动空间相对开放，在活动时，教师应加强幼儿的安全教育。在活动开展前，教师应注意观察场地及材料，对不安全物品进行及时清理。在活动中，教师要教会幼儿如何正确地使用剪刀、刮画棒等工具，确保幼儿的安全。

**教师资格考试**

**真题再现**

1. 游戏准备包括哪四个方面？（　　）（2015 年《保教知识与能力》真题）

A. 游戏时间、游戏地点、游戏材料与经验准备

B. 教师、幼儿、游戏材料与游戏场所

C. 游戏主题、游戏材料、游戏场所与心理准备

D. 游戏内容、游戏材料、游戏时间与游戏地点

答案：A

2. 中班角色游戏中，有幼儿提出要玩“打仗”游戏。他们在材料柜里翻出好久不玩的玩具，玩得不亦乐乎。李老师看到此情景非常着急，连忙阻止，说道：“这是理发店的玩具，不能这样玩。”

①李老师的阻止行为是否合适？请说明理由。

②如果你是李老师，你会怎么做？

（2020 年下半年《保教知识与能力》真题）

答题要点：①李老师的行为是不合适的。第一，违背了幼儿游戏的自主性。游戏是幼儿自主自愿的活动，应该让幼儿自己来选择和决定做什么游戏。题干中幼儿按照自己的想法来游戏，体现了幼儿游戏的自主性特点，但教师的阻止违背了这一点。第二，对于游戏的介入不合理。首先，应在观察的基础上把握好介入时机。合适的介入时机是幼儿出现困难或问题时。而题干中的幼儿玩得很开心并不需要介入，教师的介入就不合理了。其次，介入的角色不合理。支持性角色有舞台管理者、共同游戏者、旁观者等。而题干中李老师是以现实代言人的身份进行指导，容易影响幼儿在游戏中的想象，从而使幼儿丧失游戏兴趣。另外，李老师选取了非支持性角色，因此也是不合适的。

②如果我是李老师，首先要耐心观察幼儿的游戏过程，记录幼儿的游戏状态、呈现的问题和困惑，在幼儿需要介入指导的时候再合理介入并以间接指导为主。

## 活动设计案例

### 中班游戏活动——建构迷宫

一、设计意图

迷宫的搭建能有效地提高幼儿的空间感知能力，帮助幼儿学会整体观察、全方位思考，培养幼儿敢于挑战的品质。中班幼儿逐渐喜欢有主题的搭建游戏，喜欢挑战新事物。他们对走迷宫有一定的经验，但设计和搭建迷宫对于他们来说还是有一定难度的，而且他们的走迷宫和搭建的能力也参差不齐。有的幼儿能迅速判断并选择通畅的路径走出迷宫；有的幼儿很容易迷失方向，多次"碰壁"后才能走出迷宫；有的幼儿急于求成，缺乏一定的耐心等。基于此，本活动将搭建迷宫和走迷宫游戏相结合，让幼儿在轻松愉快又富有挑战的情境中提升经验，形成策略。

二、活动目标

①以小组合作的形式建构迷宫，愿意与同伴交流、讨论。

②合理利用低结构材料，探索迷宫的搭建方法，设置迷宫障碍。

③通过观察、分析，知道如何将迷宫障碍设置得更有挑战性。

三、活动重点

合理利用低结构材料，探索迷宫的搭建方法，设置迷宫障碍。

四、活动难点

通过观察、分析，知道如何将迷宫障碍设置得更有挑战性。

五、活动准备

(一)知识经验准备

幼儿已经了解迷宫的基本要素，会搭建简单的迷宫；幼儿会走迷宫。

(二)物品准备

纸箱100个；出入口标志4个；木质积木40块；纸壳砖块120块；绿色和蓝色圆形即时贴各7个。

六、活动过程

(一)通过师幼关于迷宫的谈话导入主题

导语1：建构迷宫首先需要建构什么？

导语2：迷宫从哪里进入和走出？

导语3：入口和出口确定好了，那么迷宫里面还需要有什么？

(二)幼儿分组搭建迷宫，教师观察与指导

规则和要求：

①让幼儿自由组队，用蓝色和绿色两种颜色区分。

②搭建迷宫时需要考虑的要素：围墙、出口、入口、道路与障碍物。

③让幼儿利用积木、纸壳、砖块建构迷宫障碍。

（三）验证自己队和对方队搭建的迷宫是否符合要求

①自检。

幼儿边搭建边走自己的迷宫。

自检要点：入口和出口的距离；迷宫是否有分叉路。

②每队派队长去走对方建构的迷宫，从入口进入。能顺利并且先走出迷宫的队就算获胜。（提示：走迷宫时不可以碰倒障碍，要注意安全。）

导语：现在每队派出队长来走对方建构的迷宫，从入口进入。能顺利并且先走出迷宫的队就算获胜。

小结：①入口和出口的距离远才能使迷宫更有挑战性。

②迷宫里面的通道越窄，越难通过。

③加很多的弯道可以把走迷宫变得更难。

导语：下面请根据以上我们总结的几点将自己队的迷宫进行调整。调整结束后，我们全体队员来走对方的迷宫。

（四）完善自己搭建的迷宫，提升搭建经验

幼儿根据以上总结的几点将自己队的迷宫进行调整，教师巡回观察指导。

（五）迷宫游戏

游戏规则：请每队的全体队员到对方迷宫的入口处集合，来走对方建构的迷宫，从入口进入，从出口走出。能顺利并且先走出迷宫的队就算获胜。（提示：走迷宫时不可以碰倒障碍，要注意安全。）

七、活动总结和延伸

总结：入口和出口的距离越远，弯道越多，通道越窄，就越增加了走迷宫的难度。我们以后可以设计更难的迷宫的平面图，根据大家画的平面图来建构更难的迷宫。

（沈阳市艺术幼儿师范学校幼儿园　赵丹）

配套视频

中班游戏活动

——建构迷宫

# 第五节　幼儿园户外活动

户外活动是幼儿园活动的基本内容之一。《纲要》明确规定幼儿园要“开展丰富多彩的户外游戏和体育活动，培养幼儿参加体育活动的兴趣和习惯，增强体质，提高对环境的适应能力”。另外，幼儿在园每天的户外活动时间要不少于 2 小时，其中体育锻炼的时间不少于 1 小时。户外活动不仅是指户外体育锻炼，而且包括户外观察与学习活动，如种植活动、建构活动；户外游戏和运动，如早操活动、体育游戏；户外休闲散步、远足等活动。户外活动能让幼儿接触新鲜空气和日光，不仅可以锻炼幼儿的身体，增强幼儿的体质，而且可以在活动中培养幼儿不怕困难、团结合作的品质和勇于创新的精神。科学合理地开展户外活动，对于促进幼儿的身体健康有着十分重要的意义。户外活动蕴含着大量的学习机会，五大领域的发展目标都可以在户外活动中得以贯彻，从而促进幼儿的全面发展。

## 一、幼儿园户外活动的内容

### (一)户外体育锻炼

#### 1. 操节活动

早间操是幼儿园的常规教育活动，能够有效提高幼儿基本动作的协调性、准确性和灵活性。操节活动包括律动准备、队列、徒手操、器械操、放松整理等环节。

#### 2. 体育游戏

户外活动一般以体育游戏为主，也可以将其他游戏穿插其中。游戏可分为集体游戏和分散游戏两种。集体游戏是教师根据班级幼儿的实际发展水平，尊重幼儿的个体差异，有目的、有计划地组织提高幼儿的协调性及运动能力的活动。集体游戏包括目标性游戏，如走、跑、跳、钻、爬、平衡、投掷等；综合主题游戏，即有情节、角色，利用各种器械发展幼儿多种动作的游戏，如上攀登架、荡秋千、滑滑梯、摇船、跳绳、踢毽子、拍球等；民族体育游戏，就是把适合幼儿年龄的传统的运动项目纳入幼儿园的体育活动，如跳竹竿、抖空竹、舞龙、跳格子、滚铁环等；大型器械游戏、小型器械游戏。分散游戏是幼儿自由选取户外场地、玩具器械进行的巩固运动能力的自由活动项目。

视频案例

传统体育游戏

#### 3. 户外活动区的自选游戏

幼儿园户外活动除了以班级为单位外，还可以打破班级界限进行混合组织。教师在开展户外活动时，也可以根据幼儿园的场地特色和季节特点来组织活动，对户外活动场地进行合理划分，开展运动性区域活动，如设置钻爬区、平衡区、奔跑区、球类区、平衡区、车类区等，让幼儿可以自主选择。

**知识拓展**

**玩沙区**：这是为幼儿提供感官、触觉刺激的一种重要方式。幼儿可以练习抓、舀、筛、推、挖、雕刻，也可以用模具做造型。在练习精细动作技能时，幼儿可以加深对沙子特性的基本认识，同时也可以获得学习测量、进行创造性表达的机会。

**玩水区**：幼儿可通过涉水、水上游戏、盛具装水等活动，观察水的自然流动，感知水的特性。

**玩雪活动**：幼儿可用雪建造一定的结构物，如堆雪人等。教师可提供塑料铲子、提桶、勺子和别的材料来促进游戏的进一步发展。在玩雪的过程中，幼儿可以感受"湿—干""热—冷""固体—液体"的区别。

玩雪游戏视频

玩冰游戏视频

### (二)其他形式的户外活动

#### 1. 散步活动

散步活动使幼儿有更多的机会接触社会和自然，开阔幼儿的视野，培养幼儿的观察力、想象力、记忆力，发展幼儿的口语表达能力，激发幼儿对自然界中的各种事物和现象的兴趣与探究欲望。

#### 2. 运动会

运动会可以丰富幼儿的生活，激发幼儿参加体育活动的兴趣，培养幼儿的集体意识。它包括班级表演操以及适合不同年龄段幼儿的游戏比赛活动。运动会可以邀请家长参加，开展亲子活动。

#### 3. 远足活动

教师可以利用自然的地域环境或毗邻公园、森林等地区优势，带领幼儿接触社会与大自然，在远足的同时可以引导幼儿观察花草树木、昆虫、鸟类等，感受四季的变化，感受环境的美、社会风貌的美，从而培养幼儿热爱大自然的思想，并帮助幼儿树立保护自然环境的意识。

#### 4. 种植、观察

幼儿可以通过观察播种、栽培、施肥、浇水等活动以及植物的生长过程，理解植物生命循环的过程；通过承担施肥、浇水的任务来分担责任；

通过植物的长势情况来学习基本的因果关系，如日照多、水多，日照少、水少等会出现的结果；通过采摘、分类、闻一闻、尝一尝自己种的水果和蔬菜，获得一定的感官刺激。

**5. 升旗仪式**

幼儿园每周一进行升旗活动。升旗的基本程序包括出旗、升旗、唱国歌、国旗下宣言等，以培养幼儿热爱祖国的感情，发展幼儿的爱国情怀。

**6. 三浴锻炼**

三浴锻炼即日光浴、空气浴、水浴锻炼。由于各地区的气候不同，组织三浴锻炼时，教师要充分考虑环境、个体差异等因素，科学组织幼儿活动。比如，日光过于强烈时，幼儿皮肤的裸露处易出现皮肤疾病，不宜开展日光浴锻炼。

## 二、幼儿园户外活动的原则

①活动量的渐进性原则：由简到繁，从少量到大量，从轻缓到逐渐加强，从相对安静到进入运动状态。

②经常性原则：除特殊天气外，应保证每天带幼儿到户外进行活动。

③动静交替的原则：不同类型、不同性质的运动要合理搭配，使幼儿动静交替地进行不同性质的活动，以预防神经系统的疲劳，保持身心的愉快，并起到全面锻炼身体的作用。

④全面锻炼的原则：保证幼儿身体的各个部位、各种技能都能得到全面协调的发展，走、跑、跳、投掷、攀登、钻爬等基本动作技能都能得到锻炼。

⑤个别对待的原则：活动设计中要考虑不同能力的幼儿的需要，从幼儿的个体差异出发，对发展水平不同、能力不同的幼儿提出不同的要求。对那些动作发展好的幼儿要适当提高难度，有挑战性才能激发幼儿玩的兴趣；对那些动作发展较差的幼儿降低动作要求，让他们也能体验到成功的快乐。例如，在跳跨栏活动中，教师要提供几种不同高度的跨栏，让幼儿自由选择。幼儿根据自己的能力水平选择适合自己的高度进行练习，然后再根据自己的实际情况选择是否增加高度。对于个别肥胖的幼儿以及体弱幼儿，教师应和保健医生配合制定运动方案。

## 三、幼儿园户外活动对教师的要求

**(一)合理安排户外体育活动的内容**

教师要根据幼儿园场地、器械设备、季节、幼儿的生理特点和作息时间，合理安排一天的户外体育活动内容。幼儿园可在充分开发可利用场地的基础上，协调好各年级、各班的活动时间，尽可能地利用场地，减少不必要的时间浪费。有足够场地的幼儿园可制定相应的户外体育活动制度。这有利于确保户外体育活动的时间，也有利于检查各班户外体育活动完成的情况。

教师应安排好户外体育活动的时间段，尽量不要让幼儿空腹参加大活动量的户外体育活动。饭前、饭后半小时之内不要让幼儿进行体育活动。

**(二)科学、灵活地调整幼儿的活动量**

幼儿户外体育活动的活动量过小，达不到身体锻炼的要求；活动量过大，会使幼儿易疲劳或产生排斥心理。这就要求教师科学、灵活地调整幼儿的活动量。活动量的安排应该遵循幼儿生理机能活动变化的规律和特点，从小到大，逐步递进，然后再由大到小。时间安排上，一般小班为 15～20 分钟，中班为 20～25 分钟，大班为 30 分钟左右。运动强度较大时，密度应相对小一些；强度较小时，密度就可以适当增大。教师注意在活动中做到急与缓、动与静的交替，这样不容易出现幼儿疲劳的现象。

教师常采用的方法是运动密度测量法和观察法。测量运动密度是了解幼儿的运动量的基本途径之一。计算幼儿实际参加活动的时间和活动的总时间，并算出幼儿实际参加活动的时间与活动总时间的比率，再乘 100％后就是运动密度。用观察法测量幼儿的运动密度，是通过观察幼儿的出汗、呼吸等外显行为来确定幼儿的活动量。在体育活动中，教师要做有心人，要多关注体弱幼儿的反应。当发现幼儿有脸涨红、表情不自然、出汗很多、呼吸急促等症状时，教师应马上调节其活动量。

**(三)建立户外活动常规**

教师要提高幼儿户外活动的质量，还要建立良好的户外活动常规，可按班级形成一定的常规和游戏规则，让幼儿有秩序地进行活动，避免安全事故的发生；建立器材使用常规，如让幼儿知道器材使用后要放回原处；建立大型玩具的使用常规，如让幼儿知道玩大型玩具时不能推、挤他人，人太多时会等待等。户外活动常规要靠教师在组织活动的过程中慢慢地建立起来。常规的建立有利于幼儿学会管理自己，也有利于降低户外活动中安全事故的发生率。

温馨提示

**户外活动的组织流程**

①教师组织幼儿有序地站排，清点人数，准备户外活动，做好户外活动前的服饰准备(秋冬季需要做好防寒措施)，检查幼儿的衣服鞋子是否穿好。

②上下楼梯时，教师请幼儿靠楼梯的右侧通行，一个跟着一个有序地走，不拥挤。

③教师领操时要精神饱满，动作到位，与幼儿在表情上有交流，调动幼儿的积极性。幼儿能随音乐节奏做操，会听口令做动作。

④游戏前，教师检查游戏材料是否准备充分，并对幼儿提出要求。幼儿在游戏中要树立规则意识，学会保护自己，并能够遵守教师提出的要求。对于违反规则的幼儿，教师要及时提醒。

⑤教师要关注个别幼儿，鼓励全体幼儿都参与活动。分散游戏时，教师的视线要照顾到全体幼儿，保证幼儿的安全。

⑥教师要随时检查幼儿是否流汗，及时为幼儿擦汗；根据气温及运动量的变化指导幼儿增减衣物，避免过热或过冷；指导幼儿身体发热时要脱衣服或主动告诉教师。幼儿的运动量、运动密度与强度要适中。

⑦活动结束后，教师指导幼儿收拾整理活动器械，清点幼儿人数，整队回班级。

## 四、幼儿园户外活动的指导策略

### (一)创设良好的运动环境，提供适宜的户外运动器械

幼儿园户外活动形式的多样化特点决定了户外活动的设备、器材、玩具必须多样化。教师要根据幼儿发展的需求科学地设置、灵活地运用场地和玩具，也可根据需要利用废旧物自制户外活动的玩具。具体来说，对于一种运动器械，教师要探索它的多种玩法，对它的各种玩法要掌握得非常熟练；对于不同大小的场地，适合组织何种活动要做到心中有数，对现有的场地要做到灵活运用。比如，塑胶地可以进行哪种锻炼？沙土地可以进行哪种活动？有陡坡的场地可以进行哪种活动？场地上的大型运动器械怎样结合到户外游戏中？教师要有预见的能力，有灵活调配的能力。

### (二)保证活动内容的科学化、游戏化、趣味化

教师要科学运用幼儿园户外活动的组织形式，将集体活动和分散游戏相结合；充分挖掘各类游戏的重点和难点，避免盲目性，精心设计与组织高水平的体育教学和体能训练活动，增加户外活动的游戏化、趣味化，使

幼儿更加投入地参与户外活动；注意观察幼儿动作发展和使用玩具的情况，并给予帮助和辅导，提高幼儿的活动技能，发展幼儿的个性。在活动中，教师要充当一位帮助者、指导者甚至参与者，与幼儿同乐；语言表达一定要简练，可以用幽默的语气来调节气氛，获得幼儿的喜爱。

**(三)关注幼儿的个体差异，因材施教**

教师应能根据幼儿的不同需要，并结合幼儿的年龄特点，选择适合幼儿户外活动的内容，不断促进幼儿身心的全面健康发展。在活动中，教师要充分考虑幼儿的个体差异，对能力不同的幼儿提出不同的要求，为不同水平的幼儿提供不同的活动条件，如宽窄不同的“小河”、高低不同的悬挂物、距离不同的路线、高低不同的平衡凳等，使每个幼儿都能得到适合自己的锻炼，并在原有基础上有所发展和提高。

**(四)发挥幼儿的主动性，培养创新能力**

在户外活动中，教师不但要有目的、有计划地组织幼儿复习、巩固和提高所学的基本知识和技能，而且应在户外活动内容的设计上随着时代的发展而不断创新、与时俱进，不断提高幼儿参与户外活动的积极性。教师可以适当提高活动的难度，使活动具有一定的挑战性和刺激性，从而收到良好的活动效果。

**(五)尊重幼儿，给幼儿活动的自由和选择的权利**

幼儿期是幼儿的独立性、自主性极易形成的时期。户外活动有利于幼儿的独立性、自主性的培养。相对于其他形式的体育活动而言，户外活动并不强求集体的、统一的活动，它更能考虑到幼儿的兴趣、爱好，给幼儿提供足够的自由空间，有利于培养幼儿的独立性和自主性。教师除了组织幼儿的集体户外游戏外，还要给幼儿自由活动的时间与空间，用欣赏的眼光看待幼儿的自主活动；要相信幼儿在活动中对活动器材、活动方式、活动内容的选择，不要用成人的眼光看待幼儿的选择，把时间留给幼儿，要耐心地指导幼儿进行自主活动。

**(六)正确观察与评价幼儿**

教师要具有积极的观察心态和较强的观察能力；要选择合适的观察位置，要有明确的观察内容。教师的观察内容主要包括三个方面。

①幼儿的体格：包括幼儿的生长发育水平、体型、身体姿势等状况。

②幼儿的体能：体能就是人体在从事运动时所表现出来的能力。它包括幼儿的身体素质(力量素质、耐力素质、调整素质)和身体基本活动能力

（走、跑、跳、投掷、攀爬等）这两方面的发展水平。

③幼儿的适应能力：适应能力是人体在适应内外界环境时所表现出来的能力。它包括幼儿的肌体环境条件及其变化的适应能力和对疾病的抵抗能力。

教师的观察分为集体观察和个体观察。活动之后，教师必须要及时对所观察的内容进行记录、分析与反思，以便于今后更好地指导工作。

### 教育故事

文文老师组织户外活动时总会担心幼儿出现安全事故，把班级户外活动限定为玩指定的大型玩具，或者带班级幼儿在园内散步。园长提示她户外活动的形式单一且活动量不足，达不到身体锻炼的要求，要求她改变户外活动计划。

**问题**

怎样设计户外活动方案才能保证幼儿在户外活动中的活动量？

（沈阳市铁西区千福金摇篮幼儿园　李俏）

### 教育故事

户外活动时，教师指导小班幼儿拍接球。全班幼儿每人一个皮球，教师要求拍一个接住，连续拍接 3 次。幼儿一直在练习，教师一个一个检查。有个幼儿说："老师，我不想拍了。"教师说："亮亮，你还没练会，要继续坚持练习。"

**问题**

你认为在户外活动中强求幼儿一律的练习是否适合他们发展的需要？为什么？

（沈阳市铁西区凌空幼儿园　张丽）

**视频案例**

班本生成活动

——"鸡"缘巧合

**视频案例**

班本生成活动

——蚂蚁王国

**知识拓展**

安吉游戏介绍

**视频案例**

我们的安吉游戏

## 活动设计案例

### 中班户外活动——抗洪救灾

一、设计意图

随着一学期以来户外活动的开展，幼儿的参与性不断增强。他们敢于尝试、探索各种动作，喜欢有挑战、有刺激的游戏。本次户外活动让幼儿在模仿解放军叔叔匍匐前进、越过小河、跳过雷区、运送物资的过程中，既锻炼了身体，又开发了智力；同时在抗洪的过程中感受了解放军叔叔的辛苦，体验了集体合作与完成任务所带来的快乐。

二、活动目标

①喜欢团队合作游戏，能在活动中思考并克服任务带来的困难。

②通过匍匐、跳、跑等多种方式，发展自身动作的协调性和灵活性。

三、活动重点

通过匍匐、跳、跑等多种方式，发展自身动作的协调性和灵活性。

四、活动难点

喜欢团队合作游戏，能在活动中思考并克服任务带来的困难。

五、活动准备

①地垫：蓝色 15 个，绿色 12 个。

②安吉玩具、积木块、塑料袋若干，游泳圈、棍子、筐各 2 个，绳子 2 根，小车 6 辆，衣物、轮胎若干。

③音乐《我是一个小小兵》。

六、活动过程

(一)热身运动

教师与幼儿一起随音乐进行热身舞《我是一个小小兵》。

(二)介绍游戏材料及游戏场地，并示范规定区域的玩法

1. 匍匐前行

教师以“前面村庄发大水”导入游戏情境，以扮演解放军激发幼儿参与活动的兴趣，以自身的示范规范幼儿匍匐前进的动作要领。

2. 越过小河

教师通过讲解有关越过小河的材料，引导幼儿讨论过小河的办法，促进幼儿自主探索和培养幼儿的团队合作意识。

3. 跳过雷区

教师讲解并示范跳过雷区的要领。

4. 选择工具，运送物资

教师通过引导幼儿讨论运送物资的方式方法，鼓励幼儿完成任务。

(三)以比赛的方式进入游戏活动

①教师讲解比赛的规则和要求。

导语：小小解放军们，我们要跑步前进。现在我们开始准备抢险了，自愿分成两队，每队7人。我要看哪组能在最短的时间里把所有的物资送到房子里。

②幼儿分组游戏，教师巡回指导。

③游戏结束，幼儿可通过讨论分享游戏经验。

④教师根据幼儿的运动量的情况，可考虑是否让幼儿重复玩游戏。

(四)活动结束

教师根据自愿原则让幼儿把今天活动的收获以绘画的方式记录下来。

七、活动延伸

幼儿将自己的绘画作品拿到班级进行展示，并在自由时间进一步讲解自己的画作，在同伴中分享活动经验。

(沈阳市艺术幼儿师范学校幼儿园　丛雪)

配套视频

中班户外活动——抗洪救灾

*　*　*　*　*　*　*　*

## 本章小结

幼儿园教育活动是教师以多种形式有目的、有计划地引导幼儿生动、活泼、主动活动的教育过程。可见，幼儿园教育活动是通过教师与幼儿双向的交流和作用来促进幼儿的身心发展的，同时也是实现幼儿园教育目标、组织传递一定的教育内容、落实幼儿园教育任务的手段。

从广义的角度来说，在幼儿园一日活动中，凡是符合以下三个基本特征的活动都可以理解为幼儿园教育活动，即计划性和目的性、幼儿的主体性和教师的主导性、形式的丰富性和多样性。根据幼儿园教育活动的不同特征，幼儿园教育活动可以分为生活活动、学习活动、游戏活动、区域活动、户外活动等几类活动形式。

## 关键术语

教育　学前教育　幼儿园教育活动　生活活动　学习活动　游戏活动　区域活动　户外活动

## 思考题

1. 幼儿入园时教师应做好哪些准备？
2. 晨检的内容包括哪些方面？
3. 离园之前教师可以与幼儿做哪些活动来保证离园环节的安全有序？
4. 幼儿园学习活动有哪些分类？
5. 在幼儿园学习活动的实施中需要关注的要点有哪些？
6. 什么是游戏？幼儿游戏的基本特征是什么？

7. 幼儿园常见的活动区有哪些？每个活动区对幼儿的发展有哪些作用？

8. 幼儿园区域活动的指导策略有哪些？

9. 幼儿园户外活动包括哪些内容？

10. 如何组织户外活动？

## 建议活动

以小组为单位，到附近幼儿园体验一日活动，回来后讨论：幼儿园一日活动各环节包括哪些方面？各环节之间如何衔接？班级三位教师如何分工与合作？

## 拓展阅读

1. 陈晓芳：《幼儿园教育活动设计策略及案例评析》，北京，北京师范大学出版社，2007。该书分为理论篇和实践篇，介绍了幼儿园教育活动设计的基本策略及具体案例，深入浅出，是一本适合学生阅读的教育活动设计参考书。

2. 陈磊：《体验孩子：宋庆龄幼儿园区域活动案例》，上海，华东师范大学出版社，2001。该书列举了宋庆龄幼儿园区域活动中的13个案例，包括“13次失败”“插雪花片”“探索性环境的创设”“比较轻重”等，从案例分析中总结区域活动的指导策略和幼儿发展目标的定位，通俗易懂，适合学生阅读。

# 第八章
# 幼儿园教育评价

## 学习目标

1. 理解幼儿园教育评价的含义、目的、作用和内容。
2. 掌握幼儿园教育评价的类型和原则。
3. 把握幼儿园教育评价的功能和方法。

## 学习导图

幼儿园教育评价
- 幼儿园教育评价概述
- 幼儿园教育评价的类型和原则
- 幼儿园教育评价的功能和方法

案例导入

在一次小班的音乐活动——学唱歌曲《摇篮曲》中，教师为了吸引幼儿的注意力，激发幼儿的参与热情，给每个幼儿准备了不一样的洋娃娃，让幼儿抱着洋娃娃跟教师学唱《摇篮曲》。结果意想不到的事情发生了：幼儿对洋娃娃非常感兴趣，因为洋娃娃有的会说话，有的会眨眼睛，有的形象可爱、逼真；幼儿对洋娃娃本身的兴趣超过了对歌曲的兴趣……面对这样的场景，教师感到困惑：到底该不该给幼儿提供丰富的材料和教具？如何才能做到不“喧宾夺主”？这就涉及幼儿园教育评价的问题。

# 第一节　幼儿园教育评价概述

## 一、幼儿园教育评价的含义

简单地说，幼儿园教育评价是依据一定的标准与程序，有目的、有计划、有组织地对幼儿园各个方面的工作进行科学调查，收集、整理、处理相关信息，并做出价值判断的过程。《纲要》明确指出了教育评价在幼儿园教育工作中的重要地位：幼儿园教育评价不仅有利于促进幼儿的发展，促进教师的自我成长，而且有效促进了教育的高品质发展。

## 二、幼儿园教育评价的目的和作用

### (一)幼儿园教育评价的目的

#### 1. 促进每个幼儿的发展

幼儿园教育评价不是为了对幼儿进行选拔，而是为了发现每个幼儿的智力潜力和特点，培养他们区别于他人的智能和兴趣，帮助他们实现富有个性和特色的发展。

#### 2. 促进教师的自我成长

教师可以对反馈信息进行分析，对于不足之处可立即加以调整、修改，以期重新获得良好的教育教学效果。对于取得的成绩等有利因素，可鼓励教师再接再厉，形成良好的工作情绪，促进自身的成长。

### (二)幼儿园教育评价的作用

幼儿园教育评价的作用主要表现在以下三个方面。

**1. 诊断作用**

诊断是幼儿园教育评价最主要的作用。诊断作用是指通过对所收集的反馈信息进行整理和分析，对评价对象的客观情况做出证明或说明，为评价对象以后的发展或晋级提供依据。这包括对幼儿发展的诊断、对教师发展的诊断、对幼儿园工作质量的诊断。事实上，幼儿园各项工作都可以通过评价的方式进行诊断，并根据实际需要加以改进。而衡量各项工作的标准只有一条，即是否有利于幼儿的发展，是否发现每个幼儿的智力潜力和特点，培养他们区别于他人的智能和兴趣，最终帮助他们实现富有个性和特色的发展。

**2. 反馈作用**

反馈作用是指在具体的评价活动中，通过评价找出症结所在，然后及时将结果反馈给评价对象，并与其一起制定改进的方案。一般来讲，幼儿园教育评价可以用于反馈幼儿园方方面面的工作。比如，课程计划制订是否合理，有特殊需要的幼儿是否被关注，家园共育的品质如何，教师专业培训的方式是否科学合理，等等。

**3. 促进作用**

促进作用是指通过评价发现问题，并及时调节工作方式、教育策略及教育活动的目标或进程，从而向着正确的方向、以正确的方式不断发展；还可以使评价对象了解自身发展中的优势与不足，明确努力方向及改进措施，以实现自我调节。幼儿园教育评价还可用于为幼儿的进一步发展提供促进条件，对教师专业晋级做准备，以及全面衡量幼儿园工作与确立发展机制。

**教师资格考试**

**考题模拟**

幼儿园教育评价的作用是诊断作用、反馈作用和(　　)。

A. 促进作用　B. 积极作用　C. 反思作用　D. 纠偏作用

答案：A　幼儿园教育评价的目的是了解教育的适宜性、有效性，以便调整和改进工作，促使每个幼儿的发展。因此，幼儿园教育评价是提高教育质量的必要手段。幼儿园教育评价主要有反馈作用、诊断作用和促进作用。

## 三、幼儿园教育评价的内容

幼儿园教育评价包括对幼儿发展的评价、对教师发展的评价以及对幼儿园教育活动的评价。

### (一)对幼儿发展的评价

对幼儿发展的评价是依据幼儿教育目标以及与此相适应的幼儿发展目标，运用教育评价的理论与方法，对幼儿在身体动作、认知、品德、社会性等方面的发展进行价值判断的过程。具体包括如下5个领域的评价内容。

①健康领域：包括幼儿的身心状况、动作发展、生活习惯与生活能力。

②语言领域：包括幼儿的倾听与表达、阅读与书写准备方面的能力。

③社会领域：包括幼儿的人际交往、社会适应的能力。

④科学领域：包括幼儿的科学探究和数学认知的能力。

⑤艺术领域：包括幼儿的感受与欣赏、表现与创造的能力。

### (二)对教师发展的评价

对教师发展的评价是指在一定目标的指导下，遵循一定的程序，运用科学的方法，全面对教师的教学和素质进行价值判断，促进教师更好地发展。对教师发展的评价主要是为了全面、客观地了解和评价每位教师各项教育工作的质量，包括教师各项教育教学工作以及教师工作的技巧和态度等。具体包括如下两大方面。

#### 1. 对教师教学能力的评价

①教育计划和教育活动的目标是否建立在了解本班幼儿的现状的基础上。

②教育内容、方式、策略、环境条件是否能调动幼儿学习的积极性。

③教育过程是否能为幼儿提供有益的学习经验，并符合其发展需要。

④教育内容、要求能否兼顾幼儿的群体需要和个体差异，使每个幼儿都能得到发展，都有成功感。

⑤教师的指导是否有利于幼儿主动、有效地学习。

#### 2. 对教师素质的评价

①专业理念与师德：包括职业理解与认识、对幼儿的态度与行为、对幼儿保育和教育的态度与行为、个人修养与行为。

②专业知识：包括幼儿发展知识、幼儿保育和教育知识、通识性知识。

③专业能力：包括环境的创设与利用能力、一日生活的组织与保育能

力、游戏活动的支持与引导能力、教育活动的计划与实施能力、激励与评价能力、沟通与合作能力、反思与发展能力等。

### (三)对幼儿园教育活动的评价

#### 1. 对活动目标的评价

①活动目标与教育的总目标、年龄阶段目标、月主题目标以及单元活动目标是否有紧密的联系。

②活动目标是否全面，是否关注了幼儿的认知、情感和技能等方面的发展，并有所侧重。

③活动目标是否与幼儿的实际需求相适应。

#### 2. 对活动内容的评价

①活动内容的选择是否与幼儿教育目标一致。

②活动内容是否与幼儿教育所涉及的领域一致。

③活动内容是否与幼儿的能力水平一致。

④活动内容的难易程度，以及重点、难点的选择是否恰当、合理。

⑤活动内容各部分之间的过渡衔接是否流畅。

#### 3. 对活动方法的评价

①活动方法的选择和运用是否与活动的目标和内容相呼应。

②活动方法的选择和运用是否顾及了幼儿的年龄特点和发展水平。

③活动方法是否关注了幼儿自主性和主体性的发挥。

④活动方法是否关注了与本活动环境和设备的联系。

#### 4. 对活动过程的评价

①教师的行为能否给予幼儿正确的引导。

②师幼互动是否科学合理。

③活动的组织形式是否多样合理。

④活动的环节设置是否循序渐进、科学合理。

⑤活动过程是否关注了全体幼儿及个别幼儿的需要。

#### 5. 对活动环境和材料的评价

①活动环境和材料的选择是否与活动内容相匹配。

②活动环境和材料是否符合幼儿的发展需要。

③活动环境和材料是否为活动的开展提供了帮助。

④活动环境和材料的提供是否发挥了应有的作用。

**6. 对活动效果的评价**

①活动的预期目标是否达到。

②幼儿参与活动的热情是否饱满，注意力是否集中。

③幼儿参与活动的主动性和主体性是否得到体现。

# 第二节　幼儿园教育评价的类型和原则

## 一、幼儿园教育评价的类型

### (一)根据评价的功能分类

**1. 诊断性评价**

诊断性评价是在教育活动之前进行的预测性评价或事实评价，目的在于了解幼儿的基础情况，包括幼儿的智力、技能、行为、能力、个性、情感、态度等，做出判断，为有效制订教育活动计划或解决某些实际问题提供依据。

一般在教育活动开展前或在学期初进行这类评价。比如，幼儿园在开学之初对新入托幼儿的全方位测试及对家长的问卷调查，目的是了解幼儿的家庭教育情况以及幼儿的现实基础、兴趣倾向性等方面的特点，为幼儿园制订小班学期或学年发展计划做准备。

**2. 形成性评价**

形成性评价是在教育过程中持续进行的评价，目的在于及时地做出反馈性调节，从而调整、修改、补充活动的计划、内容和方法，使教育活动更合理、更完善地开展，促进幼儿的发展。这类评价在教育过程中进行。比如，幼儿园每个月都要对幼儿的各方面发展做出判断和评价，以便教师及时了解幼儿的发展状况，调整教育计划，以期更好地促进幼儿的发展。

**3. 终结性评价**

终结性评价是在完成某个阶段的教育活动之后进行的评价，目的在于全面了解该阶段教育的结果，对达成目标的程度做出终结取向评价，为以后制订教育活动的计划、设计方案提供客观依据。比如，幼儿园每学期或每学年都要对保教工作做总结和评价，对教职员工的工作状态和业绩进行评价。这样的评价包括很多指标，如全勤奖励、无投诉奖、教学标兵奖等。

教师资格考试

**考题模拟**

教育评价中的形成性评价是一种(　　)。

A. 过程取向评价　B. 结果取向评价　C. 方法取向评价　D. 内容取向评价

答案：A　形成性评价是在教育过程中进行的评价，因此它是一种过程取向评价。

### (二)根据评价的参照体系分类

#### 1. 个体内差异评价

个体内差异评价是指把某类评价对象中的每个个体的过去和现在相比较，或者将同一评价对象的若干侧面互相比较。比如，把某个幼儿学期初与学期末所做的发展测试成绩相比较，评价其进步的程度。对新入职教师刚参加工作的状态和能力与一年之后的状态和能力进行比较做出的进步评价，也属于个体内差异评价。但这种只针对自身的评价可能会使评价对象容易产生自我满足感。

#### 2. 相对评价

相对评价是在某类评价对象中选取一个或若干个作为基准，将该类对象逐一与基准相比较，判断其是否达到基准所具备的特征及程度。比如，幼儿园组织教育活动观摩时就采用这种评价方法，即将相对比较好的活动拿来让大家观摩和学习，激励大家更加努力进步。

#### 3. 绝对评价

绝对评价是以某种既定的目标为参照，把各个评价对象与客观标准进行比较，目的在于判断个体是否达成这些目标。比如，幼儿体能达标测试、幼儿智力发展水平测试等就属于绝对评价。

### (三)根据评价的主体分类

#### 1. 内部评价

内部评价也称自我评价，是评价对象通过自我认识和分析，对照某种标准，对自己组织的活动做出判断。比如，教师在完成一次教学活动之后所做出的自我反思和评价就属于这一类评价。内部评价的目的是通过不断的反思，使自己不断提升和进步。

#### 2. 外部评价

外部评价也称他人评价，是由有关方面人士组成的评价小组或专门人员，对评价对象某方面的实际状态或发展水平进行评价。比如，幼儿园园长对教师的评价、教师对幼儿发展的评价。以及家长对幼儿园工作的评价等都属于外部评价。

**教师资格考试**

**考题模拟**

根据评价的主体不同，可以将教育评价分为(　　)。

A. 评价者和评价对象　　B. 自我评价和他人评价

C. 绝对评价和相对评价　　D. 宏观评价和微观评价

答案：B　根据评价的主体不同，可以把教育评价分为内部评价和外部评价。内部评价又称为自我评价，外部评价又称为他人评价。

### (四)根据评价的方法分类

#### 1. 定性评价

定性评价是指评价者使用尽可能切合实际的语言、文字来描述评价对象的性质。

#### 2. 定量评价

定量评价是指用一定的数据来说明评价对象的状态。定量评价是定性评价的基础，定性评价是定量评价的出发点和结果。只有二者有机结合，才能做出公正合理的评价。

## 二、幼儿园教育评价的原则

### (一)方向性原则

方向性原则是指教育评价必须坚持引导教育工作更好地贯彻国家的教育方针，满足社会和个体发展的需要，保证幼儿、教师、幼儿园的各项工作都能沿着良性、健康的方向发展。

### (二)目的性原则

目的性原则是指在进行幼儿园教育评价时必须有明确的目标，不能为了评价而评价。只有目的明确，才能确定合适的评价标准、评价方法和评价工具。

### (三)可行性原则

可行性原则是指评价方案在实施过程中要保证畅通无阻，评价指标和标准要符合实际、具体可行，要使评价对象理解和接受。只有这样，评价才能收到应有的效果。

**(四)发展性原则**

发展性原则是指评价要能促进评价者与评价对象的成长和发展，贯穿于评价的全过程。幼儿园教育评价要以促进幼儿园全体工作的开展、教师的专业发展为目标，使评价对象看到自己的进步与不足，更加努力完善自己。

**(五)定性评价与定量评价相结合的原则**

定性评价强调通过观察进行分析和归纳，以语言描述的方式给出结论，带有一定的主观色彩。定量评价强调客观存在，忽略评价中遇到的特殊情况，容易造成不合理的评价结果。比如，对幼儿发展的评价，很可能因为幼儿的情绪等原因，暂时测不出实际的水平和结果。因此，只有二者有机结合、互相补充，才能使评价真实、有效。

# 第三节　幼儿园教育评价的功能和方法

## 一、幼儿园教育评价的功能

**(一)鉴别功能**

幼儿园教育评价可以用于对评价对象是否合格、评价对象的优劣程度及水平高低等情况进行价值判断和鉴别。

**(二)导向功能**

具有明确的方向性和目的性的评价标准可以成为幼儿教育工作者和幼儿的行为目标，对幼儿园的各项工作具有引导和指向作用。

**(三)诊断功能**

幼儿园教育评价可以用于发现教育工作中存在的问题，并且可以用于对问题产生的原因进行调查分析，找出症结所在，为改进工作提供有益的方法和策略。

**(四)调节功能**

幼儿园教育评价的结果等信息可以反馈给评价对象，使其及时发现取得的成绩和存在的不足，并做出适当的调整和改进。比如，每月针对幼儿发展的评价结果可以让教师随时调整教育计划，弥补某一方面的不足，向着预定目标努力。

**(五)激励功能**

幼儿园教育评价的结果一方面给教育管理者和决策者提供了信息；另一方面给评价对象反馈了信息，从而调动评价对象工作或学习的积极性，使之进一步明确努力的方向，改进不足之处，最终达到教育管理的目的。

## 二、幼儿园教育评价的方法

### (一)幼儿发展评价的方法

幼儿发展评价的方法是指收集幼儿发展评价信息的方法。幼儿发展评价所运用的方法，应符合幼儿园教育工作的特点，符合幼儿身心发展的特点，并容易为教师所学习和运用。

**1. 观察法**

观察法是指在自然条件下有目的、有计划地对观察对象或其行为进行观察、记录、分析的一种方法。它是幼儿教育评价中最常使用的，也是最佳的评价方法。观察法包括描述观察法和抽样观察法两种。

(1)描述观察法

描述观察法就是观察和记录幼儿在日常生活中的某种自然行为的方法。比如，观察幼儿在某个区域活动和交往的情况并记录幼儿的言行。

观察实录

**爱藏东西的军军**

一、观察目的

纠正幼儿上课时喜欢把小东西藏在自己口袋里的一些不好的行为习惯，引导幼儿向好的行为习惯发展。

二、观察实录

教师最近感觉到军军在幼儿园的表现不太好，注意力不太集中。有一次，教师带领幼儿进行活动，发现有些幼儿的注意力不集中，尤其是军军。虽然他的眼睛一直盯着教师这里，但是回答问题的时候总是语无伦次的，右手总是插在自己的口袋里不停地动。原来是他的口袋里藏有东西，因此他心神不宁，注意力一直都不在教师这里，一直在自己的口袋里。但是他又怕教师批评，所以就盯着教师看，胡乱地回答教师的问题。

(2)抽样观察法

抽样观察法是指观察者抽取一定数量的幼儿对某一行为进行观察、记录和研究，从而获得关于幼儿行为发展水平情况的方法。比如，为了解中班幼儿之间交往及处理冲突的能力和水平，教师可以集中在幼儿活动区域对“宝贝超市”游戏的现状进行观察。其观察记录表可参照表 8-1。

**表 8-1　中班幼儿游戏冲突事件的观察记录表**

| 幼儿的姓名 | 性别 | 游戏内容 | 冲突的原因 | 冲突持续的时间 | 处理冲突的方法 | 结果 |
|---|---|---|---|---|---|---|
| | | | | | | |
| | | | | | | |

**教师资格考试**

**真题再现**

评估幼儿发展的最佳方式是(　　)。(2014 年下半年《保教知识与能力》真题)

A. 平时观察　B. 期末测查　C. 问卷调查　D. 家长访谈

答案：A　幼儿通过日常生活活动获得发展，因此平时观察是评估幼儿发展的最佳方式。

### 2. 测验法

测验法主要是测量幼儿五大领域学习与发展情况，以验证教师教学能力及教育发展目标的科学性和合理性的方法。比如，针对幼儿体能发展的测试，我们可以制作如下测量表，见表 8-2。

**表 8-2　幼儿园中班(末期)幼儿体能评量表**

班级：　　姓名：　　性别：　　身高：　　体重：　　日期：

| |
|---|
| 1. 平衡木(平衡感)<br>方法：幼儿站在起点线后的平台上，面向平衡木，双臂侧平举。当听到“开始”的口令后，幼儿两脚交替在宽 20 厘米、高 15 厘米的平衡木上平稳地走 20 米，中途不掉下来。<br>达标：能　　　　否 |
| 2. 钻爬(以匍匐、膝盖悬空等多种方式)<br>方法：幼儿变成解放军叔叔匍匐前行 2 米钻过山洞，变换动作，手膝着地前行 2 米钻过山洞，最后悬空手掌着地钻过 5 个山洞。<br>达标：能　　　　否 |
| 3. 跨栏(腿部肌肉、跨跳能力，锻炼胆量)<br>方法：向前跑动中单脚起跳，蹬地用力，方向要正确，能助跑跨 2 个栏杆。<br>达标：能　　　　否 |

| |
|---|
| 4. 与他人追逐和躲闪跑的游戏(反应能力)<br>方法：在指定范围四散跑、追逐跑、躲闪跑，保护自己与他人不受伤。<br>达标：能　　　　否 |
| 5. 自抛自接球(提高控制能力，锻炼手眼协调的能力)<br>方法：抛球方向要正确，高度要符合自己的接球能力。接球时手张开，掌心向上；接高球时球触手后，要缓冲。能够完成 5 个连续动作。<br>达标：能　　　　否 |
| 6. 悬挂(锻炼臂力)<br>方法：双手抓杆悬空吊起 15 秒左右。<br>达标：能　　　　否 |
| 7. 投掷(反映上肢、腰腹肌肉的力量)<br>网球掷远：幼儿站在投掷线后，两脚前后分开，单手(右手)持球；将球从肩上方抛出(单手将沙包向前投掷 4 米左右)，球出手时后脚可以向前迈出一步，但不能踩线或过线。<br>达标：能　　　　否 |
| 8. 单腿跳(反映协调性和下肢肌肉的力量)<br>方法：连续向前跳 5 米左右。<br>达标：能　　　　否 |
| 9. 快跑 20 米左右(敏捷性)<br>速度________秒。<br>达标：能　　　　否 |
| 10. 行走(1.5 千米左右，中途可适当停息)<br>达标：能　　　　否 |

(沈阳市铁西区千福金摇篮幼儿园　刘璐)

### 3. 谈话法

谈话法是调查者与调查对象通过当面交谈的方式来获取信息的方法，包括直接式提问(你叫什么名字，爸爸和妈妈是做什么工作的)；选择式回答(红、黄、蓝三种颜色，你最喜欢哪一种颜色)；自由式回答(你最喜欢什么小动物，为什么)等几种。通过谈话的方式，教师可以了解幼儿的兴趣、爱好以及幼儿已掌握的信息等，从而对幼儿的现状做出判断。

### 4. 作品分析法

作品分析法是指通过收集幼儿不同时期具有代表性的作品，如绘画、剪纸、折纸、粘贴和泥塑的作品，以及各种记录单、参观访谈的记录报告、幼儿自创的书写符号、自编故事的录音带、反映幼儿合作探究时的纪实照片等，来分析幼儿在某一方面的发展水平和能力倾向性，从而对幼儿的发展水平做出正确的评价。

**教师资格考试**

**真题再现**

教师根据幼儿的图画来评价幼儿发展的方法属于(　　)。(2015 年下半年《保教知识与能力》真题)

A. 观察法　B. 作品分析法　C. 档案袋评价法　D. 实验法

答案：B　作品分析法是指通过收集幼儿不同时期具有代表性的作品来分析幼儿发展情况的方法。

**5. 档案袋评价法**

档案袋评价法是指收集幼儿在学习过程中具有代表性的作品和典型性的表现记录，以幼儿的现实表现为判断幼儿学习质量的依据的评价方法。幼儿的档案袋材料包括幼儿各种活动的作品、活动的照片、录像等，基本可以真实地说明幼儿发展、进步的过程，从而可以多角度地反映幼儿的发展状况。

**(二)教师发展评价的方法**

**1. 自评法**

自评法是教师发展评价的主要方法。一般情况下，在每个学期或者每个学年教师都要对自己一段时间以来的工作进行自我总结，并提出自己的不足和今后努力的方向。自评还经常用于教师每次活动之后的教学反思，使教师及时看到自己在教学过程中的不足，更好地促进自己教学能力的提升。

**2. 观察记录法**

观察记录法是指管理者通过观察记录的方式对教师的教学特色、专业发展情况、家园工作等方面进行检查，并记录在案，作为学期末或学年末评价教师工作的参照的方法。

**3. 案例分析法**

案例分析法是指管理者将教师的教学活动拍摄下来，组织教师进行探讨和学习的方法。这种评价方法用于教师将平时工作中的困惑和问题集中起来，进行反思，从而找到解决问题的策略。

**4. 家长评价法**

家长评价法是教师通过家长问卷、家长座谈会的方式，收集家长对班级教师工作以及幼儿园整体工作的看法和意见的方法。通过家长评价的方式，管理者可以了解幼儿园工作的质量和教师工作的状态及优缺点，及时调整管理策略，提升幼儿园的管理水平。

## 三、幼儿园教育评价需要注意的问题

幼儿园教育评价有利于促进幼儿园教育质量的提高。但是，幼儿园教育评价还存在许多问题。比如，热衷于评价的甄别与选拔功能，注重终结性评价，忽略形成性评价；过于强调对幼儿知识、经验和技能的评价等。因此，幼儿园教育评价必须注意如下几个问题。

### （一）树立正确的评价观

评价就是一种价值判断，以什么样的评价观为指导，就会导致什么样的评价结果。因此，在进行幼儿园教育评价的过程中，评价者首先应具有正确的评价观念。

①评价的功能要更为关注幼儿掌握知识技能的过程与方法，以及与之相伴随的情感、态度与价值观的形成。

②评价的目标要重在发展，即以发展的眼光看待幼儿和教师，让幼儿和教师共同发展，并使幼儿和教师都获得最佳的发展。

③评价的内容要拓展到幼儿园教育的各个方面，如教师与幼儿人数的比例、教师资格和受培训的情况、教育活动组织的情况、幼儿的发展状况等，进行综合评价。

④评价的方法要注意定性评价与定量评价相结合，实现评价方法的多样化。

⑤评价的主体要在强调全员（管理人员、教师、幼儿和家长）参与评价的同时，注重自我评价。

⑥评价的类型要注重对教育结果的评价与对教育过程的评价相结合、终结性评价与形成性评价相结合，实现评价重心的转移。

### （二）将评价与日常教育工作相结合

《纲要》指出，幼儿园教育评价要“在日常活动与教育教学过程中采用自然的方法进行”。这样做才能保证评价信息的真实可靠。幼儿园评价教师时，要随时关注教师施教的情况，并进行评价。教师或幼儿园在评价幼儿的发展时应随时观察幼儿的表现，及时调整教育行为，将评价融入日常工作与某一阶段结束后的集中评价，以便互为补充。

### （三）充分、合理地运用评价结果

教师在评价时要谨慎，不可给幼儿乱贴标签，更不能将不成熟的评价结果公之于众。这样做会给幼儿的发展带来很大的消极影响。因此，教师应以积极性的鼓励性评价为主，特别是对那些发展落后的幼儿，更应以正面肯定为主。

* * * * * * * *

## 本章小结

幼儿园教育评价是有目的、有计划、有组织地对幼儿园各个方面的工作进行科学调查，收集、整理、处理相关信息，并做出价值判断的过程。幼儿园教育评价的目的有两个：一是促进幼儿的发展，二是促进教师的自我成长。幼儿园教育评价的内容包括：对幼儿发展的评价、对教师发展的评价、对幼儿园教育活动的评价。

根据评价的不同标准，幼儿园教育评价可分为不同的评价类型。幼儿园应正确使用各类评价，挖掘其对幼儿园教育的正面影响。无论哪一类型的评价，都要遵循一定的原则。幼儿园应正确认识评价的功能，采用适合幼儿发展和教师成长的评价方法，以此促进教育质量的提升。

## 关键术语

幼儿园教育评价　幼儿园教育评价的目的　幼儿园教育评价的内容　幼儿园教育评价的类型　幼儿园教育评价的原则　幼儿园教育评价的功能　幼儿园教育评价的方法

## 思考题

1. 幼儿园教育评价的目的是什么？
2. 简述幼儿园教育评价包括哪些内容。
3. 简述幼儿园教育评价包括哪些原则。
4. 幼儿园教育评价应该遵循哪些必要的原则？
5. 幼儿园教育评价的常用方法有哪些？
6. 在幼儿园教育评价中，定性评价和定量评价的弊端有哪些？为什么要将二者相结合共同对幼儿园教育进行评价？
7. 下面是某位教师对幼儿的绘画作品的评价。

该图的线条较为流畅，能表现物象的主要部分和基本特征，反映出图示期幼儿的绘画特征。画面的布局合理，马路上有车子在行驶，马路两边有房子和树木，太阳位于马路和房子的上空，车头的位置也呈现出了车辆行驶的方向。这说明幼儿的空间概念已有初步建构。画面的主题明确，表现的是马路上的情景，反映了幼儿的生活经验。图中车辆的造型、种类、车灯、车轮、车窗等细节的表现，体现了幼儿细微的观察力……

问题：请结合幼儿园教育评价的相关知识，对上述案例教师的评价进行评析。

## 建议活动

组织观看一个教育活动，根据活动评价的标准和内容进行讨论与评价。

## 拓展阅读

1. 刘占兰、廖贻：《聚焦幼儿园教育教学：反思与评价》，北京，北京师范大学出版社，2007。该书系统阐述了对教育活动进行反思与评价的原则、方法与注意事项，对理解本章理论部分的阐述非常有借鉴意义。

2. 王春燕等：《幼儿园教学诊断技巧与对策58例》，北京，中国轻工业出版社，2014。该书深入浅出，对幼儿园教学过程中的问题的诊断、评价及应对策略等进行了具体剖析和说明。该书通过解读案例和说明，可用于准确评价幼儿园教学过程中的种种现象和问题，很有实效性，是一本非常实用的学前教育专业参考书。

3. 教育部：《幼儿园保育教育质量评估指南》，2022。该指南提出对幼儿园保育教育要从办园方向、保育与安全、教育过程、环境创设和教师队伍5个方面、15项关键指标和48个考查要点进行评估。从儿童本位出发，坚持科学评估，反映了新时代对幼儿园教育质量和办园质量的新要求，具有重要的现实意义。

# 第九章
# 幼儿园与家庭、社区的合作

## 学习目标

1. 了解幼儿园开展家庭工作的意义。
2. 掌握幼儿园开展家庭工作的原则。
3. 掌握幼儿园开展家庭工作的方式。
4. 了解社区学前教育工作。
5. 掌握幼儿园开展社区教育的策略。

## 学习导图

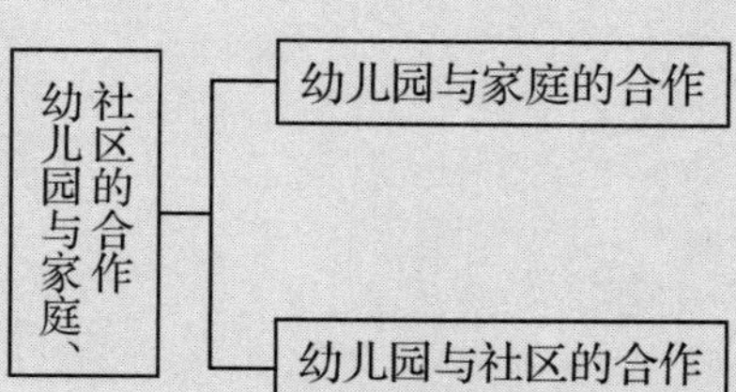

## 案例导入

某幼儿园开展“妈妈助教团”活动，每班选举一位家长讲述自己的工作内容。

中班的明明妈妈是一名妇产科医生，同时也是班级家长委员会的一员。为此，教师想利用这个家长的优势资源，结合幼儿的实际认识水平，和家长一起设计“我从哪里来”的教育活动，让幼儿知道胎儿的生长过程以及医生的职业特点和辛苦。

活动中，“医生老师”身穿白大褂，结合图片给幼儿做了生动的讲解。幼儿听得津津有味，好奇心得到了极大的满足，并在轻松愉快的氛围中获得了知识，教育效果非常理想。

思考：为什么幼儿园要开展此项活动？有什么意义？

幼儿园、家庭、社区是幼儿最早接触的社会文化环境，是幼儿教育过程中的重要因素。党的二十大报告强调，要健全学校、家庭、社会育人机制。《指南》指出：“家庭、幼儿园和社会应共同努力，为幼儿创设温暖、关爱、平等的家庭和集体生活氛围，建立良好的亲子关系、师幼关系和同伴关系，让幼儿在积极健康的人际关系中获得安全感和信任感，发展自信和自尊，在良好的社会环境及文化的熏陶中学会遵守规则，形成基本的认同感和归属感。”联合国教科文组织《学会生存——教育世界的今天和明天》一书也指出：应挑选和培植家庭和社区联合这种最积极形式；一切可利用手段，包括常规与非常规，都应用来发展基础教育。因此，幼儿教育必须协调好幼儿园、家庭、社区等相关社会群体力量，形成教育合力，共同促进幼儿的发展。

# 第一节　幼儿园与家庭的合作

幼儿园和家庭作为促进幼儿发展的重要影响因素，双方要积极主动地相互了解、相互配合、相互支持，通过双向互动，共同促进幼儿身心的健康发展。进入幼儿园以后，教育幼儿的责任将由幼儿园和家庭共同承担。当幼儿园与家庭的教育方向一致时，教育效果会倍增，反之亦然。

## 一、幼儿园开展家庭工作的意义

教育家陈鹤琴先生在《家庭教育》一书中说道：幼稚教育是一种很复杂的事情，不是家庭一方面可以单独胜任的，也不是幼稚园一方面能单独胜任的，必定要两方面共同合作方能得到充分的功效。可见，虽然幼儿园对幼儿的教育作用较大，但家庭教育往往对幼儿的影响更大。幼儿在自身发展的过程中需要幼儿园与家庭之间的密切合作。这样，幼儿不仅可以在家庭中延续、巩固和发展在幼儿园获得的经验，而且可以在幼儿园里运用、扩展和提升在家庭中获得的经验。这不仅有利于幼儿的进步，而且有利于家长的提高和幼儿园的发展。

**(一)家园共育是提高幼儿园教育质量的有效措施**

第一，教师可以通过家园合作获得更多有关幼儿的信息以及家长对教育的理解和期望，结合自身所拥有的专业知识技能因材施教，促进幼儿的健康发展。

第二，家长的不同职业特点、文化背景可以为幼儿园提供丰富的教育内容，是幼儿园得天独厚的教育资源。家园合作可以充分调动家长的积极性，可以利用家长资源，服务于幼儿。

**(二)家园共育可以促进家长教育水平的提高**

幼儿在园生活的时间相对较长，而且幼儿在园每天都会有新的表现和进步。家长可以通过参与幼儿园的活动、与教师交流的方式，在了解幼儿园的教育教学工作的同时对幼儿的发展情况有更全面的认识。

幼儿园应承担起提高家长教育能力的责任，为家长科学育儿提供支持和帮助：一是可以通过家长会、家长学校、专题讲座等形式，让家长获得更多关于教育幼儿的科学知识和教育方法；二是请家长参与幼儿园的教育和管理，提高家园同步教育的有效性，让家长树立正确的家庭教育观念。

通过参与活动和共同分享育儿经验，家长可以逐渐改变自身的教育观念与教育行为，增强教育幼儿的自信心，不断提高科学育儿的水平。

**(三)家园共育可以促进幼儿身心的全面和谐发展**

家庭、幼儿园是幼儿重要的生活环境。只有教师和家长之间互相促进，建立密切合作的伙伴关系，才能促进幼儿的发展。良好的家园共育不仅有助于幼儿良好的行为习惯和卫生习惯的养成，使其形成终身受益的生活能力和文明生活方式，而且可以促进幼儿社会性的良好发展，提高其自我保护能力，让其获得安全感、信任感、幸福感。由此可见，重视家长工作，努力做好家园共育，有助于幼儿身心的全面和谐发展。

## 二、幼儿园开展家庭工作的原则

幼儿园开展家庭工作的原则是幼儿园与家庭合作的过程中必须遵守的基本要求，也是家园合作取得良好效果的前提和保证。

**(一)尊重性原则**

家园共育要因人而异，教师要以热情的态度对待每位家长，通过点滴行为对家长和幼儿一视同仁，尊重每位家长。家长也要虚心听取教师的建议，尊重教师的工作。

**(二)平等合作的原则**

家庭是幼儿园重要的合作伙伴，二者都在为幼儿身心的健康协调发展而努力。教师与家长要进行双向沟通与交流，教师积极指导家长进行家庭教育工作，帮助家长提高育儿能力；家长要主动配合幼儿园，积极参与各种活动，并为幼儿园、班级建设提出宝贵的意见和建议。

**(三)一致性原则**

《指南》指出：成人应注意自己言行的榜样作用。教师和家长在幼儿指导上应保持一致，避免要求不统一而造成幼儿发展的问题。只有家园同步才能促进幼儿的全面发展。

教师要不断地更新教育观念，正确理解家园共育的价值，才能正确地指导家长掌握科学的教养原则与方法，不断提高家长的家教素质，让家园共育日常化、科学化，切实有效地促进家园共育。

## 三、幼儿园开展家庭工作的方式

英国的《曼彻斯特调查报告》指出：教育成功的主要因素在于家庭环境，家庭因素的重要性更高于社区和学校两项因素的总和。由此可见，做好家庭工作，争取家长对幼儿园教育的支持和配合，是教师的一项重要工作。幼儿园开展家庭工作的主要对象是家长。幼儿园开展家庭工作不仅可以帮助家长了解幼儿园的教育理念、教育宗旨、教育目的，而且可以帮助家长了解幼儿身心发展的相关知识，培养幼儿良好的生活习惯，树立正确的育儿观。

家园合作的形式日趋多样化。依据不同的标准，家园合作的形式可以有不同的划分。我们根据家长参与人数的多少，将其划分为如下两种方式。

### (一)家长个别参与方式

家长个别参与方式是指教师与家长一对一地联系。这种方式对密切家园联系、实现家园同步教育有着十分重要的作用。

#### 1. 家　访

每个幼儿来自不同的家庭，每个幼儿的生活环境及其家长的思想水平、文化教养和从事的职业也都各不相同，对子女教育的重视程度也不一样。具体表现为：有的家长重视幼儿的教育，有的家长重视幼儿是否快乐，有的家长在家庭教育中找不到合适的方法等。由此看来，教师进行家访，深入了解幼儿的家庭情况是非常必要的。

通过家访，教师可以更加深入地了解幼儿在不同生活环境中的表现。教师可以通过家园合作，与家长共同探讨科学合理的教育方法，让家长改变不正确的教养态度和教育行为，充分调动家长参与幼儿园教育的积极性和主动性，促进每个幼儿健康成长。

(1)家访的类型

根据家访的时间和家访时家园双方的情况，家访可划分为新生家访、学期家访和特殊家访三种类型。

新生家访是指在幼儿入园前，根据新生报名时家长提供的幼儿住址信息，教师对每位新入园幼儿的家长进行的面对面家访。

学期家访是在有条件的情况下，教师每学期对班里的所有幼儿进行的家访。

特殊家访是针对个别幼儿进行的家访，如患病幼儿、行为异常的幼儿等。这些幼儿需要教师特别的关心和爱护。

(2)家访中需要注意的问题

为了使家访达到预期的效果，教师需要做好如下几点。

一是要有计划地进行家访。教师要根据不同情况，分清缓急，提前预约，做好充分的思想准备和家访内容的准备以及谈话方式的准备等。

二是要与家长热情、诚恳地合作。教师要实事求是地、全面地向家长介绍幼儿的在园情况、优缺点等，虚心倾听家长谈及幼儿在家里的表现及对幼儿园工作的意见，共同促进幼儿身心的全面发展。

三是要注意谈话的技巧、语气和态度。教师与家长谈话时，要尽量避免贬义词的出现，以免家长反感，影响家访效果。

四是通过观察了解幼儿家庭教养的方式并给予适时的帮助。一方面，教师可以在家访时观察幼儿在家里的行为表现，家长与幼儿交流时的语气、态度等，了解幼儿的家庭教育状况，找出幼儿的行为或问题形成的家庭原因，有针对性地进行教育。另一方面，教师还要细心观察幼儿生活的环境和家庭氛围，适时帮助家长提高认识，加强教育幼儿的责任感。

**2. 家园联系手册**

家园联系手册是目前家园合作中的一种简便有效的形式，是幼儿园与家庭联系的桥梁。家园联系手册里记录着幼儿的成长状况，记录着父母的期盼。家长可以从家园联系手册中知道幼儿的进步、问题以及幼儿园对家庭在配合教育方面的具体要求；教师可以从家园联系手册中获得幼儿园教育效果的反馈信息，了解幼儿在家中的表现，得到家长的建议。可见，家园联系手册是教师与家长围绕幼儿的发展和教育进行书面联系与交流的有效形式。

但是具体操作中会出现这样的情况：有的幼儿带回的家园联系手册一片空白；有的幼儿带回家后不按时反馈；有的家长不知道如何填写等。出现这些问题的原因是多方面的，归纳起来包括如下两点：一是教师对幼儿的记录针对性不强，家长对此没有交流的意愿；二是家长不知如何填写相关的内容。

针对上述问题，幼儿园在学期开始时就要把家园联系手册的作用、目的和价值交代清楚，语言要精练，让家长明白。为了避免家长无话可写，教师反映幼儿在园情况时就要尽量细化，贴近幼儿生活、学习的方方面面，具有较强的针对性。针对具有不同性格特点、知识层次的家长，教师的措辞都要再三斟酌，以取得沟通的最佳效果。教师切勿出现过激言辞，避免出现不必要的误会。

**3. 随机交流**

随机交流是最简单、最及时、最方便的谈话形式。教师可以在家长接送幼儿时接待家长，并进行家庭教育的指导。教师可以向家长了解幼儿的在家情况，一般包括：昨晚幼儿的睡眠、进餐、玩耍、看电视的情况等；向家长介绍近阶段幼儿园开展的工作以及幼儿的各方面表现，并对家长提出的问题做简明的答复。比如，当有的家长反映幼儿晚上要到 10 点钟才肯睡觉时，教师就建议其与幼儿共同确定入睡时间，并严格遵守；对于不肯独自睡的幼儿，教师建议家长先在自己的床边放张小床让幼儿单独睡，再逐渐过渡到分房睡。家园双方要利用有效的家庭教育指导形式及方法，不断提高家庭教育质量。

**4. 家长来访**

家长来访不仅能增强家园之间的互动和理解，而且有利于幼儿的教育和成长。

家长来访有两种情况：一是教师主动约请家长来访；二是家长主动来访。

教师主动约请家长来访，常常是针对幼儿的特殊问题的。表 9-1 为班级家长约谈记录表。在这种情况下，班主任应注意：首先，要有针对性地约谈家长；其次，理智、冷静地与家长交流信息；最后，与家长形成有效的教育合作。

**表 9-1 班级家长约谈记录表**

| 约谈对象 | | 日期 | | 地点 | |
|---|---|---|---|---|---|
| 谈话主题 | | | | | |
| 约谈内容 | | | | | |
| 家长反馈 | | | | | |
| 备注 | | | | | |

教师主动约请家长来访是一种目的性、计划性较强的谈话方式。为了确保约谈的实效，教师要做好如下几点：第一，在事前要做充分的准备，结合每个幼儿的特点和实际有针对性地进行谈话；第二，营造宽松的谈话氛围，这样有利于谈话的顺利进行；第三，在交谈中注意措辞，并以平等的身份进行交流。

家长主动来访往往是非常重视子女教育的家长希望得到教师的特殊帮助而进行的。家长主动来访可能比较随意，但教师应妥善接待，对于家长提出的问题要给予细致、耐心的解答。有的家长来访带有较大的功利性，为此教师应当正确引导家长的行为。对家长不合理的要求，教师应以恰当的方式回绝。

此外，电话交流、网上交流也是目前家园沟通的常用方式。

**(二)家长集体参与方式**

家长集体参与方式是指针对家长群体进行工作的方式，具体包括如下几个方面。

**1. 家长会**

家长会是幼儿园教育工作中必不可少的一部分，是促进家园共育、增进家园沟通的有效途径。

(1)家长会的形式

家长会从时间上可分为学期初家长会、学期中家长会、学期末家长会。

家长会从参会范围上可分为全园家长会、班级家长会、小组家长会等。

(2)家长会的内容

家长会可以根据需要有针对性地满足不同家长的教育需求，向家长系统介绍科学育儿的知识，切实提高家长的育儿水平。家长会可以就家长关心的教育问题、普遍存在的幼儿行为习惯现象、幼儿园的教育教学等，进行交流、互动。比如，新生家长会最明显的作用就是解决新生入园期间的分离焦虑问题。通过开展行之有效的家长会，新生入园期间的分离焦虑就会得到明显缓解，有助于幼儿良好个性的形成。家长可以在家长会上谈论自己各方面的家庭教育困惑。比如，幼儿怎样在家长的指导下养成良好的行为习惯。家长还可以介绍自己成功的育儿经验，也可以发表自己对幼儿园工作的看法和建议等。家长各抒己见，畅所欲言，真正成为家长会的主人。这样家长会也真正起到向家长宣传教育的新形势、新观念，听取家长急需解决的育儿问题，共同探讨教育措施的纽带作用。

**2. 亲子互动活动**

亲子互动活动是幼儿园与家庭沟通的桥梁，不仅可以吸引家长参与互动，进而得到家长的支持与欢迎，而且可以培养幼儿良好的个性、健康的心理。在互动中，幼儿充分建立起对家长的信任。这样有利于增进亲子之间的交流，增进家长的认同感，形成家园一致的教育理念。

第一，教师可根据教学活动或节庆活动等拟定主题，制订亲子互动计划。根据不同的活动地点，亲子活动可分为家庭亲子活动和幼儿园亲子活动两种。家长可以根据亲子活动单的目的和内容，在家里与幼儿共同进行主题活动。幼儿不仅能感悟家长的辛劳和对自己无私的爱，而且能感受合作的重要性，收获劳动的快乐，体验成功的乐趣。幼儿园举行亲子活动时，教师应提前发放请柬邀请幼儿家长安排好时间，准时来园参加亲子活动。表 9-2 为幼儿园亲子活动单。

**表 9-2　幼儿园亲子活动单**

| 幼儿姓名 | | 班 级 | | 完成日期 | 年　月　日 |
|---|---|---|---|---|---|
| 活动名称 | 活动步骤 | 在参加人员后打“√” | 完成次数 | 幼儿是否积极参与 | 您认为在此次亲子活动中孩子哪些方面的能力得到了发展 |
| | | 父亲(　)<br>母亲(　)<br>孩子(　)<br>爷爷(　)<br>奶奶(　)<br>姥爷(　)<br>姥姥(　) | 1(　)<br>2(　)<br>3(　)<br>4(　)<br>5(　)<br>更多(　) | 是(　)<br>否(　) | |

第二，教师可在“家园联系栏”中及时提供与活动有关的知识，为家长提供支持与帮助。

第三，教师、家长、幼儿共同布置班级，准备与活动相关的物品，和幼儿一起营造气氛、感受快乐。

第四，设计互动反馈表。活动结束后，教师请家长填写并收回反馈表存档。表 9-3 为幼儿园亲子活动反馈表。

**表 9-3　幼儿园亲子活动反馈表**

| 活动时间 | 年　月　日 |
|---|---|
| 幼儿姓名 | |
| 活动内容 | |
| 活动目标 | |
| 家长反馈 | |
| 对幼儿园家园共育工作的建议 | |

温馨提示

亲子教育是指以亲子关系为纽带的家长与子女一起参与、共同提高的一种科学育儿的教育形式。积极的亲子交往能使幼儿成长为健康、快乐、善良、积极向上的现代幼儿，也为完善幼儿的人格奠定了基础。

家长在幼儿园开展的亲子活动中起着不可替代的作用。教师要正确地引导家长走进幼儿园，走到幼儿中间，主动地成为他们学习的合作者和支持者。幼儿也会将活动中收获的对待事物的态度、方式方法迁移到自己的现实生活中。幼儿在活动中形成的良好的情感、态度和培养的合作意识，将对他们今后的成长和生活起到重要的作用。

在教师的引导下，参与活动的同时，家长也学会了如何引导幼儿主动地学习，达到了家园共育、共同提高幼儿教育质量的目的。

**3. 家长开放日**

开放日制度是我国幼儿园开展家长工作常用的一种形式，即面向全体家长开放的教学活动，请家长来园观摩各种保教活动，参加运动会、节庆活动等，使家长看到孩子在集体中的自然状态。通过直接观看和参与幼儿教育活动，家长将全面了解幼儿园的教育和具体了解孩子在集体中的各种行为表现，客观公正地评价孩子的能力、特长。

鉴于家长不知道来园应该看什么、怎么看的问题，教师应做好充分的准备工作。在活动开始前，教师应向家长介绍活动的目的和完整的活动计划，让家长明确观看的内容，并指导家长在活动中如何观察，以明确观看的方法。家长开放日结束后，教师应认真听取和接纳家长的意见与建议，可发放反馈调查问卷，广泛收集家长参与活动的感想和建议，使家园工作开展得更加深入有效。

**4. 家长委员会**

家长委员会是家长参与幼儿园管理的重要形式。班级可设立家长委员会。教师在了解家长的各方面情况后，通过家长自荐和家长参与民主评议的方式，组建本班家长委员会。家长委员会可以定期召开，主要的工作任务为：参与幼儿园民主管理，积极为幼儿园的发展出谋划策；通过各种渠道了解家长对幼儿园教育的建议和意见，宣传幼儿园教育工作成果；协助幼

活动设计案例

**大班家长开放日**
**半日活动方案**

儿园办好家长学校，带头学好家教知识，提高家长的素质；在家长中发挥组织、宣传、教育、带头的积极作用。

幼儿园家长委员会成员可以根据自己的特长进行分工，成立后勤组、文体组、宣传组，并根据自己的职责开展家园共育工作。比如，后勤组委员可以参与幼儿园的膳食会议，对幼儿园的膳食安排发表意见和建议；文体组和宣传组的家长参与幼儿园的班级环境创设、家长宣传栏、教师的教育行为、幼儿园管理等方面的评价工作。

家长委员会是幼儿园与家庭之间的桥梁和纽带。充分发挥家长委员会的职能作用，可以促进幼儿园与家庭的密切联系，使幼儿园的保教工作取得更大的进步。

**5. 家长学校**

家长学校是向家长系统宣传和介绍科学的育儿理念与育儿方式的学校，是普及家庭教育知识的有效渠道和幼儿园开展家长工作的重要平台。

通过家长学校，幼儿园为家长提供较先进的教育理念和科学的育儿方法，可以解决家长在教育孩子时遇到的一些问题。在家长学校中，幼儿园要结合《纲要》《指南》的精神实质，开展家园学习，更新教育观念，指导家长科学育儿；尤其要将《指南》中的教育建议仔细研读，逐条落实，真正地达到家园互动、共同学习的目的。幼儿园可以聘请专家深入浅出地为家长讲解有关幼儿教育中面临的难题；可以充分挖掘幼儿园的人力资源以及身边的家长资源、社区资源等，向家长讲解先进的教育理念和教育方法，帮助家长树立正确的育儿观，提高家长的育儿水平，促进幼儿的健康发展。

**6. 家长志愿者活动**

家长志愿者就是幼儿园根据一日活动的目标要求，有计划地邀请一些热衷于幼儿教育的家长(或社会人士)，组建成的相对稳定的组织。幼儿园可利用他们在职业、经历、兴趣、爱好及家庭方面的资源，促进保教工作。

根据家长不同的特长和兴趣，我们可以将他们分成家长助教和家长义工，使家长能充分利用自己的优势参与幼儿园的教育活动。活动前，教师与家长助教要进行尽可能充分的交流、沟通。活动中，教师要起到引领的作用。家长助教是在“助”，活动的调控还是要以教师为主。活动后，教师要与家长助教交流、总结、反馈。一方面，幼儿园视家长为促进孩子学习的积极合作者，邀请家长参与幼儿园的教育活动，让家长了解孩子在幼儿园的方方面面。教师要认真考虑家长提出的意见和建议，并对家长的教育方式和家长与幼儿园合作的方法进行指导。另一方面，家长要向幼儿园提出自己对教育孩子的看法、建议，对幼儿园为孩子提供的信息及时反馈。

家长志愿者活动为家长进入课堂、参与教育创造了条件，不仅使家长对幼儿园的教育教学工作有了较深的了解，而且使家长对幼儿教育的理念和方法有了更好的把握，为家长、教师搭起了一座沟通、互助的桥梁。

良好的行为习惯是幼儿健康成长、取得人生成功的基石。对于家庭和幼儿园而言，家园共育是一个共同受教育的过程，仅靠幼儿园单方面的力量是难以实现的；家庭和幼儿园是影响幼儿身心发展的两大方面。只有家庭与幼儿园同步协作，实现家园教育一体化，形成紧密的教育合力，才能更有效地促进幼儿健康全面发展。

**活动设计案例**

幼儿园家长助教活动

**教师资格考试**

**真题再现**

教师和家长进行沟通的根本目的是（　　）。（2021 年下半年《保教知识与能力》真题）

A. 让家长了解幼儿在园的表现　　B. 了解幼儿在家的表现

C. 家园合作形成教育合力　　D. 是园长给的任务

答案：C　家园沟通的目的有两个：一个是让家长了解幼儿在园的状态；另一个就是教师要了解幼儿在家的表现，从而形成家园教育合力。

## 第二节　幼儿园与社区的合作

随着教育的发展，学前教育社区化已成为当前幼儿园改革发展的趋势，人们越来越深刻地认识到社区教育对于幼儿园教育的重要价值。社区作为家庭与幼儿园存在和发展的大环境，在幼儿的生活和教育中扮演着越来越重要的角色，对幼儿园发挥着越来越大的作用。幼儿园必须充分认识到社区在幼儿发展和幼儿园建设中的巨大影响，加强幼儿园与社区的交流和合作，形成幼儿园与社区的合力，加速幼儿园的良性发展，促进幼儿的健康成长。

## 一、如何理解社区、社区教育、社区学前教育

“社区”一词源于拉丁语 communis，属于社会学的概念，即伴侣或共同的关系和感情。我国学者在 20 世纪 30 年代将其译为“社区”。对于社区概念的界定，各国有所不同。社区教育是为满足社区成员的生活质量和提升社区成员的素质所进行的社区性的教育活动过程。

社区教育突破了以往教育的时空界限，是教育社会化与社会教育化的统一。社区教育一方面强调教育向社会开放，增强教育与社会、社区的联系和协调，发挥教育的社会功能；另一方面强调社会根据成员的需求提供多种多样的教育并形成体系，从而创造学习型社会，实现全民教育。

儿童是社区的重要成员，学前教育是社区建设的重要内容。社区学前教育是社区教育体系的重要组成部分，是一种多层次、多内容、多种类的社会教育，以其广泛性、群众性的特点受到教育研究者和实践者的普遍关注，并日益成为一种重要的教育形式。

具体而言，社区学前教育是指社区组织与管理的学前教育工作，包括正规的和非正规的学前教育活动。正规的学前教育是指为儿童举办的社区托儿所、幼儿园等教育机构的教育；非正规的学前教育指的是为社区内未进入教育机构的散居儿童组织的教育活动，包括对家长、照护人的教育，也是社区学前教育的重要内容。社区学前教育的主要服务对象是社区内的儿童以及家长、照护人，主要教育内容是普及优生知识、指导优育、宣传优教。因而，社区学前教育工作不仅是儿童的教育工作，同时还包括对儿童的家长和照护人的教育、服务工作。它比托幼机构的教育工作的内涵更广泛、形式更灵活。

## 二、社区资源对学前教育发展的重要性

社区资源对学前教育发展有着非常重要的意义，在很大程度上弥补了学前教育资源不足的问题。它不仅可以为儿童提供更多的教育机会，而且可以优化儿童的生活环境，提高社区成员的保教意识和技能，提升社区的教育水平。

随着政府对学前教育事业的日益重视，我国幼儿园教育得到快速发展，3～6 岁幼儿学前教育毛入学率已经大幅攀升，但 3 岁以下婴幼儿的入

托率不到6%。3岁以下婴幼儿的照护以家庭为主，社区是家庭重要的活动场所，因此社区在提供3岁以下婴幼儿指导服务，特别是提升其照护人教育指导水平方面承担着更为重要的责任。目前，我国陆续出台了《国务院办公厅关于促进3岁以下婴幼儿照护服务发展的指导意见》等政策文件。各地也在积极推进建立以家庭为基础、社区为依托、机构为补充的多元化婴幼儿照护服务体系，如设立婴幼儿照护服务社区成长驿站、加大家长科学育儿的指导力度、完善社区早期发展服务、在社区内开展婴幼儿照护服务示范活动等。社区在支持3岁以下婴幼儿健康成长方面将发挥越来越重要的作用。

虽然3～6岁幼儿的教育主要集中在幼儿园进行，但是有效利用社区的教育资源已成为当下对幼儿园教育资源的重要补充。《规程》明确指出："幼儿园应当充分利用家庭和社区的有利条件，丰富和拓展幼儿园的教育资源。"可见，社区资源已成为幼儿园教育资源必不可少的一部分。《纲要》也明确提出："充分利用自然环境和社区的教育资源，扩展幼儿生活和学习的空间。幼儿园同时应为社区的早期教育提供服务。"不难看出，幼儿园与社区在学前教育发展过程中是相得益彰的，共同为幼儿的健康成长服务。比如，社区成立的看护点就在一定程度上解决了离园后幼儿的看护问题，为晚下班的家长解除了后顾之忧。又如，幼儿园充分利用社区资源开展相关主题活动，带幼儿走进社区的超市、邮局、居委会，感受不同工作场所、不同工作岗位，促进幼儿对社会的认识。再如，社区根据家长的育儿需求，定期举办家庭育儿讲座，或与幼儿园联合举办家长课堂，提升家长的科学育儿水平等。由此可见，社区资源对学前教育的发展有着非常重要的作用。

## 三、幼儿园开展社区教育的策略

幼儿园所在社区的资源是比较丰富多样的，这就为幼儿园教育活动走出园门、走进社区提供了坚实的物质保障。

但是由于诸多原因，如教师自身储备不足、幼儿园宣传力度不够、家长认识程度低、祖辈教育与幼儿园教育理念的分歧等，幼儿园虽有丰富的社区教育资源，但没能很好地利用，从而造成优秀教育资源的浪费。根据《规程》和《纲要》提到的相关要求，幼儿园在与社区合作开展活动中可以采取以下几点策略。

### (一)寻找自身的优秀资源，创造性地开展社区教育

**1. 组织开放活动，实现资源共享**

幼儿园可以充分利用已有的物质资源，适时适度地面向社区幼儿开放，使其享受到优质的教育资源。比如，幼儿园定期组织社区内散居幼儿来园参观、参加教育活动等，为社区学前教育发展提供有利条件。

**2. 提高教师的素质，推动社区精神文明建设**

幼儿园作为幼儿品格教育的培养基地，首先要锤炼打造一支敬业、奉献、爱国、诚信的教师团队，时刻关注和强调师风师德的培养，提高教师的全面素质，涵养教师的教育情怀，树立教师的良好形象，使幼儿园成为社区精神文明的窗口，发挥一定的文明辐射功能，从而带动周边社区的文明建设。例如，幼儿园坚持每周一举行升旗仪式，实行严格而规范的升降国旗制度，并结合近代史教育、形势教育、国情教育进行国旗下讲话，增强全园师幼的爱国情感，感染周边居民的爱国热情。又如，幼儿园以党支部先锋模范为引领，积极组织党员教师深入社区，开展义务劳动或帮扶活动，发挥党员教师在精神文明创建工作中的模范作用，增强党支部的号召力和凝聚力，从而带动社区精神文明建设的有效发展。

活动设计案例

**幼儿园社区开放活动方案**

**3. 发挥教师的多角色功能，扩大幼儿教育的内涵**

幼儿园应组织经验丰富的教师成立社区宣传小组，向社区成员开展宣传教育，如开设专题讲座、办宣传栏、举行家长开放日等活动，向家长介绍正确的教育理念和科学的育儿知识，从而提升整个社区的人文素质。

### (二)善于挖掘社区资源，给幼儿一个多样化的活动空间

**1. 发掘社区人力资源的价值**

教师可以采用“走出去，请进来”的形式，结合相关的社会活动，让幼儿走进敬老院、学校、超市、理发店等，通过与不同职业的人接触，逐渐地了解社会、感受各种社会情感。教师可以运用家庭和社区独特的教育资源，提高学前教育的质量。比如，教师请消防队员向幼儿展示扑灭大火的技巧；请牙医叔叔或阿姨给幼儿讲解保护牙齿的知识；请超市的阿姨为幼儿讲解超市里各种符号的秘密；请交警叔叔来园为幼儿讲解交通知识；请

理发店的叔叔或阿姨来园演示理发的过程等。这不仅为幼儿的活动带来了新鲜感，而且提高了幼儿自我表现的能力，丰富了他们的生活经验。

幼儿进入社会环境，会接触到形形色色的社会现象。对于不良现象，教师要引导幼儿以正确的态度去面对，帮助幼儿学习、积累辨别是非的经验，使幼儿能够初步做出积极的应答。比如，发现草坪上有垃圾、长廊的座椅遭到破坏时，教师要随时启发幼儿想想："我们应该怎样做?"教师引导幼儿去想去做，给幼儿机会，给幼儿支持，让幼儿能够初步将自己爱社会的情感转化为爱社会的行为，并从中感受到参与社会活动被认可、被肯定、被赞扬的快乐，促进幼儿社会适应能力的发展。

**2. 发掘社区物质资源的价值**

社区有丰富的物质资源，如优美的环境、公共设施、社会服务机构等。幼儿园要根据因地制宜的原则，充分利用这些资源，为幼儿提供多样、适宜的教育环境，培养幼儿爱自然、爱社会、爱家乡的情感；可以有目的地选择幼儿感兴趣的题材，将幼儿从课堂带到社会情境，打破传统教学模式使用过多的禁锢，给幼儿创造自由想象、充分发挥的空间。

为丰富幼儿的日常生活经验，教师可以带幼儿参观理发店、银行、超市、饭店等，让幼儿通过与社区人员的语言交流，培养幼儿的口语表达能力和社会交往能力；将幼儿园的主题活动成果向社区展示、汇报，让幼儿产生一种责任感和成就感；利用社区资源开展社区远足等体育活动，在提高幼儿体质的同时，培养幼儿的想象力和创造力，促进幼儿间的相互合作和社区的发展。另外，在符合卫生的条件下，教师可将废旧物变废为宝。比如，废旧的奶粉桶可以成为区域活动中的宝贝，让幼儿进行搭高、拼摆等练习；旧轮胎经过改装可以成为草坪上的"白天鹅"来美化环境，也可以改造成幼儿喜欢的秋千等。

社区有很多丰富的资源。我们可以充分利用这些资源，满足幼儿成长的需要。幼儿园只有充分利用丰富的社区资源，才会让幼儿拥有更加多样化的学习课堂，才会让幼儿轻松地融入这个社会。所以，幼儿园只有加强与社区的合作和沟通，才能有效实现社区教育资源与幼儿园课程的整合，为幼儿的发展提供最佳的社会环境。

**真题再现**

简述社区在幼儿园教育中的作用。(2020 年下半年《保教知识与能力》真题)

答题要点：第一，幼儿园可以充分利用社区资源，包括当地自然资源与人文资源，广泛动员并组织协调各方面力量，为更多的幼儿提供受教育的机会。

第二，社区可以使学前教育从封闭走向开放，注重家庭教育、机构教育与社区中多种教育因素的有机联系，发挥整体性教育影响，提高教育质量。

第三，社区可以加强地方的自主性，使学前教育更好地立足当地实际，形成特色。

第四，社区可以扩大学前教育的社会职能，有益于发挥教育对社会和社区发展的作用，推动两个文明建设，更好地实现教育服务社会的职能。

我们应当认识到，社区学前教育无论是在教育资源、途径方法上还是在其目的、效果上，均有不同于以往学前教育机构教育的广泛深远意义。

* * * * * * * *

## 本章小结

在幼儿发展的过程中，幼儿园与家庭之间需要密切合作。家园共育不仅可以提高幼儿园的教育质量，促进家长教育水平的提高，而且可以促进幼儿身心的全面和谐发展。

幼儿园开展家庭工作要遵循如下原则：尊重性原则、平等合作的原则、一致性原则。

幼儿园开展家庭工作的方式包括两种。一是家长个别参与方式，有家访、家园联系手册、随机交流、家长来访、电话交流、网上交流；二是家长集体参与方式，有家长会、亲子互动活动、家长开放日、家长委员会、家长学校、家长志愿者活动。

幼儿园应积极利用社区的教育资源，开展与社区之间的合作：寻找自身的优秀资源，创造性地开展社区教育；善于挖掘社区资源，给幼儿一个多样化的活动空间。幼儿园只有充分利用社区资源，才会让幼儿拥有更加多样化的学习课堂，才会让幼儿轻松地融入社会。所以，只有加强与社区的合作和沟通，幼儿园才能有效实现社区教育资源与幼儿园课程的整合，为幼儿的发展提供最佳的社会环境。

## 关键术语

幼儿园　家庭　社区　社区教育　国外的社区学前教育　家园共育

## 思考题

1. 幼儿园开展家庭工作的原则是什么？
2. 幼儿园开展家园合作应注意哪些问题？

3. 如何更好地发挥家长委员会的桥梁作用？

4. 什么是社区教育？社区教育有哪些特点？

5. 如何充分利用社区资源？

6. 幼儿园可以为社区提供哪些服务？

## 建议活动

请选择 3 个社区，做周围幼儿园与社区之间合作情况的调查，并以文字描述的方式评价该地段幼儿园与社区之间合作的现状和存在的问题。

## 拓展阅读

1. 李生兰：《幼儿园与家庭、社区合作共育的研究》，上海，华东师范大学出版社，2003。该书展示了作者在较长时间内开展的对幼儿园与家庭、社区合作共育的各类研究，提供了众多有价值的案例，不仅具有理论创新价值，而且具有实践指导意义。

2. 李生兰：《学前儿童家庭教育》，上海，华东师范大学出版社，2006。该书结合各章内容，在每章的首页都插入了反映幼儿家庭教育特点的照片，以激发学前教育工作者的阅读兴趣，新增"社会互动理论对学前教育机构家庭教育指导的启示"，适合学生阅读。

3. 赵忠心：《家庭教育学——教育子女的科学与艺术》，北京，人民教育出版社，1994。该书是作者近 20 年来家庭教育理论研究和实践工作的概括与总结，从家庭教育基本理论出发，解读家庭教育的实质，是国内较权威的一部家庭教育著作。

# 第十章
# 幼小衔接

## 学习目标

1. 了解幼儿园与小学的差异。
2. 了解幼小衔接的含义与意义。
3. 掌握我国幼儿园幼小衔接的内容。
4. 掌握我国现阶段幼小衔接存在的问题。
5. 掌握我国幼小衔接的策略。
6. 了解国外主要国家的幼小衔接策略。

## 学习导图

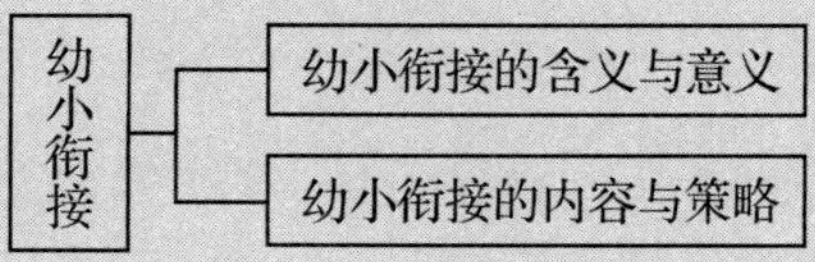

## 案例导入

新学期开始，某幼儿园大班的两位教师认为幼儿马上就要进入小学学习了，要做好幼小衔接工作，让幼儿尽快适应小学生活。为此他们采取了小学化的教育模式。比如，教学内容以算数和写字为主，布置书面家庭作业，将幼儿所适应的以游戏为主的活动改变为以学习为主的活动，让幼儿课后预习、复习功课或做作业等。

思考：面对教师以上的做法，我们应该如何改善？我们应该如何解决幼小衔接问题？

幼小衔接是幼儿园和小学两个教育阶段平稳过渡的过程，也是幼儿成长过程中的一个重大转折。可见，幼小衔接对幼儿的发展具有重大影响。本章将对幼小衔接的含义与意义、幼小衔接的内容与策略进行详细阐述。

# 第一节　幼小衔接的含义与意义

幼儿园和小学是两个不同的教育阶段。教师和家长必须全面了解这两个教育阶段的特点、区别与联系，正确理解幼小衔接的含义，深刻领会幼小衔接的重要性，才能顺利帮助幼儿做好这两个教育阶段的衔接。

## 一、幼儿园与小学的差异

### (一)教育性质不同

幼儿园属于非义务教育，小学属于义务教育。义务教育具有“强制性”“普及性”等特点，即让每个适龄儿童接受义务教育是学校、家长和社会的义务。因此，家长必须将适龄儿童送到学校接受小学教育。

### (二)课程设置不同

幼儿园课程是综合性的，是将各领域内容有机整合起来，以主题方式呈现的；小学课程以分科为主，如语文、英语、数学、科学、体育等，还有各类兴趣活动和探究活动等。

### (三)教学方式、方法不同

幼儿园以游戏为主，注重让幼儿在游戏中学习，在活动中体验；小学以课堂教学为主，除采用讲授的教学形式外，还非常注重让学生通过观察、思考、操作、探究、讨论、表达等方式进行知识学习和能力培养。

### (四)教学的侧重点不同

幼儿园“保教并重”，小学“以教为主”。幼儿园除了对幼儿进行全面、和谐发展的启蒙教育外，还要给幼儿以生活照料和养育等。小学要依据一定的培养目标和课程标准对学生进行有目的、有计划的德、智、体、美、劳全面发展教育；每门课程都有明确、具体的教学目标与教学要求；特别关注学生的学习兴趣、好奇心、求知欲，以及让学生形成良好的行为习惯和学习习惯。

### (五)对幼儿的要求不同

幼儿园是从尊重幼儿的角度出发，以幼儿的兴趣点为重的。幼儿园虽然很重视幼儿行为规范的要求，但纪律的约束度没有小学那么高。幼儿一旦上了小学，他们不仅要学习自己感兴趣的东西，而且要学习他们虽不感兴趣但又必须掌握的知识。因此，幼儿为了完成学习任务必须有较强的控制和调节自己行为的能力。

### (六)教师的工作重点不同

幼儿教师像家长地照料幼儿，并参与幼儿的一日生活和活动。幼儿教师与幼儿个别接触的机会多、时间长、涉及面广，师幼之间形成了和谐、亲密、融洽的心理气氛。小学教师将主要精力放在教学上，重视完成各科教学大计划、作业批改及课堂纪律、班集体的建设等，对学生生活上的关心比在幼儿园时少，在创设心理气氛上与在幼儿园时不同。

## 二、幼小衔接的含义与意义的阐释

### (一)幼小衔接的含义

所谓幼小衔接是指从幼儿园阶段到小学阶段的衔接。具体来说，幼小衔接是依照儿童身心发展的特点，由学校、幼儿园和家长三方协助儿童顺利地从幼儿园阶段过渡到小学阶段。幼小衔接是儿童身心发展的客观需要，是由儿童身心发展规律决定的。它主要包括外在学习环境的衔接和儿童内部精神的衔接。

### (二)幼小衔接的意义

#### 1. 使儿童入小学后能尽快地适应新生活

幼儿园主要开展以游戏和能力发展为主的教育，小学主要开展以正规课业和静态知识的学习为主的教育。这两种教育方式的不同需要儿童做好身心的调整来适应，这种适应的调整就是幼小衔接的主要任务。幼小衔接不当会产生儿童身体、心理和社会适应性方面的种种问题。儿童身体方面的问题通常表现为：儿童会容易疲惫、食欲不振、精神状态差、心理压力大、自卑、厌学。儿童心理和社会适应性方面的问题表现为：孤僻、不敢跟人说话、不爱与同学沟通。这些问题都对儿童以后的人生发展有很大影响。所以，幼儿园必须做好幼小衔接工作。

**2. 为儿童的终身发展奠定基础**

幼儿阶段是一个人终身发展的奠基阶段，是形成良好的行为习惯、积极的情感态度与个性的关键阶段。幼小衔接做得如何直接影响儿童今后身体、心理和社会适应性等方面的发展。因此，做好幼小衔接工作十分重要。

# 第二节 幼小衔接的内容与策略

学前教育阶段是对人的性格形成起主导作用的阶段。做好幼小衔接工作具有重大意义。结合国外幼小衔接的优秀经验模式，本节重点从学前教育机构的角度出发，对我国幼小衔接的内容、策略等一系列问题进行归纳和整理。

## 一、幼小衔接的内容

### （一）培养儿童对小学生活的热爱和向往之情

儿童对小学生活的看法、态度和情绪状态等，都对他们以后的小学生活有很大的影响。因此，让儿童对小学生活形成正确的认识，让他们热爱小学生活、向往过小学生活有着重要的意义。家长及教师的积极引导很重要。比如，去小学参观、讲关于小学生活的故事、体验一天的小学生活、跟小学的哥哥姐姐进行交流等，都有利于儿童获得积极的情感体验，从而产生对小学生活的热爱和向往。

### （二）培养儿童对小学生活的适应性

教师只有让儿童尽快适应小学生活、适应新的人际关系，才能促进儿童身心的健康发展。培养儿童的社会适应能力尤其是主动性、独立性和人际交往能力等，不仅关系着儿童入学后的生活质量，而且关系着他们在小学的学习质量。

**1. 培养儿童的主动性**

主动性的培养主要表现在帮助儿童建立自信心、对周围的人和事表现出积极主动的态度，激发儿童对活动的参与欲望和兴趣，给他们提供自己选择和决策的机会，并让他们获得成功感和满足感。实践表明，富于主动性和积极性的儿童思维表现很活跃，做事有信心，能主动与他人建立良好的互动关系，入学后的适应能力较强，学业表现也较好。

**2. 培养儿童的独立性**

独立生活能力在小学期间显得尤为重要，因为儿童有课间及课余自由时间可以自己支配，生活需要自理，作业需要独立完成，文具及书包、书桌需要自己整理等。为此，儿童需要提前培养一定的生活自理能力，具备一定的时间观念和独立意识，逐渐减少对成人的依赖。

**3. 发展儿童的人际交往能力**

在入学后尽快找到新的好朋友，适应新的集体生活，对儿童来说至关重要。一般来讲，人际交往能力差的儿童会表现为胆小懦弱，不会主动结交新朋友，或不能与同伴友好相处，或与同伴有了矛盾后不知道如何处理等，结果是没有新朋友，感到孤独，情绪消极，从而大大降低了学习兴趣。因此，发展儿童的人际交往能力对于儿童以后进入小学尽快适应小学生活是非常重要的。

**4. 培养儿童的规则意识和任务意识**

规则意识和任务意识是儿童有效完成小学学习任务的重要保证。儿童在进入小学后会面临很多新的要求和规则。比如，进教师办公室要报告；上课时不可以去厕所和喝水；手要放好，不可以做小动作；当天的作业必须当天完成等。针对这些问题，在幼儿园，尤其是在大班，教师要有针对性地做好儿童的规则意识和任务意识的培养。

### (三)帮助儿童做好入学前的学习准备

**1. 培养儿童良好的学习习惯**

良好的学习习惯对儿童的终身学习至关重要。比如，良好的学习习惯有做事认真的习惯，爱看图书的习惯，集中听讲的习惯，认真交流的习惯，保持文具、书本整洁的习惯，正确看书和坐写的习惯等。学习习惯不好，对儿童以后学习的危害是很大的。

**2. 丰富儿童的感性经验，发展儿童的基本能力**

一般来讲，在儿童进入大班后的下学期，除了幼儿园通常开展的活动和游戏之外，教师可适当根据儿童的兴趣和接受水平，提供一些儿童愿意参与的活动。比如，认识常见的汉字，书写自己的姓名，了解拼音字母的形状和特征等。集体教育活动的时间也可适当延长，适时让儿童完成一定的学习任务等。需要指出的是，数学的学习中，一定是在大量感性经验的基础上才能上升到符号水平的加减法学习，即多让儿童用数学原理解决生活中的实际问题。比如，小明一家三口每顿饭各吃一个苹果，一天下来一共吃掉多少个苹果？这样的问题就是生活中的数学问题，既与计算有关，也需要一定的生活经验。为此，幼儿园要多给儿童提供丰富的环境和材料，让儿童在与环境和材料的互动中，在反复的动手操作中，丰富感性经验，发展基本能力，为以后学科的学习打好基础。

## 二、现阶段幼小衔接存在的问题

### (一)重视对小学知识的铺垫，呈现幼儿教育的小学化倾向

目前，有些幼儿园尤其是私立幼儿园，为了迎合家长的需求，不注重培养幼儿的综合素质，而是把小学课堂的模式及对小学生的要求搬到幼儿园的课堂中。比如，授课采用小学课堂的形式，单人单桌或两人一桌，以向幼儿灌输知识为主，缺少教具演示，缺少图案色彩，缺少生动的游戏；课后要求幼儿做大量书写作业，给幼儿造成了身体和心理的负担，从而造成了幼儿提前厌学；等等。可见，幼儿教育的小学化倾向严重危害幼儿的身心健康，扼杀了幼儿的天性，与社会要求背道而驰。

### (二)师资薄弱，缺少专业教师

有些幼儿园缺少了解幼儿发展特点的教师，有些小学低年级教师对幼儿心理学、幼儿教育学知之甚少。有些幼儿教师不了解小学教育规律，有些小学教师不了解幼儿园教育特点。这对幼儿从幼儿园阶段向小学阶段的顺利过渡形成了障碍，同时对幼儿的身心健康也有不良的影响。

### (三)家长滞后的教育理念影响幼小衔接的质量

有些家长重视幼儿知识的积累，却并不重视幼儿兴趣的开发和能力的培养，无视幼儿的身心发展规律、特点和需要，揠苗助长，压抑幼儿的个性，影响幼儿的健康成长。有些家长错误地认为会读、写、算的幼儿就是

聪明的，于是要求幼儿园教授拼音、加减法等知识。他们关心的是幼儿在幼儿园学会了哪些知识，至于幼儿是否养成了良好的学习习惯，是否有学习兴趣并不关心。这致使幼儿在入学后出现这样一种情况：入学初感觉学习很轻松，出现上课不专心、做作业不认真等现象，形成了不良的学习态度和习惯；随着学习内容的加深和难度的增加，“储备知识”用完了，又缺乏认真学习的习惯，这时就出现了适应困难和学习“没后劲”等问题。这给小学的课堂教学造成了不良影响，使幼小衔接难以顺利进行。

**知识拓展**

2021 年 3 月，《教育部关于大力推进幼儿园与小学科学衔接的指导意见》提出了一系列有针对性的重要举措。

①国家修订义务教育课程标准，调整一年级课程安排，合理安排内容梯度，减缓教学进度。

②强化小幼协同，通过实施幼儿园入学准备和小学入学适应教育，为儿童搭建从幼儿园到小学过渡的阶梯，帮助儿童顺利实现幼小过渡。

③幼儿园入学准备教育要着重从身心准备、生活准备、社会准备和学习准备等方面有机融合和渗透，不能片面追求某一方面的准备，或用小学知识技能的强化训练替代全面准备。

**教师资格考试**

**考题模拟**

下列有关幼小衔接的说法正确的是(　　)。

A. 儿童入学适应困难，是因为幼儿园教育过于游戏化

B. 幼小衔接完全是幼儿园的责任

C. 幼儿园的幼小衔接不仅在大班开展，在中小班也应该开展

D. 幼小衔接主要是提前教儿童学习拼音、认字和加减法等内容

答案：C　幼小衔接是整个学前教育阶段的重要任务，不是仅在大班才开展的。

## 三、幼小衔接的策略

### (一)做好幼儿的入学准备工作

进入小学后，儿童的生活条件和教育条件将发生新的变化。儿童由事事依赖父母逐渐过渡到事事独立完成。儿童所适应的以游戏为主要形式的活动变为以学习为主要形式的活动，课后还要预习、复习功课或做作业。

所以，幼儿园大班下学期的集体教育时间延长到35～40分钟，以适应小学的学习时间，并适当增加作业。幼儿入学前应在心理准备方面有强烈的求知需要；能控制冲动，上课不做小动作，坚持完成规定的任务；应具有初步的抽象逻辑思维能力和一定的想象力。这些都要在幼儿园大班下学期进行培养。

**(二)重视幼儿非智力因素的培养**

幼儿园应培养幼儿的独立意识，鼓励幼儿自己的事情自己做，让他们逐步学会自理、自立，以更好地适应生活。到了大班下学期，教师应逐渐放松对幼儿的直接辅导。教师在提出活动的要求后，可让幼儿自己去完成，并鼓励幼儿独立思考、克服困难，争取独自完成学习任务，让幼儿感受到独立完成任务后的喜悦。

**(三)培养幼儿的坚持性和自制能力**

幼儿园应培养幼儿良好的学习习惯。幼儿的控制能力差，注意力易分散，周围的事物往往会影响幼儿对完成当前任务的兴趣。幼儿会在完成任务时由于周围事物的影响转移注意力而中途放弃。所以，教师应逐步引导幼儿在活动中逐渐稳定和持久地保持注意力，可以通过让幼儿做一些感兴趣的游戏，使幼儿的坚持性、自制能力逐步提高。

**(四)做好家长工作，争取家长配合**

幼儿园应针对幼小衔接工作，召开专题家长会，宣传幼小衔接的重要性，以取得家长的配合。幼儿园应要求家长为幼儿做好入学前生活、心理、学习物质的准备，给幼儿购买小巧安全、简洁实用的学习用品，调整好幼儿的作息规律，一般可以让幼儿早晨6点起床、晚上8点睡觉，至少保证他们10小时的睡眠时间。

**(五)加强与小学的联系交流**

教师要引导幼儿有组织地参观小学的教室、办公室、操场，观摩小学生上课的情形。例如，看小学生如何上课、如何注意听讲、如何摆放学习用具。通过这些活动，幼儿不仅了解了这些场所的作用，而且了解了小学的学习和生活，激起了他们对小学生活的向往。

## 四、国外主要国家的幼小衔接策略

### (一)美国的幼小衔接策略

①幼小师资合流培训，促使幼儿园与小学低年级教师在课程与教学、儿童发展等方面达成一致的理解。

②编拟新生入学手册、促进亲子教育简讯或刊物的交流。除了可以让教师熟悉新生入学的相关课程、教学与辅导策略外，更可让家长充分了解孩子在此阶段的衔接信息。

③弹性调整小学入学初的课程内容与节次时数安排，充分考虑儿童的个别特质与幼小经验的差异，让儿童更弹性地衔接转换适应期，得以逐渐融入小学阶段的课程与教学。

### (二)英国的幼小衔接策略

①减少幼儿环境经验的不联系性。为幼儿和小学生提供大小合适的设备和桌椅等，为他们提供不干扰他人活动的空间，使他们有独立活动的场所；入学前帮助幼儿熟悉他们要去的小学，观看小学生的生活。

②减少幼儿园和小学在课程方面的不连续性，了解儿童对迎接较复杂的学习任务的准备程度，并向儿童介绍一些将要在小学遇到的活动。家长为他们准备上学物品。

③克服班集体变化带来的消极影响。把初入学儿童同其他年级分开，使他们先认识同班同学；允许初入学儿童在不同于其他班的时间到校和离校。

### (三)法国的幼小衔接策略

①将幼儿园附设于小学中。

②科学划分母育学校和小学的学习阶段。

③统一母育学校与小学的监督视导工作。

④母育学校教师与初等教育教师接受同样的培训。

⑤增加男性教师的比例。

### (四)俄罗斯的幼小衔接策略

①提供鉴定儿童入学的成熟性的新的研究资料。这也为我们符合国情地确定儿童入学的最佳年龄提供了参考。

②强调学前教育的重要性，反对以牺牲学前教育的利益来换取入学后

学习上短暂效益的做法。

③挖掘儿童期专门的活动类型在做好儿童入学准备方面的潜力。

**(五)日本的幼小衔接策略**

①建议政府实施幼小一贯教育学校计划。

②小学教师与幼儿教师的职责发生了变化——从单向支持配合到双方平等合作。比如，共同进行课程研究和课程编制，互备对方课程并进行深入讨论，进行体验式角色认同和岗位互换，围绕相同问题定期召开学习交流会等。

③课程内容得到有效调整。教育工作者要努力抛开幼儿园和小学各自为政的课程设计思路，同时将大班幼儿的游戏时间延长到 40～50 分钟，使之接近于小学的课堂教学时间。

## 知识梳理

各国针对幼小衔接所能遇到的问题制定了相应的策略，总结起来主要有如下几个方面。

①制定相应的法律法规，提供立法保障。

②充分发挥政府的指导作用，加强监督和管理。

③丰富组织形式，注重教学的连续性。

④创设适合幼儿发展的环境，提供入学准备。

⑤建立平等合作的关系，追求共同教育目标。

* * * * * * * *

## 本章小结

幼儿园和小学是两个不同的教育阶段。教师及家长只有正确理解幼小衔接的含义，深刻领会幼小衔接的重要性，才能顺利帮助儿童做好这两个阶段的衔接，使儿童入小学后能尽快地适应新生活，为儿童的终身发展打下基础。

针对我国现阶段幼小衔接存在的问题，并结合国外幼小衔接的优秀经验模式，本章重点从学前教育机构的角度出发，归纳和整理我国幼小衔接的内容、策略等。

## 关键术语

幼儿园　小学　幼小衔接　幼小衔接策略　国外幼小衔接策略

## 思考题

1. 幼儿园与小学有哪些差异?

2. 幼小衔接的重要性体现在哪些方面？

3. 幼儿园为什么要为幼儿入小学做准备？应做哪些准备？

## 建议活动

以小组为单位到附近幼儿园进行幼小衔接调研，并组织课堂讨论：幼小衔接包括哪些方面？如何做才算是科学的幼小衔接？

## 拓展阅读

1. 赖瑛：《浅谈幼小衔接的问题与对策》，载《教育教学论坛》，2013(9)。

2. 秦振飙：《幼小衔接课程的调查研究——广西幼儿园中幼小衔接课程的现状与构建》，硕士学位论文，广西师范大学，2005。

3. 张宏：《幼小衔接中的问题与策略》，载《齐齐哈尔师范高等专科学校学报》，2007(3)。

上述三篇文章深入浅出地对我国当前幼小衔接现状及存在的问题进行了剖析，并从现实角度出发提供了可参考的对策和建议。

# 参考文献

1. 傅建明．学前教育学[M]. 北京：中央广播电视大学出版社，2007.

2. 刘晓东，卢乐珍，等．学前教育学[M]. 南京：江苏教育出版社，2009.

3. 李凤杰，潘庆杰．幼儿教育学[M]. 南京：河海大学出版社，2009.

4. 教育部基础教育司．《幼儿园教育指导纲要(试行)》解读[M]. 南京：江苏教育出版社，2010.

5. 李季湄，冯晓霞．《3—6岁儿童学习与发展指南》解读[M]. 北京：人民教育出版社，2013.

6. 王春燕，等．幼儿园教学诊断技巧与对策58例[M]. 北京：中国轻工业出版社，2014.

7. 王春燕．幼儿园课程概论[M]. 北京：高等教育出版社，2007.

8. 尹坚勤，管旅华．《幼儿园教师专业标准(试行)》案例式解读[M]. 上海：华东师范大学出版社，2013.

9. 朱家雄．幼儿园课程[M]．第二版．上海：华东师范大学出版社，2011.

10. 郑健成．学前教育研究基础[M]. 北京：北京师范大学出版社，2014.

11. 上海市中小学(幼儿园)课程教材改革委员会办公室．幼儿园教师成长手册[M]. 上海：华东师范大学出版社，2009.

12. 刘占兰，廖贻．聚焦幼儿园教育教学：反思与评价[M]. 北京：北京师范大学出版社，2007.

13. 唐安奎．学前教育学[M]. 成都：西南交通大学出版社，2012.

14. 蔡迎旗．学前教育概论[M]. 武汉：华中师范大学出版社，2006.

15. 霍力岩．学前比较教育学[M]. 北京：北京师范大学出版社，2014.

16. 虞永平．幼儿园课程指导丛书：社会(大班)[M]. 南京：南京师范大学出版社，2000.

17. 徐慧．幼儿园教育案例研究指导[M]. 北京：北京师范大学出版社，2012.

18. 中公教育教师资格考试研究院．国家教师资格考试专用教材：保教知识与能力[M]. 北京：世界图书出版公司，2015.

19. 陈帼眉，冯晓霞，庞丽娟．学前儿童发展心理学[M]. 北京：北京师范大学出版社，1995.

20. 朱小蔓．中国教师新百科(小学教育卷)[M]. 北京：中国大百科全书出版社，2002.

21. 刘占兰．幼儿科学教育的特性[J]. 学前教育，2000(5).

22. 刘雅琴．我国幼儿园社会教育的进展、问题及改进策略[J]. 教育研究，2008(2).

23. 陈燕玲．幼儿科学教育之我见[J]. 学前教育研究，2000(6).

24. 赖瑛．浅谈幼小衔接的问题与对策[J]. 教育教学论坛，2013(9).

25. 陆凤巧．利用多种渠道搞好幼小衔接[J]. 早期教育，2005(5).

26. 张宏．幼小衔接中的问题与策略[J]. 齐齐哈尔师范高等专科学校学报，2007(3).

27. 闫蔚．美国学前教育早期学习标准解读及启示[J]. 幼儿教育，2005(5).

28. 吴迎霞．幼小衔接在幼儿教育中的重要意义及方法[J]. 考试周刊，2010(18).

29. 童星，赵夕荣．“社区”及其相关概念辨析[J]. 南京大学学报(哲学·人文科学·社会科学)，2006(2).

30. 李明珠．社区学前教育资源及其特点分析[J]. 中国科教创新导刊，2007(24).

31. 秦振飙．幼小衔接课程的调查研究——广西幼儿园中幼小衔接课程的现状与构建[D]. 桂林：广西师范大学硕士学位论文，2005.